車

増補 ソクラテス

岩田靖夫

筑摩書房

目次

【表紙の絵について】

ソクラテス死刑の当日、払暁より、親しい弟子たちが別れのために牢獄に集まった。悲しみにくれる弟子たちは、師があまりに朗らかな様子なのに驚き、訝り、その訳を訊ねる。ソクラテスは言う。「善い神々のもとへ帰るのだ。喜ばずにいられるか」。論争に鍛え抜かれた弟子が反問する。「しかし、それは、霊魂が不死であると前提しているからではありませんか。もしも、死ねば、心身ともに塵となって吹き飛ばされてしまったら、どうでしょう」。それは、大変だ。それでは、霊魂が不死かどうか、これから考えよう。こうして、霊魂不滅についての不滅の討議が早朝から夕暮れまで行われる。驚くべき人々だ。先生が死刑になる当日、終日、魂の不滅について本気で論争するとは。これが哲学者というものである。ダヴィッドの絵は、討議が終わり、ソクラテスが毒杯を仰ぐ寸前の図である。クリトンが悲しみに頭を垂れ、アポロドーロスが悲しみと怒りに大声をあげている。原図では、さらに、奥の階段に立ち去るクサンティペが仄かに見える。

増補 ソクラテス

凡例

一「 」は、引用文、もしくは、特定の用語や短文の強調を表す。

二（ ）は、原語、または、原語のカタカナ表記、または、訳語の補足的言い換え、または、出典の指示を表す。

三〔 〕は、主に、解釈や主張の典拠の指示を表す。

第一章　謎の人ソクラテス（資料の問題）

1　序説

ソクラテスは一文字も書き残さなかった。したがって、ソクラテスについて語られていることは、すべて他人の筆による間接的伝達を基礎にしている。すなわち、他人の主観的了解というプリズムを通過した七色のソクラテス像が現れてくるのである。たとえば、ソクラテスについてわれわれに主な資料を残してくれた人々は、プラトン、クセノフォン、アリストファネス、アリストテレスの四人であるが、かれらの描くソクラテス像は共通している面もあるが、相互に天地の違いを示すことも多い。そこで、歴史的なソクラテスについては、「前三九九年に刑死した」という事実以外には、なに一つ確実なことは知りえない、という過激な説をなす学者もいた。[1] その立論の根拠は、いわゆるソクラテス文書(sokratikoi logoi)と呼ばれているものはすべて虚構をこととする文芸作品にほかならない、という点にあった。換言すれば、ソクラテスについての描写は、かれを擁護しようとする弟子たちやかれを貶めようとする反対者たちの主観を通して行われているので、どうしても歪曲されているばかりではなく、始めからかれらが自分の想いをソクラテスに仮託して表白するための文学作品であった、というのである。

しかし、ここで考えてみよう。もっとも客観的であるべき歴史記述でさえ、資料の選択や出来事の再構成において、記述者の主観的観点をまったく避けることはできない。すなわち、歴史的出来事の真実にさえわれわれは主観的了解を媒介にして接近せざるをえないのである。ところが、ことは哲学である。とりわけ、ソクラテスの哲学が心の問題を主題にする以上は、ソクラテスに接した人々がかれの話を自分の心でどう受けとめたかによって、すなわち、その理解の深浅によって、異なるソクラテス像を生み出したことは当然のことである。

この四人は、それぞれに異なった性格と能力をもち、異なった人生観をもっていたので、それに応じてソクラテスに反応したのである。もし、万一、かれらが同一のソクラテス像を残していたとしたならば、そのときこそ、われわれは虚構に面していることを危惧せねばならないであろう。なぜなら、そのときには、かれらがみな同じような考え方の人間であったという不可能事を仮定せねばならないか、あるいは、画一化の改ざんを想定せねばならないからである。それ故、本当の問題はどの主観的了解がソクラテスの真実にもっとも迫っているかを、評価し判断することである、と言えるであろう。

しかし、歴史的なソクラテスの実像に関しては、以上に述べたような一般論とは次元の異なる、特別の問題次元がある。それは、ソクラテスという人物がかれの生存時においてすでにその実像を把握しかねる謎の人物であった、という点である。かれと接触したアテナイの人々は、かれを、一方ではクセノフォンのように、糞真面目な道徳家として理解し、他方では、アリストファネスが描いたような、詭弁を弄するソフィストとして理解し、さらには、ソクラテスを告発したアニュトスやメレトスのように、青年を腐敗させ国家社会を転覆させかねない危険思想家として理解したのである。あるいは、ここでソクラテスの死後に簇生した小ソクラテス学派の多様性に眼を向けてみるのがよいかもしれない。そこには、エピクロス学派の源流となった快楽主義者アリスティッポスがおり、ストア学派の源流となった禁欲主義者アンティステネスがおり、メガラ学派を開いた論理家エウクレイデスがおり、そして、プラトンがいたのである。かれの弟子たちは、快楽主義から禁欲主義に至るまでの極大の振幅の中で様々の哲学流派を形成し、おのおのがソクラテスの真髄を継承したと称したのであった。

だが、ソクラテスの、この海神プロテウス的な変幻自在は理由のないことではない。その理由とは、一言でいえば、ソクラテスが否定の精神であったということである。[2]

ソクラテスはその哲学活動である対話において絶えず対話相手の保持する臆見(doxa)の破壊に従事しているが、この否定の矛先はつねに同時に自己自身にも向けられ、絶えざる自己否定、自己超克、すなわち、いわゆる無知の自覚を結果していた。したがって、ソクラテス自身が、ソクラテスの思想というようなものを語ることを、ある意味では禁じている、と理解しなければならないであろう。だから、ソクラテスについて語る様々の資料からなにか固定的な教説をソクラテスの思想として取り出すとすれば、それは、おそらくは、自己否定に徹するソクラテスの精神に本来矛盾する営みに落ち込むことになるかもしれないのである。なぜなら、書かれた言葉は、書かれたということによって既に固定化しているからである。それ故、知性の巨人族にも譬えられうるソフィストたちとの戦いの中で火花を散らした「この生きている否定の精神」に、その戦場に残された残骸としての書かれた言葉を通して、どこまで接近できるかが、われわれの唯一の努力目標でありうるだろう。ソクラテス自身が、プラトンの口を通して「書かれた言葉は、生きている、魂をもった言葉の影(eidôlon)にすぎない」[3]と言っているのだから。そして、この生きている自己超克の精神に出会いうる道はただ一つ、われわれ自身がソクラテスと対話することを措いてはほかにない。

2 クセノフォン

クセノフォンはプラトンとほとんど同時代の人である。かれは、軍人、田園生活の愛好者、世襲の富に恵まれた紳士、かなりの一般的教養を身につけたインテリ、信仰においては世俗宗教のレヴェルになんの疑問も抱かないという意味での敬虔な人物、である。要するに、かれは、精神的にも肉体的にも、世俗的な意味できわめて健康な人間であった。このクセノフォンもまたソクラテスを深く敬愛していた。クセノフォンなりに、ソクラテスの知性、徳性、豪胆さ、世俗的安寧の蔑視などへ賛嘆の眼差しを投げていた。だが、それと、かれがソクラテスを理解したかどうかとは、別問題である。なぜなら、ソクラテスの中にはなにか尋常ならざるもの、パラドクス、アイロニーによってしか表し得ないものがあったからである。

クセノフォンにも『ソクラテスの弁明』という短い著作があるが、これを見るとクセノフォンの精神的次元がよく解るのである。かれは、ソクラテス裁判のとき外国にいて、その有様を直接見聞していないのだが、ソクラテスの弟子のヘルモゲネスからの聞き書きというスタイルで、以下のような趣旨のことを言っている。多くの人々がこれまでソクラテスの高邁な言論については語ったが、かれが何故死んだのか、その理由については誰も語っていない。だから、私クセノフォンがその理由をこの書で述べることにする。その理由とは、ソクラテス自身が生きているよりは死ぬのを良しとし、神もまたこれを是認したからである。そして、かれはソクラテス自身にこう言わせているのである。「君は知らないのか、私よりより善く生きた者がこれまで人間のうちに一人でもいるとは、私が認めないだろうということを。私は全生涯にわたり敬虔にそして正しく生き抜いたことを自覚しているが、これがもっとも楽しいことなのである。……ところが、いまや、年齢がさらに進めば、老齢の重荷が避けようもなく現実のものとなるだろう。目は朧《おぼろ》となり、耳は鈍くなり、理解力は衰え、学んだことも直ぐに忘れてしまうだろう。こうして、自分の衰弱に気付き自分自身を責めるようなことにでもなれば、私はどうして楽しく生きることができようか(4)」。

いったい、ソクラテスがこのようなことを言ったと信じられるだろうか。なぜなら、仮に、ソクラテスがこのようなことを言う人物であったとすれば、プラトンを魅惑して政治から哲学へ転回させることもなかっただろうし、その哲学が二千年余にわたり人類を揺さぶり続けることもなかったであろうから。先ず、ここに見られるのは、滑稽なと言うべきか耐えがたいと言うべきか、まともには聞けないような自惚れと自己満足であるが、これこそ自己否定の精神、アイロニーの精ソクラテスからもっとも遠い特質であり、それ故に、クセノフォンの自己投影にほかならず、クセノフォンがソクラテスの本質を理解していないことを証拠立てるものなのである。——因みに、この自己満足の典型のようなソクラテスのカリカチュアについて言えば、例の神託物語についてのクセノフォン版がある。神託物語とは、プラトンの伝えるところによれば、ソクラテスの熱狂的な弟子カイレフォンがデルフォイの神託所に赴き、「ソクラテス以上の賢者（sophos）ありや」と伺いを立てたところ、「ソクラテス以上の賢者なし」との答えを得た、という例の物語のことである[5]。

自己の無知を深く自覚していたソクラテスは、この答えに驚き、しかし、神が嘘を吐《つ》くはずがないとも確信していたので、神意を探るために対話活動に入ったのであった。だが、この件に関するクセノフォン版は次の通りである。「多くの人々が居るところで、アポロンはこう託宣を下された。人間のうちで、私よりより自由で、より正しく、より賢い者はいない。……ところで、アポロンは私を神に比したのではなく、人間たちを遥かに凌駕している、と判断されたのである。……いったい、私より肉体的欲望の奴隷にならなかった者がだれかいるか。だれからも贈物も報酬も受け取らない私よりも、より自由な人が人間たちのうちにいるか。……人が私を賢者と呼ぶのは当然ではないか。なぜなら、私は語られたことを理解し始めたときから、決して探究を止めず、私に可能なかぎり良きことがらを学ぶことを止めたことがないのだから[6]」。

なんという俗物であろうか。ここに描かれている人物は。この人物が、懐疑をことする哲学と無縁なことは言うまでもないが、さらに、俗物のうちでも一番手に負えない俗物、すなわち、自己を道徳家として誇らしげに是認するような人物であり、それは多分ソクラテスではなくてクセノフォン自身に他ならないであろう。——こういうクセノフォンであってみれば、ソクラテスが死を選んだことについても、俗物的次元でしか理由を考え得ないことは当然である。確かに、ソクラテスは死を善きものと考え、第九章で論ずるように、この考えがかれの哲学の竜骨ともなっているのだが、「ソクラテスは老齢の苦しみを逃れるために、また、過去の栄光を護るために、死を選んだ」という上のクセノフォンの説明は、意図せずに、このソクラテス哲学の竜骨のパロディーになっているのである。

　さて、ソクラテス告発の主条項が「かれは国家公認の神々を認めず、他の新しきダイモニオンを認めるが故に[7]」というものであったことは、周知の通りである。すなわち、ソクラテスは無神の者として、少なくとも、不敬虔のかどで、告発されたのである。そこで、ソクラテスの弁明の主目標は、先ず、かれが神を信ずる者であったことの立証へと向けられねばならず、事実、プラトンの『弁明』篇もそのように進行しているが、この点に関しクセノフォンは何と言っているであろうか。「私が国家公認の神々を認めない、とメレトスはいったいなにを根拠に言ったのか、私は驚くばかりだ。というのは、たまたま私の側に居た人ならば、私が公共の祭りや共同体の祭壇で犠牲を捧げるのを、見たことがあるはずだからだ。……また、なにを為すべきかを示すために神の声が私に現れる、と言うことによって、私はなにか新しいダイモニオンを導入しているのだろうか。なぜなら、鳥の鳴声や人声を用いて占う人々は、声によって判断を下しているのだから。……かれらと私との違いは、予め指し示すものを、かれらは鳥、声、偶然の一致、予言者と名付けるのに対し、私はダイモニオンと呼ぶ、という点にすぎない[8]」。

つまり、クセノフォンは、ダイモニオンの声とは鳥占いや犠牲獣の臓物占いと同次元のものであるから、なにも世人の宗教心と齟齬するものでもないし、国家宗教を脅かすような不気味なものでもない、と言って、ソクラテスを擁護している積もりなのである。だが、ソクラテスの哲学は、究極のところ、伝統的なオリムポスの神々にもとづくギリシア人の宗教心を掘り崩し、国家宗教を破壊してしまうような、起爆力を秘めた新しき神の導入であったとも言えるのであり、この本質的な点をクセノフォンがまったく理解していないことが、上の引用文で示されているのである。

こうして、クセノフォンの著作は、出来事の外面的情報として——それもほとんどはプラトンの伝えるところに吸収されてしまうのだが——以外には、資料として全く価値がないことが、以上で明らかになったと思う。しかし、それは当然である。ソクラテスを理解するためには、自分自身が哲学していなければならないのだが、クセノフォンは哲学者ではないのだから。クセノフォンの描くソクラテスはあまりにも凡庸な道徳家なので、もしこれが実像だったとすれば、なぜ、国家がかれを処刑せねばならなかったのかが、理解できなくなるのである。この点をキルケゴールは次のような毒舌で指摘している。「害にも益にもならず、だれ一人の邪魔にもならず、かれの眠い話を聞く気さえあれば、すべての人と心から仲良くやってゆこうと思っているような、お人好しの、お喋りの変人、こういう変人以上の者をソクラテスのうちに見ることが出来たとは、いかなる魔神がそれほどまでにアテナイ人を惑わしたのであろうか[9]」。もちろん、クセノフォンの描くような無害な道徳家を死刑に処するような人々はどこにも存在しない。だから、もし万一クセノフォンのソクラテス理解が正しかったとすれば、アテナイ人がかれを処刑した理由はただ一つ、ソクラテスがかれらをあまりにも退屈させたからである。アテナイ人は洗練された教養人であったから、かれらを退屈させたことは、その者を処刑する充分な理由になりえたであろう。これはもちろんクセノフォンの凡庸さに対するキルケゴール一流の毒舌である。

3 アリストファネス

「さて、先ず始めに、私は、アテナイ人諸君、私についての最初の偽りの告発と最初の告発人に対して、当然の権利として、弁明しなければならない。……なぜなら、諸君に私を告発する人々は大勢いて、古くからすでに長年にわたり、なに一つ真実を語っていないからなのです。この人々を、私は、アニュトスのまわりにいる人々よりも、ずっと恐れている。もちろん、アニュトス一派も恐ろしいには違いないが、諸君、この人々は遥かに恐ろしいのです。かれらは、諸君のうちの多くの者を子供の頃から摑まえて、まったく真実でないことを説得し、私を告発し続けてきたのです。曰く、ソクラテスとかいう賢い男がいて、天上のことを思案し、地下にあるすべてのことを調査し、弱い議論を強くするのだ、と。アテナイ人諸君、このような噂を撒き散らしたこれらの人々が、私の恐るべき告発人なのです。なぜなら、それを聞いた人々は、そのようなことを探究する者ならば、神々をも信じないだろう、と考えるからなのです[10]」。「だから、諸君も、私が言うように、私の告発人は二種類生じたのだ、と考えてください。今しがた私を訴えた人々がその一方で、私が話した古くからの告発者たちがその他方なのです[11]」。

「よろしい。これらの中傷者たちは、いったい何を語って私を中傷したのか。だから、かれらを告発者のように見なして、かれらの告訴状を読み上げてみなければならない。曰く、「ソクラテスは犯罪者である。この者は、地下のことや天上のことを探究し、弱い言論を強くし、この同じことを他の人々にも教えて、いたずらな振舞いに及んでいる」。なにかこんなことです。つまり、これらのことは諸君自身がアリストファネスの喜劇の中で見ていることで、そこでは、ソクラテスとかいう男が仕掛けによって運ばれて、空中を歩くと言ったり、その他大量の馬鹿げた言葉を吐き散らしているのだが、それらについては事の大小を問わず私はまったく与かり知らないのです」[12]。

以上は、弁明の冒頭でソクラテスが裁判所に集まった人々に語りかけた言葉である。これによって見ると、かれが如何に、アリストファネスの戯画化によって代表される歪曲されたソクラテス像を重大視し、その中に、直接の告発者であるアニュトスやメレトスよりも、恐るべき敵を見ていたかが、解かる。

さて、アテナイの喜劇は宗教的な起源をもち、堅固な伝統の中で成立しているものであるが、この枠組みの中で喜劇作家は時代の風潮を批判し、気に障る人物を揶揄の標的にした。だから、もちろん、ソクラテスだけが嘲弄の対象になったわけでもないし、また、アリストファネスだけがソクラテスを喜劇の材料にしたわけでもない。しかし、ソクラテスは、人間の大きさから言って、嘲弄の対象としては最大級のものであったし、アリストファネスの喜劇化が時代批判を含むものでもあったし、さらに、かれの作家としての技量も抜群のものであったために、この喜劇が惹き起こした——あるいは、この喜劇が代表する——ソクラテス像は測り知れない影響力をもったであろう。アリストファネスがソクラテスを主題にした作品は『雲』である。この作品についての解釈は様々あって、一方の極はそこにソクラテス個人に対する激しい憎悪を見るが、他方の極は時代思潮一般に対する批判を見るのである。すなわち、演劇的効果のためには、この時代思潮は特定の一個人のうちに具象化されねばならないが、このような役割を担う者としてソクラテスが登場しているのであり、この目的のために、アリストファネスはソクラテスのうちにソフィストの憎むべき破壊思想を集積したのである、と。[13] だが、いずれにしても、『雲』のソクラテスは悪の権化であり、仮に、ソクラテスがただソフィストの仮面として利用されたにすぎないとしても、それが可能になるためには、両者の混同がなければならなかったであろう。つまり、ソクラテスは、まさに自分が標的にしている正面の敵と混同されるという、まかり間違えば眼力のない味方には背後から撃たれかねない危険な戦いを、戦っていたのである。

では、『雲』の中でどのようなソクラテス像が描かれたのか、先ず、その粗筋を見てみよう。主人公は、愚鈍で無教養な田舎者ストレプシアデスとその息子のフェイディピデス、そして、ソクラテスである。ストレプシアデスは気位が高くて浪費癖のある貴族の娘と結婚して不幸になり、その上、息子の競馬狂いのために、大変な借財を抱え込まされる。借金取りを想うと夜も眠れず、なんとか相手を出し抜く手段を教えてくれる人を求めている。そのためには、弱い議論を強くする技術を学ばなければならない。ここで、われわれは直ちに当時のギリシアの思想界を想いうかべるであろう。つまり、そういう技術を教えようと言う人々がいたのである。プロタゴラスやゴルギアスの弁論術は、真理そのものを問題にせずただ説得のみを目指すものであるからには、悪用されれば、そういう手段として利用されうるものであった。たとえば、『ゴルギアス』篇によれば、ゴルギアスは、本当のことを知らなくても知っているように見せかけることが出来れば、人々を説得して自分に利益をもたらすことが出来るのであり、その技術を教えるのが弁論術であるのだから、「それは、いわば、すべての諸力をまとめて自分の下に持っているようなものだ」、と言っている。[14] 一例として、公務のために働く医者の募集があったとしよう。その時、民会で自分を選ばせるべく人々を説得できるのは、専門技術を持つ医者ではなくて弁の立つ弁論家の方である。語る能力を持つ者に比べれば、医者などはものの数ではない、と。世の中にこういうことが横行したら、恐るべきことである。だが、ストレプシアデスはこういう能力をわがものにしたいと思い、息子をソクラテスの学校へ送ろうとしたのである。

フェイ：で、私は、あなたのために、何を学ぶのですか。
ストレ：かれらのところには、二つのロゴスがある、と人々は言っている。
なんだか知らぬが、より良いロゴスとより悪いロゴスだそうだ。
これらのうちの一方の悪いロゴスは不正なことを語るものだが、
それが勝ちを占めるのだそうだ。
もしも、おまえが私のためにこの不正なロゴスを学んでくれれば、
おまえのために私が背負い込んだこれらの借財を、
一厘たりとも、私は誰にも払わずに済むだろう。[15]

しかし、息子は、あんな青白いペテン師たちのところへ行けるか、と言って、学習を拒否する。そこで、もうボケかかってもの忘れの激しくなった老人が、自分で詭弁を習いに出かけるのである。

ストレプシアデスが入ってゆくと、ソクラテスは宙吊りの籠の中にいる。かれは、太陽やその他の天体現象を考察しているのだが、明晰に思考するために、できるだけ大地の湿気から離れ、上空の乾いた空気に近づこうとして、そうしているのだ、と言う[16]。アリストファネスのこの揶揄は、だが、単にソクラテスをアクロバットにして嘲弄しているのではなく、当時の自然学思想を背景にして成立しているものであり、ソクラテスを無神論的自然学者に仕立て上げるための演出なのである。もともとギリシアには、魂（プシューケー、プネウマ）は息であり、すなわち、空気（アエール）である、という考え方が太古よりあったが、この考え方は前六世紀にアナクシメネスによって体系化され、当代ではアポロニアのディオゲネスによって展開されていた。すなわち、万物の究極的実体は空気であり、それは精神であると同時に神なのである。だから、ゼウスというような擬人神が存在するなどと信じているのは頭の遅れた古臭い人間であって、文明開化された人間は、究極実体である空気の渦巻きがゼウスにとって代わり万物を支配していることを、知らなければならない[17]。こうして、ソクラテスは弱論を強弁し黒を白と言いくるめる弁論術と無神論的自然学とを結合したナンセンスの怪物に仕立て上げられたのである。

ストレ：この厳かな歌声を響かせておられる女神たちは、どなたですか。

ソクラ：天にまします偉大なる女神たち、怠け者の守護者たる雲の精なるぞ、気の利いた意見、巧みな議論、知性の閃き、いかさま弁論、遠回しの言い方、剝き出しの言い方、攻撃の技術などを授けてくださる。(18)

ところで、ソクラテスから詭弁を学ぼうとしたストレプシアデスは、生来の鈍さの上に老人ボケのもの忘れも加わって、なにも学ぶことができず、直ちに見棄てられてしまう。そこで、父親は再び息子のフェイディピデスを説き伏せて、なんとかソクラテス学校への入門を承知させるのである。息子の登場と共にソクラテスは退場し、代わって人格化された正論と邪論が直接息子の教育を始めるが、このことは、一部の解釈者が言うように、アリストファネスがソクラテスを邪論から注意深く区別し、責めをソクラテスにではなく邪論に帰そうとしたことを、意味するものではない(19)。それは単に作劇上の必要から生じたことで、劇の末尾で破滅したストレプシアデスがソクラテスと邪論を一緒くたに呪っているところから明らかなように、邪論はいわばソクラテスの化身とされているのである(20)。

正論　私は正しいことを語るのだ。

邪論　そんなのは反論して、ひっくり返してやろう。
　なぜなら、正義があるということさえ、私は認めないのだから。

正論　正義が存在しない、と主張するのか。

邪論　そうさ、そんなもの何処にある。

正論　神々のもとにある。

邪論　もし正義が存在するのなら、自分の父親を縛ったゼウスは、
　いったい、なぜ、破滅しないのか。
　おまえは盲の耄碌爺いで、時代遅れなのだ。(21)

こうして、正論と邪論はフェイディピデスを前にして公開討論を始める。先ず、正論が昔の教育を賛美する。その当時は、少年たちは雪降りの中でもマントを着けずに秩序整然と行進し、盛り場や温浴を避け、年長者には謙虚に振舞い、両親に逆らうこともなく、踊り子にうつつを抜かすこともなかった。この正論の主張を邪論はことごとく反駁して、こう結ぶ。慎み深いことによって何かよい目にあった人間がいるのか。稚児も、女も、勝負事も、飲み食いも、哄笑も奪われて、人はいったい何のために生きるのかね。自然の必然（tâs tês physeôs anagkâs）というものがある。この俺様に従えば、自然のままに振舞っ

て、跳ねるも笑うも勝手次第、どんなことをしても恥ずかしいと思う必要はない。不倫をして捕まったなら、ゼウスを引き合いに出すのだ。あの神でさえ恋と女には勝てないのに、死すべき人の身でどうして神よりも偉大なことを為し得ようぞ、と。[22]

この邪論の議論は、『ゴルギアス』篇におけるカリクレスの議論を彷彿させる。カリクレスはこう主張したのである。正義とか平等とかいうものは、弱い人間が自分自身を守るために案出した人為の掟であり、自然の中に根拠を持っていない。自然の世界をみれば、強い者が弱い者から奪い取り、飽くことなく快楽を追求することが、生命あるものの自然であることが解るだろう、と。[23] 邪論は、また、ここで神々の放縦な行状を引用することにより、人間の弱さを免罪しようとしているが、古来からのギリシア人のこの性癖こそ、ソクラテスが神観念の純化によって批判の標的としたギリシア人における宗教上の問題点であったのである。こうして、邪論の圧倒的な詭弁に正論は旗を巻いて降参し、これを見て、ストレプシアデスはソクラテスに自分の息子を是非弟子にとって「青白い、悪いダイモンにとり憑かれた奴（ソフィスト）にしておくんなさい」と頼み込む。この時、合唱隊の長は「まあ、行くがよい、だが、このことをお前は後悔するだろう[24]」と予言する。

息子が邪な新知識を身につけて「自分が悪事を働いて、人をひどい目にあわせておきながら、かえってひどい目にあわされているのは自分の方だと相手に思わせる[25]」厚顔無恥を備えたらしいことを喜んだ父親は、祝宴を張ろうと二人して家に入るが――その間ストレプシアデスは詭弁を振り回して借金取りを二人も撃退したりするが――間もなく息子に殴られたと言って泣きながら家から飛び出してくる。なぜなら、最新の詭弁論理で武装したフェイディピデスが、息子が父親を殴ることが正当であることを論証するのに、なんの手間暇も要らなかったからである。ストレプシアデスがいまさら正義だとか親への尊敬だとかを持ち出しても手遅れである。

フェイディピデス：最前線の気の利いた思想に馴れ親しんで、現存の法律や道徳を軽蔑できるとは、なんと快いことだろう。競馬にばかり心を向けていたときには、僕は言い間違いをせずに三言としゃべることはできなかった。ところが、今では、僕は、この父親自身のおかげで、競馬を止めさせられて、精妙な思想や論理や思索に打ち込んでいるのだから、親父を折檻することが正しいことを、かれに教えてやれるだろう、と思うのです。(26)

フェイディピデスが、さらに進んで、法律を定めたのは人間だから、これを自分の都合の良いように変えることも許される、と言い、自然界を見れば、親に仕返ししている動物は沢山いる、と言い、さらに言い募って、母親を殴ることを論証しようとした時、憐れなストレプシアデスも最後の腐敗の寸前で目が覚める。かれは、ソクラテスと邪論と女神の雲とを呪い、ソクラテスの学校に火を放つ。

『雲』が上演された年（前四二三）には、すでにペロポネソス戦争は八年も経過して、人々は不安と緊張のさ中にあり、倫理道徳の古い理想の空洞化とこれに伴うアテナイの若者の腐敗に深い憂慮が抱かれていた。人々は、この腐敗の原因を新奇な思想による教育や戦争による環境の悪化に帰していた。とりわけ、流行の新思想が、古風な価値を、以前には文句なしに受容されていた徳への忠誠心を、掘り崩したのだ。アリストファネスは、多くの人々と同様に、価値観の点では保守主義者であったが、『雲』において、この新思想を喜劇という手段を通して攻撃することを目指したのである。そのためには、この新思想は一個人のうちに具象化されなければならないが、その標的としてソクラテスが選ばれたということだ。ソクラテスは一生涯アテナイを離れることなく、すべての人々に知られていた。獅子鼻と出目の醜怪な容貌、揺れるような歩き振り、公共の場で人々を摑まえては飽くことなく質問を浴びせ続ける行状、ソクラテスを見間違える人は一人もいなかったであろう。また、高名のソフィスト、たとえば、プロタゴラス、ゴルギアス、ヒッピアス、プロディコスらがアテナイを訪れると、ソクラテスは必ずと言ってよいほどかれらのもとへ赴き、かれらの論題を取上げ、かれらと討論を交わした。それ故、ソフィストと深く交わり、ソフィスト的傾向を一身に具現した一人のアテナイ人を選ぶとなれば、ソクラテス以上に適切な人物はいなかったかもしれない。

さて、アリストファネスのソクラテス像の二つの根本的特徴のうちの第一点、すなわち、詭弁論理の教師という点についていえば、ソクラテスの反駁的対話とソフィストの詭弁との間の目の眩むような深淵は、普通の人々の目には見えぬほどに、両者は一見類似していたと言わなければならない。ソクラテスの反駁的対話（エレンコス）は、もろもろの臆見（ドクサ）を破壊するのみで、決して積極的な結論に到達することはなかったが、これは、否定のための否定をこととするソフィストの論争術（エリスティケー）と、なんと似ていたことであろうか。両者は少なくとも批判と破壊の威力においてある種の共通性をもっていたとは言えるから、ソクラテスを否定の精神として把握し、それ故にソフィストのカテゴリーに投げ込んだアリストファネスの中傷は、クセノフォンの俗物的弁護に比べれば、ソクラテスの理解においてより本質的な点へ肉薄している、と言ってよいのである。それ故、問題は、ソクラテス哲学の根幹をなすかれの対話活動すなわちエレンコスの構造をどう理解するかにかかっている。ソクラテス理解の基礎をなすこの問題についての考察は第四章に委ねなければならないが、アリストファネスによるソクラテスのソフィスト化は、少なくとも問題が奈辺《なへん》にあったかを照射する照明弾の役割は果たしているのである。

アリストファネスの揶揄《やゆ》の第二点は、無神論的自然学者としてのソクラテスである。

『パイドン』篇によると、ソクラテスは、若い頃自然学の研究に没頭したことがある、と言っている。というのは、アナクサゴラスが万物の原因はヌース（理性）であると語っているることを聞き、そこに宇宙の善なる秩序の根拠が説き明かされている、と期待したからである。ところが、アナクサゴラスの書物は空気とかアイテールとか渦巻運動とかを語るのみで、善については何事も説明していなかった。失望したソクラテスは以後二度と自然学に関わることはなかった、という。なぜなら、ソクラテスの考えによれば、人間にとってもっとも大切なことは「単に生きることではなくて、善く生きることであり(27)」、したがって、善の探究がわれわれの為すべき最重要事であるのだが、自然学は機械論的説明に満足してこれを反復するのみで、宇宙の秩序の善なる所以についてはなんの考察も行っていなかったからである。このソクラテスの告白はおそらくは真実である。また、アリストテレスも「ソクラテスは倫理についてては研究したが、全自然についてはまったく顧みることがなかった(28)」と言って、この点を保証している。それ故、自然の研究に没頭し天上と地下のことに思案をめぐらすソクラテスという像は、若い時代の一時の熱中を別にすれば、かれの思索には本来無関係な根拠無き虚像である、と言ってよい。

だが、自然学者ソクラテスが虚像であったとしても、無神論者ソクラテスという像にはある種の根拠があった、と思われる。それは、ソクラテスがいわゆる世俗的信仰において崇拝されている神々を潜在的には批判する立場をとっていたからである。すなわち、一般の人々が「敬虔とは、オリムポスの神々のように非倫理的であろうと、そうでなかろうと、とにかく神々の意に沿うことである」と考えていた時に、ソクラテスは「非倫理的であることは神の本質に矛盾する」と言ったのであり、敬虔と正義とは究極的には同一であると考え始めていたからである。この思索は、ギリシア人の伝統的な神観念を批判し純化する方向へ踏み出しており、したがって、国家宗教を動揺させる力を持ちえたであろう。更にまた、ソクラテスの神に関してはダイモニオンという問題もある。これらの問題は、上述のエレンコスと同様に、ソクラテス哲学の根幹をなす問題であり、後に章を改めて論ずることになるが、この領域においても、アリストファネスは問題の所在に関する嗅覚は持っていた、と言ってよいのである。

4 アリストテレス

アリストテレスは前三八四年の生まれであるから、ソクラテスを直接には知らない。しかし、かれはアカデメイアで二〇年間プラトンに学んだ。そのことにより、誰よりも、プラトン哲学とソクラテス哲学との関係について知っていたはずである。アリストテレスは、きわめて簡潔に、ソクラテスの思索がどこで終わりプラトンの思索がどこから始まるかを語っている。「プラトンは若い時からクラテュロスに接し、かれを通してヘラクレイトス派の見解に親しんでいた。すなわち、感覚的事物はすべて絶え間なく流転しているので、これらについての知識はありえない、と。そして、プラトンは晩年に到ってもそのように考えていたのである。これに対して、ソクラテスは倫理的な事柄には従事したが、全自然についてはまったく関心をもたなかった。そして、倫理的な事柄において普遍者（本質）を探究し、定義について始めて思いをめぐらせたのである。プラトンはソクラテスのこの探究を受け継いだが、定義は感覚的事物については成立せず、それとは別種の存在について成立する、と考えた。なぜなら、感覚的事物は絶え間なく変化しているので、どんな感覚的事物についても共通普遍の定義はありえないからである。そこで、プラトンはこの別種の存在をイデアと名づけ、感覚的事物はすべてこれらとは別に存在するが、これらに従って命名されるとした(29)」。

アリストテレスはアカデメイアでの二十年間にプラトンの後期思想――とくにイデア論の起源――について多くのことを学んだにちがいない。たとえば、クラテュロスがプラトンの最初の師であったことは、プラトンの対話篇のどこにも書かれていないし、『クラテュロス』篇の中にもそれを暗示するような内容はない。それ故、この報告はアリストテレスがプラトンから直接聞いた話としてしか理解のしようがない。そのアリストテレスが、「普遍者を感覚的事物から分離してイデアと呼んだのはソクラテスではなくてプラトンである」とわざわざ断っているのであるから、対話篇の中でソクラテスがイデアを語る時、それを額面通りに受け取ってはならないことは、明瞭である。要するに、アリストテレスがソクラテスに帰していることは、かれが倫理的探究に携わったこと、その探究は定義の追求（本質の追求）であったこと、そして、かれが自然学にはまったく関心を持たなかったこと、の三点である。そして、この三点でソクラテス哲学の骨格は尽きているのである。その余のもの、イデア論とか宇宙論とかは、プラトンのものだ、とかれは言っているのである。

アリストテレスはプラトンとはまったくタイプの異なるクールな人間で、ソクラテスに対してもプラトンのような感情的な思い入れはない。ましてや、クセノフォンのような盲目的崇拝やアリストファネスのような歪曲的反発とは無縁である。それだけに、かれの淡々とした整理は――この整理はかれが『形而上学』の中で先行哲学者たちの思想の本質的骨格を取り出す際に現れてくるのだが――ソクラテスの思索の骨組みの把握としては信頼に値するであろう。

5 プラトン

シラクサの僭主ディオニュシオス二世に宛ててプラトンが送った書簡のうちに次の言葉がある。「私は未だかつてこれらのことについて書いたことはないし、プラトンの書物なるものも存在しないし、これからも存在することはないでしょう。現在プラトンの書物と言われているものは、若くそして美しくなったソクラテスのものなのです[30]」。ディオニュシオス二世とは、その本性においては強欲放縦なタイラントであるにもかかわらず、哲学的教養で身を飾りたてようと自分の宮廷へプラトンを招き、プラトンから聞きかじった半可通の知識をもとに、もっとも重大な事柄について、その答えを自分自身で発見したとか、それについて著作を著《あらわ》したとか称していた男である。プラトンが生涯にわたり心を砕いてきた事柄、『国家』篇で[31]「最大の学習」と言われた事柄は、大衆にとっては嘲笑の種になるような事柄であるが[32]、これはそもそも他の学問のように言葉では語りえないものであって、ただこの事柄に関わる人々が長年のあいだ人生を共にしながら論じ合ううちに、突然「いわば飛火のように」人の魂のうちに灯る炎のごときものであった[33]。そのような事柄を、ディオニュシオスはあたかも金で購いうる商品ででもあるかの如くに、書き物として与えて欲しい、と求めてきたのである。ここには、哲学の核心的な問題に関する根本的な誤解がある。哲学のこの核心は他のもろもろの科学的な学問のように、いわゆる知識として授受されうるものではない。このことをプラトンはソクラテスから学び、愚かなディオニュシオスに対しては「それについては、プラトンの書物などは存在しない」という表現で伝えようとしたのである。つまり、存在はするけれども、それは活きた哲学の死骸にすぎない、と言っているのである。それであるから、ディオニュシオスがそれに関して書物を著したと聞いた時、プラトンの激怒は次のような皮肉になった。もし、かれがそれを本当に理解していたのであれば、それに対して敬虔な態度をとり、決して書物にするというような無謀な真似はしなかったであろう、と。[34] すなわち、書いたということが、なにも理解していないということを、示しているのである。

それ故、プラトンは、一文字も書き残さなかったソクラテスの真正のそして徹底的な弟子なのであり、自分の書いた物は残骸にすぎないと自分自身で言っているのである。だが、何の残骸なのか。自分自身の、すなわち、プラトンの思索の残骸なのか。そうではない。そうではなくて、ソクラテスの戦いの痕跡なのである。周知のように、プラトンの対話篇の主人公はほとんどすべてソクラテスである。プラトンは自分を主人公にしなかったどころか、自分の名前さえその対話篇からほとんど抹消した。これは、プラトンがソクラテスを語り継ぐことをもって己が使命とした、ということを意味する。このことは、初期のソクラテス対話篇と呼ばれる諸著においては疑問の余地がない。しかし、中期から後期にかけて現れるプラトンに固有の存在論や認識論においても、そこで営まれている思索はプラトンの意識としてはソクラテスによって灯された炎の展開にほかならなかったのである。プラトンは自分の哲学というようなものを考えてはいない。哲学とはソクラテスの精神の延長であるとしか考えていない。この故に、かれは「現在プラトンの書物と言われているものは、若くそして美しくなったソクラテスのものなのです」と言ったのである。若くなったソクラテス。つまり、プラトンとは美しいソクラテスの甦った姿なのであり、かれの分身なのである。

しかし、そうだとすると、ソクラテスとプラトンを区別することが出来なくなるのではないか。ある意味ではその通りである。両者は本質を同じくし、融合しているのであるから。しかし、このことは、プラトンがソクラテスの言葉をそのまま鸚鵡返しに反復したということを意味するものではない。むしろ、哲学者であるプラトンがソクラテスを理解し継承したということは、プラトンの精神の中でソクラテスの精神が一旦溶解しそれから再生したということを意味するのであり、したがって、当然そこには師の教えの含蓄の展開があり、学説上の前進がある筈なのである。理解し受容するということは、すべてそういうことである。もし弟子が師の教えを一字一句異なるところなく反復していたとしたならば、それは、むしろ、かれが何も理解していなかった、ということを意味するであろう。

それ故に、バーネット・テイラー説は硬直した理論であり、受け容れることはできない。バーネット・テイラー説とは、プラトンの対話篇においてソクラテスの口から述べられた事柄はすべて実質的に生存時のソクラテス自身によって語られた言葉である、という理論である。もし、これが本当だとすれば、『パイドン』篇のイデア論や霊魂不滅証明も『国家』篇のディアレクティケーもソクラテス自身が語ったということになってしまう。ところで、この説は『パイドン』篇から最大の支柱を得ている。この対話篇は、ソクラテスが地上における最後の日に牢獄に参集した弟子たちと交わす霊魂不滅の証明――この証明において始めてイデア論が明確な形で出現する――を、描いたものだが、そのような荘厳な瞬間に、もしプラトンが自分自身の学説の代弁者としてソクラテスを利用したとすれば、それは師に対する考えられないような不敬虔な振舞いということになるだろう、というのである。(35) だが、そうではないのである。そうではなくて、もしソクラテスが霊魂の不滅を確信しながら死んだのでなかったならば、その時には、ソクラテスの信じていなかったことをソクラテスの口から語らせたプラトンは師に対して考えられないような凌辱を加えたことになるのである。しかし、逆に、もしソクラテスが真実の自己は魂であり、この魂は死後も存続するという確信を強く抱いて死んでいったのであれば、この確信を伝えることこそがソクラテスを伝えることであり、したがって、プラトンが自分の持てるあらゆる思索力を総動員して霊魂不滅の証明を試み、それをソクラテスに語らせたことは正当でもあるし自然でもあったのである。むしろ、プラトンは、哲学者である以上は、それをしなければならないのである。

このことは、イデア論についても同様に妥当する。要するに、イデア論とはプラトンにおけるソクラテスの精神の自ずからなる発展である。それ故、ソクラテスとプラトンを厳密に区別することは、不可能であるとともに無意味である、と言わなければならない。なにしろソクラテスは一文字も書き残していないのであり、プラトンはただひたすらソクラテスの精神を伝えようとしたのであり、そして、プラトンは筆耕者ではなくて哲学者であったからである。それ故、われわれは比較的初期のものと判断される対話篇を主な素材としながら、このソクラテス・プラトン混合体のなかからソクラテスの実像に迫って行くことにしよう。但し、ソクラテスの実像とは、もちろん、かれの歴史的実像のことではなく、かれの精神の真実のことである。われわれは哲学的思索における真実の発見に関しては極度に厳密でなければならないが、歴史的実像に関しては大まかであってよいし、また、大まかである他はない、ということである。

第二章

ソクラテスの生涯

ソクラテスはアテナイのアローペケー区の人で、(1)父親の名はソーフロニスコス、(2)母親の名はパイナレテー(3)である。この両親の名は、それぞれ、父親の方は「節度（思慮）ある者にする男」、母親の方は「徳を輝かす（出現させる）女」を意味し、節度ある者となって徳を輝かせたソクラテスの両親にあまりにも相応しい名前であるが、上述の引用箇所から判断するに、これらは実名であった、と思われる。ソクラテスは前三九九年に処刑されたが、その時七〇歳であったと言われているから、(4)前四七〇／四六九年の生まれと推定される。父親のソーフロニスコスは石工（彫刻師）であったが、ソクラテスが自分の先祖はダイダロスである、と冗談を言ったのは、(5)このためである。ギリシアでは、技術職業は父から息子へ譲り渡されるのが仕来たりであったから、ソクラテス自身も石工の技術を身につけ、若い頃にはその仕事に従事したであろう。実際、「アテナイのアクロポリス神殿への入口に立っているヘルメス神とカリス女神たちの彫像はソーフロニスコスの息子ソクラテスが作ったものである、と人々は言っている(6)」、とパウサニアスは書いているが、この記述を疑うべき理由が特にあるわけではない。いずれにしても、このように伝えられているということは、彫刻家ソクラテスの腕が中々のものであったことを窺わせるであろう。それ故、また、ソクラテスは始めから貧乏であったわけではないだろう。つまり、ソクラテス晩年の貧窮は自らが招いたものなのである。かれは、神の命令に従って、町中を歩きまわり、同国人たると外国人たるとを問わず知者と思われる人々に問答を仕掛けて吟味し、「もしも知恵があるとは思えない時には、神の手助けをして、知者ではないぞと示すのです。そして、この仕事が忙しいために、ポリスのことについても私のことについても、語るに足ることを為す暇が無くなって、神へのこの奉仕のために、私は極貧のうちにあるのです(7)」、と言っている。

他方、母親のパイナレテーは「非常に高貴な厳しい産婆」であった、と記されているが、ソクラテスは「自分はこの母親の技術を受け継ぐ者だ(8)」とも言っていた。というのは、ソクラテス自身の説明によれば、産婆が、自分自身は子供を産めない老婆でありながら、若い女を助けて肉体の子供をこの世へ送り出すように、ソクラテスも、自分自身は知恵を産み出す力を持たないにもかかわらず、青年を助けて精神の子供をこの世へ送り出すからである、と。

ソクラテスは出来るだけ公の場を避けて生涯を一私人として過ごそうとしたが――なぜなら、かれ自身の説明によれば、もしも、かれが国政に参与していたならば、とうの昔に身を滅ぼしていたに違いないのであって、少しの間でも身を全うしてアテナイの人々と自分自身のために何か益になることを為すためには、一私人として振舞わなければならない、とかれは判断していたからである(9)――それでも、ペロポネソス戦争はかれを三度公の場へ引き出してくる。すなわち、戦争開始直前のポテイダイア攻略戦、前四二四年のデーリオンへの攻撃と敗退、そして、前四二二年のアンピポリスの戦いがそれである(10)。これら三度の戦役にソクラテスは重装歩兵として出陣するが、その時、かれはその剛勇、沈着、忍耐力を強烈に衆人に印象づけたのである。アルキビアデスの告白によれば(11)――この時、アルキビアデスは負傷して味方から見棄てられかかり、ソクラテスによって危うく命を救われたのであるが――ソクラテスは戦場における食糧の欠乏に誰よりも良く耐えることができ、同時に斗酒なお辞せぬ酒豪で、しかも、かれが酔っている姿を未だかつて見た者はいなかったそうである。また、ポテイダイアのある北部バルカンのトラキア地方は冬の寒さの厳しい土地で、他の兵士たちが厚着をして毛皮の靴に足をくるんでいた時に、ソクラテスは普段の服装のまま氷の中を裸足で易々と歩いていたそうである。ソクラテスがふと思索に入り込んでからそのまま一昼夜同じ場所に立ち続けていたというのは、この時のことである。さらに、デーリオンの戦いでは――この時には、ソクラテスは馬の下敷きになって身動きの出来なくなったクセノフォンの命を救っている――四分五裂の状態で敗走中のアテナイ軍の殿《しんがり》をソクラテスは歩いていたそうである。自若として敵味方を見まわしながら、もしも誰かがかれに手を出そうものなら、もの凄い反撃を受けることは、誰の目にも、非常に遠くからでさえも、一目瞭然という姿で、かれは兵士たちの最後尾を進んで行ったそうである。かれによって、アテナイ軍は危機を脱したのであり、もしも他の人々もまたソクラテスのように振舞っていたならば、アテナイ軍があのような負け方をすることはなく、アテナイはびくともしなかったであろう、とは将軍ラケスもまた言っていることである(12)。

次にソクラテスが公の場に姿を現わすのは、前四〇六年である。この年アテナイの艦隊はアルギヌーサイでスパルタの艦隊に勝利を博したが、暴風雨のために沈没船の乗組員の救助に失敗した将軍たちは責任を問われて法廷へ引き出されるという事件が起こった。この時、たまたま、ソクラテスの属する部族が、政務審議会を招集し、その議事を準備し、その討議採決の世話をするプリュタネイス（執行部）に当たっており、しかもソクラテスは抽選によって議長の位置にあった。民衆と告発者は全将軍を一括して裁判に付そうとしたが、これは被告人を一人一人個別的に裁判すべきことを定めているアテナイの法律に違反するやり方であった。執行部の他のメンバーはみな脅かされて不法な裁判に同意したが、ただソクラテス一人だけが最後まで抵抗しとおしたのである。この時のことを、かれは次のように言っている。「私は、死を恐れて正義に外れることを誰に譲歩することもないだろうということ、しかし、もし譲歩しなければ身を滅ぼすことになるだろうということ、このことを諸君が知るために、私の身に起こった出来事を聞いてください。……執行部の委員の中で、私一人だけが諸君に反対していかなる法律違反も行わせまいとし、反対投票をしたのです。そして、弁論家たちが私を今にも告発し逮捕させようとし、諸君もそうだと言って怒号しているなかで、私は、逮捕や死刑を恐れて諸君らと共に不正の提案者になるよりは、むしろ、法と正義と共に危険を冒し続けるべきである、と考えていたのです(13)」。

その二年後、アテナイはペロポネソス戦争に敗れ、民主制が倒され、スパルタの後押しで三〇人僭主制が成立したが、これら三〇人の中央政治局員らは一連の合法的殺人を行っていて、特に民主主義者で富裕な市民を狙い撃ちして処刑し、かれらの財産を奪取していた。かれらはソクラテスを自分たちの悪事に巻き込もうとして、サラミスのレオンという民主主義者の資産家を捕らえるよう、かれに命令を下したのであった。この反民主主義革命の指導者たちのうちには、プラトンの親戚のクリティアスとかカルミデスなどもいたが、かれらにはソクラテスに期待をかける理由があった。なぜなら、かれらは昔ソクラテスの周囲に群れ集って哲学的対話に時を過ごした貴族の子弟たちであったのであり、また、ソクラテスが決してアテナイ民主制の擁護者ではないことを知っていたからである。しかし、かれらはソクラテスの法への忠実さを見誤っていた。「かれらは他の多くの人々にもこのようなことを沢山命令したのだが、それは、できるだけ多くの人々を係わり合わせようとしたからなのだ。だが、その時、私は言葉によってではなく行為によって示したのだ。私にとって死は――こう言うのが粗野でないとすれば――全くどうでもよい。しかし、不正と不敬虔の行為を行わないということには、私は全身全霊を傾けて気を使っている、と。当時の権力は、あれほど強力であったにもかかわらず、私を脅かして不正を働かせることはできなかった。われわれが円堂から出たとき、他の四人はサラミスへ行ってレオンを連れて来たが、私は家へとたち去ったのである。そして、もしも、あの権力が速やかに崩壊しなかったならば、私はこのことの故に殺されていたことだろう(14)」。

ソクラテスは、この事件の直後に起こった三〇人テロ体制の打倒と民主制の回復によって、この行為の結果としての死は免れたが、今度は、新しい民主体制がかれを新しい危険へと追い込んでいった。この時代はペロポネソス戦争敗北後の絶望的状況で、民主主義者たちは、クリティアスやその仲間たちによって短期間ではあれ遂行された恐怖政治の再度の擡頭を何としても阻止せねばならぬ、と考えていた。だが、この暴力政治の指導者たち、また、あの祖国を裏切ったアルキビアデスなどは、若い頃みなソクラテスの仲間だった者たちではないか。だから、民主主義者にとってはソクラテスは信用のおけない人物であり、かれらがソクラテスの排除を目論んだのは、自然の成り行きであったかもしれない。すくなくとも、反民主主義的傾向の強いソクラテスは民主主義の保全にとっては危険極まりない人物であり、したがって、この状況下でのかれの処刑は当然の結果であった、と主張する解釈者は存在するのである[15]。いずれにしても、これらの民主主義者たちはあの三〇人僭主のような暴力的人間ではなかった。プラトンはかれらをまったく嫌悪しているが、それでもかれらの温和な政治の仕方には敬意を表している[16]。

　こうして、国家にとって危険人物と見なされたソクラテスは民主主義者によって告発された。表立っては、主たる告発者はメレトスという名の男であり、その告発状は次のような内容のものであった。「ソクラテスは犯罪者である。青年たちを腐敗させ、国家の認める神々を認めず、他の新しきダイモニオンを祭るが故に[17]」。『エウテュフロン』篇によれば、ソクラテスは告発されるまでこの男をよくは知らなかったらしい[18]。それくらい、かれは無名の若者にすぎなかった。つまり、メレトスはただの操り人形で、その背後では強力な民主主義者で実業家のアニュトスが糸を引いていたのである。——アニュトスはもっとも有力な民主制擁護の政治家の一人で、三〇人テロ体制に抵抗したレジスタンスのリーダーでもあった。『メノン』篇では、このアニュトスが「言葉に気を付けろ」とソクラテスに警告する場面がでてくる。「ソクラテス、どうも君はすぐに人のことを悪く言うようだ。もし私の言葉に耳を傾ける気があるならば、君に忠告しておきたい。気を付けろ、と。多分、他の国でも、人に良くしてやるよりは害悪を加える方が容易だろうが、この国では特にそうなのだから[19]」。アニュトスは、ソクラテスがその対話活動によって多くの有力者を傷つけていることを暗示しているのだが、この言葉のうちには、もしソクラテスがその活動を止めなければ殺されるであろう、という脅迫が読み取れる。——おそらくは、メレトスは、狂信的傾向をもっていたらしいので、その点を見込まれて、「無信仰者ソクラテス」という告発の発起人として利用されたものと思われる。

この際、何故そのような方策がとられたのかと言えば、テロ政治を打倒して回復された新体制としての民主制が採った根本政策の一つに、それまでの政治上の過誤を訴追しない、という特赦宣言があったからである。そうであれば、ソクラテスに対して、アルキビアデスやクリティアスとの過去における交友を基にして、政治的弾劾を加えることはできなかったのである。しかし、それだからと言って、あの告訴状に盛られた罪状が真実の問題点ではなかった、と解するのは、まったくの誤解である。むしろ、この告発の背景に見え隠れする政治上の動機が表面的なものであり、告発の根はもっと広く深いものであった、と考えなければならない。すなわち、ソクラテスの罪は、その仮借なき哲学的探究により、無反省に受容されてきた通俗道徳と通俗宗教の土台を危うくした点にあるのであり、それは、キルケゴールの言うように、「新しき神の予感にみちた多神的世界の浄化活動」であったのであり[20]、それが、告訴状に記されている「国家公認の神々を否認し、青年たちを腐敗させる」という罪状の指し示す内実であったのである。

この告発には、もう一人リュコンという第三の男がいる。この男は『弁明』篇で言及されていない他はまったく知られていない人物であるが、弁論家を代表して告発した、とされている。[21] こうして、アニュトスの代表する政治家と実業家、メレトスの代表する詩人文学者、そして、弁論家（弁護士）が、ソクラテスの対話活動によって傷つけられた三種類の社会的名士であったことが解る。

ところで、告発者たちがソクラテスの血に飢えていた、と考える必要はまったくない。もしも、ソクラテスが自発的にアテナイから立ち去ってくれれば、つまり、かれが法廷を無断欠席して外国へ亡命してくれれば、かれらは満足以上のものを感じたであろう。アニュトスは法廷でこう語った、と記されている。「ソクラテスはそもそもここへ来るべきではないか、それとも、一旦来たからには、かれを殺さないわけにはゆかない」、と。[22] しかし、クリトンによれば、それ以前に、適当に善処しさえすれば――それは、ソクラテスが対話活動を自粛するという事であったかもしれないし、あるいは、クリトンによるなんらかの経済的懐柔という事であったかもしれないが――とにかく、この事件は法廷へ持ち込まれる必要がなかったのに、ソクラテスの側の人々の無能のために、こういう結果になったのだ、と言われている。[23]

だが、さらに、有罪判決の後でさえも、裁判員たちは告発者たちの要求した量刑を受け容れる必要は少しもなかった。アテナイの法律によれば、被告自身がもっと軽い刑を申し出ることができ、裁判員たちは再びこの件について投票することができたのである。そこで、この時点で、もしもソクラテスが追放刑を申し出たとしたならば、それはほとんど確実に受け容れられたであろう。それは、ソクラテスが二箇所で自覚的に暗示している点である。たとえば、クリトンがソクラテスを密出国させようとした時、ソクラテスはアテナイの法をして次のように語らせているのである。「ところで、また、お前は、今度の裁判そのものの中で、もし望むならば、追放刑を申し出ることが出来たのであり、今お前が国家の意図に逆らって企てようとしていることを、あの時には、国家の承認の下に行うことが出来たのだ[24]」、と。それ故、ソクラテスは三段構えで死刑を逃れることが出来たのである。もしも、かれが対話活動の遂行に固執せず、その正当性を主張し続けることを思い止まってさえいたならば。

だが、それは、ソクラテスにとっては、自己の存在理由の消滅を意味した。なぜなら、ソクラテスが対話活動に入ったのは神の命令によってであったからである。「それ故に、アテナイ人諸君、私は恐ろしいことを為出《しで》かしたことになるだろう。もしも、私が、諸君によって選出された私の司令官の命令によって、ポテイダイアでも、アンピポリスでも、またデーリオンでも、かれらによって配置された場所に、他の人々と同様に、踏み止まって、死の危険を冒しておきながら、いま、私が信じ理解したところでは、私は哲学をしつつ自分自身と他の人々を吟味しながら生きねばならない、と神が命令しているのに、ここで死とか何か他のことを恐れて命ぜられた持ち場を放棄したとしたならば。それは、恐ろしい所業となるだろう。そして、その時こそ、本当に、人々が私を裁判所へ引き出すのは正しいこととなるだろう。なぜなら、私は、神託を信ぜず、死を恐れ、賢くもないのに賢いと思い込むことによって、神々の存在を認めない者であるのだから[25]」。

ソクラテスがその対話吟味の活動を神の命令であると理解して信じたのは、「ソクラテス以上の賢者なし」とのデルフォイの神託がかれに届けられたからである。自己の無知を深く自覚していたソクラテスは、この神託を聞いて驚いた。しかし、神が嘘を吐《つ》くはずはないのだから、この神託にはなにか謎が秘められている、と考え、その謎を解くために、世に知者の誉れ高き人々を訪問してその知恵を吟味する活動に入った、とかれは言っている。その結果、明らかになったことは、世の知者もまたソクラテスと同様に無知なる者であり、この点では両者の間になんの相違もないが、しかし、かれらはソクラテスとは異なり自己自身の無知を自覚しておらず、この点で、ソクラテスが僅かに賢い、ということであったのである。「ソクラテスの無知」が何を意味していたかは、再びソクラテス哲学の根幹に関わる大問題であり、後に章を改めて論究しなければならないが、とにかく、以上の行脚によってソクラテスが得た結論は、人々を吟味して無知の自覚へ到らしめることが、あの神託によってソクラテスに与えられた神の命令である、ということであった[26]。

ソクラテスは、この対話活動によって自分が人々に憎まれ危険な状態に陥っていることを知っている[27]。しかし、それがどれほどの難行であろうとも神の命令である以上は、この活動を中止してアテナイを立ち去ることは、かれにとっては自己の地上における存在意義への裏切りに他ならなかった。いったい、「人間を吟味すべし」との召命を受けたアテナイ人ソクラテスが、アテナイ以外の何処へ行って、この仕事を続行しうるというのか。

その上、ソクラテスは、自分はアテナイにいささかも害悪を加えたことはなく、むしろ、大きな益をもたらした、と考えている。「なぜなら、よく知ってください、私がこういうことを為《し》ているのは、神が命じられたからなのです。そして、私が思うには、このポリスにおいて、神に対する私のこの奉仕よりも、もっと大きな善が諸君のために行われたことは、未だかつてないのです(28)」。だから、冗談としてではなく、ソクラテスは自分が受けるべき正当な待遇として――つまり、被告人からの反対提案の量刑として――「プリュタネイオンでの食事」を申し出るのである(29)。「プリュタネイオンでの食事」とは、オリンピックの優勝者とか、その他、国家に大きな栄誉をもたらした人々に与えられる特権であった。この特権をソクラテスは自分の反対提案として申し出たのであった。こうして、五〇一人の集会はソクラテスに死刑の判決を下したのである。

平常ならば、処刑は即刻実施されるのだが、この時には特別の事情があった。毎年アテナイ人はデロス島に宗教上の務めとして船を送っていたが、ちょうどその期間にあたっていたのである。この船が帰るまでは宗教的潔斎の状態にあり、一切の処刑が停止された。その間、ソクラテスは牢獄に繋がれていたが、その時、弟子たちが死を目前にした師のまわりに集い、『パイドン』篇に記されたあの「霊魂不滅」に関する不滅の対話が行われたのであった。

第三章

反駁的対話（エレンコス）

1 弁論家的心性の吟味――ゴルギアスの反駁

ソクラテスの哲学の方法は対話である。かれは書斎に一人籠もって「いかに生きるべきか」について思索したのではなく、常に街頭に出て、人々との対話を通してこの問題を考えようとした。それは、若者であろうと、老人であろうと、同国人であろうと、外国人であろうと、なんの分け隔てもなしに、ソクラテスの話を聞いてもよいと思うすべての人に対して開かれた、かれの生涯におけるほとんど唯一の活動であった。それ故、ソクラテスの哲学が何であるかは、この「対話活動が何であるか」の解明に懸かっている、と言ってよい。これは、ソクラテス哲学の方法としてそれの構造的な土台を形成しているのである。

では、ソクラテスはこの対話によって何を吟味したのか。究極的には、人間を吟味したのである。「私はなによりも言論を吟味するのですが、しかし、そうすることによって、おそらくは、質問している私も答えているあなたも同時に吟味をうける結果になるでしょう」[1]。これは、ソクラテスに問いつめられて答えるのを渋り出したプロタゴラスに対して、あらゆる言論は自己責任を伴うものとして述べられるのでなければ哲学にならない、という趣旨でソクラテスから語られた言葉である。そして、この吟味は結局は人間の生き方についての吟味なのである。「誰でもソクラテスに非常に近づいて対話をするならば、最初は何か別のことについて対話を始めたとしても、この人の言論に引きずり回されて、最後には必ず自分自身について釈明しなければならなくなる。現在どのような仕方で生きているのか、これまでの人生をどのような仕方で生きてきたのか、と。さて、いったんそうなれば、これらのすべてを見事に吟味しつくすまでは、ソクラテスはその人を解放しないでしょう」[2]。同じ事は『弁明』篇では次のように言われている。「私は息の続くかぎり、そして私にそれが出来るかぎり、哲学することを決して止めないだろう。すなわち、私は諸君の誰に会っても、いつでも、こう勧告し指摘することを止めないだろう。それは、私がいつも語り続けてきた言葉である。「いとも優れた人よ、君はアテナイという知恵と力においてもっとも評判の高い偉大なポリスの一員でありながら、ただ財産がどうしたらもっとも多く自分のものになるかということに気をつかい、また、評判や地位のことには気をつかいながら、思慮や真実には気をつかわないで、恥ずかしくはないのか。君は、どうしたら魂が最善のものになるかということには、気をつかいもせず、思いをめぐらすことも為《し》ないのか」、と。

そして、もし諸君のうちの誰かがこれに異議を申し立て、「気をつかっている」と主張するならば、その者を私はすぐには去らしめず、私も立ち去らずに、かれに質問し、かれを吟味し（exetazô）、かれを反駁する（elegcho）でしょう。そして、もしかれが徳（アレテー）を持っていると言いながら、実は持っていないと私に思われるならば、もっとも価値のあるものをもっとも粗末に扱い、つまらぬものを尊重していると言ってかれを非難するでしょう」[3]。すなわち、ソクラテスの哲学とはただひたすらに倫理的問題について生身の人間と交わす反駁的対話であり、この対話は、人間の本当の自己にとっては付帯的なアクセサリーにすぎない名誉や財産に没頭するのではなく、本当の自己である魂を善くすることに専心せよ、という勧告であり、また、その善さの探究に他ならなかった[4]。それだから、この反駁的対話は終始一貫「魂の善さ」すなわち「徳」の探究として遂行されたのである。実に、「毎日、徳について論議することこそが、人間にとってもっとも価値高きことなのであり、……この吟味を欠いた生は人間にとって生きるに値しない生なのである[5]」、と。

さて、それでは、この人間の吟味はどのように行われたであろうか。反駁的対話の典型的な構造を知るために、われわれはここで『ゴルギアス』篇の中から二つの具体例を取上げて検討することにしよう。『ゴルギアス』篇はソクラテスと三人のソフィストたちとの対話によって構成されている。すなわち、最初にソクラテスとゴルギアス、次にソクラテスとポーロス、最後にソクラテスとカリクレスという順に対話が行われ、ソフィストたちの主張が次第に過激化するにともない、これと対決するソクラテスの反駁も次第に深い哲学的背景を現わしてくる、という構成をとっている。これら三つの対話のうち、今ここで検討するのは始めの二つである。この二つの対話は、ソクラテスの反駁的対話が単に対話者の言説の整合性の検討に向けられているのではなく、その言説を語る当人の人生の生き方全体の整合性の検討に向けられたものであることを、はっきりと示しているからである。(6)

先ず、ソクラテスはゴルギアスと対話するにあたり、弁論術とは何をする術（テクネー）なのか、と問いかける。すなわち、弁論術の対象、弁論術が関わる事柄を明らかにしようとする。この問いに対して、ゴルギアスは一連の解答を提出するが、これらの解答は、解答の曖昧さに飽き足らなかったソクラテスが問い詰めるにしたがい、次第にその内容を限定し明確化してゆく弁論術の本質規定のプロセスを形成している。始めに、ゴルギアスは、弁論術とは「何を質問されても答えられる技術」（四四八Ａ）、「技術のなかで一番優れた技術」（同D）、「言論についての知識」（四四九D）である、などと言う。話がここまで来た時、ソクラテスはあらゆる技術が言論に関係するのではないか、と問い質す。たとえば、医術は病気と健康に関する言論に、造船術は船に関する言論に。そこで、ゴルギアスは「その技術の働きと、それの目的の達成がすべて言論を通して為されるのが弁論術である」（四五〇B）と言い直す。つまり、他の諸技術は、当該の事象の理論としての言論（ロゴス）に関わることは勿論であるが、それと同時に、メスやハンマーを振るって目的を実現するという意味では手仕事でもあるが、これに対して弁論術は終始一貫、言論以外のなにものにも関わらない、という意味である。

しかし、それでは、数論や幾何学とそれはどこで区別されるのか。これらの抽象的な学問もまた言論以外のなにものにも関わらないではないか。そう反問されて、ゴルギアスは、今度は、「人間に関わりがあるもののうちでもっとも重要で良いもの」（四五一D）すなわち「自分自身には自由をもたらし、自分の住んでいる国では他人を支配できるようにする技術」（四五二D）という新たな説明を提出する。それは、要するに、「人を説得する能力がある」（同E）ということなのである。だが、とソクラテスは続ける。説得ということならば、他の技術についても事情は同様ではないか。およそ、何かを教える人は教える事柄について人を説得するのであるから。たとえば、幾何学を教える人は幾何学について人を説得するのである。だから、弁論術は何について人を説得するのか。ここまで追い詰められて、ゴルギアスは遂に「弁論術とは、法廷やその他の多くの人々の集まりで正しいことと不正なこと（dikaia kai adika）について人を説得する技術である」（四五四B）と言い放つ。ここで、ゴルギアスに対する反駁的対話の第一段階が終わっている。すなわち、まだ、誰にも気付かれてはいないのだが、「弁論術は正と不正についての説得である」というゴルギアスのこの発言によって、すでにゴルギアスが自爆する時限装置が装着されたのである。

ソクラテスの追究はさらに続く。ところで、説得には二つの種類があるのではないか。一つは知識（epistêmê）をもたらす説得、他は信念（pistis）だけをもたらす説得である。そのうちのどちらに弁論術は属するのか。もちろん、「信じこむこと」（pisteuein）だけをもたらす説得に属する、とゴルギアスは答える（四五四E）。なぜなら、正義や不正義という重大事について短時間のうちに大勢の人々に真実を教えるなどということは出来ない相談なのだから、弁論家は法廷やその他の集会でただ人々に信じ込ませることだけを為《し》ているのである、と。この理由は、ソクラテスに促されたためにゴルギアスが合意した点であるが（四五五A）、しかし、理由の如何にかかわらず、もともとゴルギアスは事柄の真実には関心がなく、ただ、思い込みを作り出して大衆を説得しさえすればよい、と思っているのである。

ところで、あらゆる仕事は本来はその道の専門家に委ねられるべきものである。たとえば、家を建てるならば、大工に、病気を治すならば、医者に。だから、もしも、国家が、医者とか、船大工とか、その他なにか他の部門の専門家を公務のために雇おうとして、会議を開く場合、専門家ではない弁論家がその評議に与かることはないだろう。ソクラテスがこう言った時、ゴルギアスは次のように言い返す。弁論術の恐るべき力を君にはっきり見せてあげよう。私の兄弟にヘロディコスという医者がいるが、私はかれの患者のところへ行ったことがある。というのは、その患者は薬を飲んだり手術を受けたりすることを、医者が説得しても、聞き入れなかったからだ。ところが、私がその男を説得した。このように、当の専門領域に関する事柄についてでも、弁論家に比べれば医者などはものの数ではない、と。それ故、弁論術はいわばありとあらゆる能力（dynamis）を自分の下に従えているようなものである（四五六A）。先にソクラテスがあげた公務員募集の場合でも、弁論家がその気になりさえすれば、集会で大衆を説得して、医者として選ばれるのは、医者ではなくて弁論家だということも起こりうるだろう（同C）。しかし、ここまで論じて、ゴルギアスといえども、さすがに気が差したものと思われる。というのは、次のように言うからである。だが、かりに弁論術を学んだ者がそれを悪用したとしても、術が悪いのでもなければ、教えた者が悪いのでもなく、悪用した者自身が悪いだけである。それは、ちょうど、拳闘や剣術を学んだ者が、誰かれの見境もなしに、人を殴りつけたり刺し殺したりしてはならないのと、同様である。したがって、そういうことが起こったとしても、体育教師や剣術師範を国家から追放してはならないのと同様に、弁論術を悪用する者が現われたとしても、ソフィストを断罪してはならない、と（四五七Ｂ）。

だが、ここまでゴルギアスの話が進んだ時、ソクラテスはもう対話を終わりにしようかと言いだす。なぜなら、ゴルギアスが辻褄の合わないことを語り始めていて、最早かれから学ぶべきもののないことは、すでにソクラテスの目には見えたからである。後は、当人と周囲の人々の自覚のために、自己矛盾の暴露だけが残された仕事であるが、もしも、ゴルギアスが真実を愛するが故にそれに耐えうる人間でなかったとすれば、ソクラテスはただ議論に勝つために議論している、と非難されるだけのことになるだろう。——因みに、この時ソクラテスは反駁的対話に関連して非常に重大なことを言っている。「いったい、私はどういう種類の人間なのか。もし私がなにか真実でないことを語るならば、喜んで反駁される人間である。同時にまた、もし誰かがなにか真実でないことを語るならば、喜んで反駁する人間である。しかし、反駁するよりは反駁される方が好きなのだ。なぜなら、反駁される方がより大きな善である、と考えているからだ。それは、自分自身が最大の悪（である無知）から解放される方が他人を解放するよりも、（私にとっては）より大きな善である、という意味においてである」[7]。すなわち、ソクラテスは反駁的対話において他人を吟味しているというよりは、なによりも自分自身を吟味しているのである。問題は事柄の真実が明らかになるという事だけであって、誰が反駁されるのかはそれに付随する出来事にすぎない。――こうして、ソクラテスが対話を止めようかと言った時、周囲に蝟集した人々は、カリクレスでさえも、ざわめいて止めないでくれと言う。そこで、ゴルギアスに対する反駁的対話の終結部が開始される。

ソクラテスはこのように始める。ゴルギアスは弁論術を教えるのだが、それは、この術を学びたいと思う者を「大衆の前では説得力のある者」にする、ということであった。「大衆の前で」とは、一般に「物事を知らない人々の前で」という意味に他ならない（四五九A）。なぜなら、医者を選ぶ際に、どうして、医術に通じている人々の前で、弁論家が医者よりも説得力を持ち得ることがありえようか。つまり、一般に、物事を知らない人々の前でなら、知識のない者の方が知識のある者よりも説得力がある、ということが起こりうるのである。このことは、弁論術と医術との関係においてのみならず、弁論術とあらゆる技術との関係において、同様に妥当している。こういうわけで、「事柄そのものについては、それがどのようにあるかを、弁論術は少しも知る必要はなく、ただ、物事を知らない人々に対して、知っている者よりも、もっと知っているように見せかける、なにか説得の手管を発見しさえすればよい(8)」ということになる。

こう畳み掛けられたゴルギアスは、それならそれで弁論術とは随分と便利な良いものではないか、この技術一つを学びさえすれば他の技術は何も学ばなくとも専門家に少しも引けを取らなくて済むのだから、と失墜の直前に喜劇的に悲劇的なことを言っている。そこで、ソクラテスはこう切り出す。では、弁論家は、正と不正、美と醜、善と悪について、健康やその他の技術の対象についてと、同じ関係にあるのか。すなわち、正邪、美醜、善悪についてはは何も知らないのだけれども、それらの事柄について説得する方法は工夫していて、この術を学ぼうとする者を、ものごとを知らない人々の前でなら、知っている者よりも、もっと知っていると思われる（dokein）ようにする、ということなのか。それとも、弁論家たる者はそれらの事柄について本当は知っていて、学びに来る者としてはそれらを予め知っている者だけを許容するのか。この問いに対して、ゴルギアスはこう答えるのである。「もし学びに来る者がそれらの事柄をたまたま知らないならば、私からそれらを学ぶことになるだろう(9)」。そこで、ソクラテスはこう言う。「一寸待ってください。あなたは素晴らしいことを言われた。それなら、あなたが誰かを弁論家に仕立てる時、かれは正邪について必ず知っていなければなりませんね。予め知っていたか、それとも、後で学んだかして(10)」。ゴルギアスは「その通り」と答える。それでは、大工のことを学んだ人は大工になり、音楽のことを学んだ人は音楽家になるのだから、正しいことを学んだ人は正しい人になるはずだ。したがって、弁論家は必然的に正しい人であり、正しい行為を欲しているはずである。すなわち、弁論家が不正を欲することは決してないだろう（四六〇C）。

こうして、ゴルギアスに対する反駁が完成したとき、ポーロスは次のように言う。「何ですって、ソクラテス。あなたは弁論術について今言われたように思っているのですか。

それとも、こうお考えなのですか。弁論家は正しいこと、美しいこと、善いことを知っていて、それらの事柄を知らない者が自分のもとへ来たときには自分自身が教えてやるのだ、と付け加えてあなたに同意しないのでは、ゴルギアスさんは恥ずかしかったのだ、と。この同意からおそらく議論の中になにか矛盾が生じたのですが……いったい、自分は正しいことを知っていて他人にも教えるということを、否定する者が誰かいると、お思いですか。実際、こんなところへ議論を持ってくるなんて、なんと失礼な仕打ちでしょう」[11]。ゴルギアスの失墜の原因についてのポーロスのこの診断は、後にカリクレスによって再度確認される。「ポーロスはたしかこんなことを言っていた。弁論術を学びたいと思っている者が正しいことを知らずにゴルギアスさんのところへ来た場合、かれはその人に正しいことを教えられるかどうかとあなたに尋ねられた時、ゴルギアスさんは恥ずかしさを感じ、もし教えないと言えば、人々の怒りを買うだろうという世間一般の人情に負けて、教えてやると答えられたのだ。そこで、この同意によりかれは自分自身に矛盾することを言わざるを得ない羽目に陥ったのだ、……と、まあこんなことを言って、あの時は、ポーロスはあなたを嘲笑したのだった」[12]。

それ故、ソクラテスとゴルギアスとの反駁的対話におけるゴルギアス失墜の原因が、かれが正邪善悪についての知識を持ち、これを教授することを容認した点にあることは衆目の一致するところであるが、それでは、何故ゴルギアスはそんなことを容認したのであろうか。むしろ、自分は善悪の彼岸にいるのであり、ただ他人を説得する技術を教えるだけであって、正邪善悪などは知ったことではない、と、ニヒリストの立場を貫徹すれば、良かったではないか。そうすれば、自己矛盾に陥らなくて済んだはずだ。実は、ゴルギアスは心の底ではそういうニヒリスト的な考えを持っている男なのである。このことは、対話の始めの方で、弁論術が人々の心に「思い込み」（doxa）を作り出すもので真実の知とは関わりがない、と自ら言っていたところから、明瞭である。それだから、弁論家は、自分がよくは知らない事象について、その道の専門家よりもより説得的に語って、人々を誑《たぶら》かすことさえ出来るのだ、と主張することもできたのである。[13] それ故、ゴルギアスの失墜は、自分の本当の考えと、ソクラテスに押されたにもせよ容認せざるを得なかった立場との不整合、すなわち、本当の考えと建前上の言葉との食い違いという不誠実から生じている、と言うことができる。それでは、何故ゴルギアスはこの不誠実を犯さざるを得なかったのか。

それは、一言でいえば、かれが民衆を恐れたからである。かれは何度も、弁論術を学んだ者がそれを悪用したとしても、教師を追放や死刑に処してはならない、と繰り返している。[14] ゴルギアスはアテナイでは外国人であったから殊の外このことを恐れたであろうが、[15] なによりも弁論術の教師として成功を博するためには、民衆の賞賛と賛同を得る必要があった。つまり、迎合という意味で、かれは民衆を恐れたのである。しかるに、かれが当初に主張していたことは――そして、それがかれ自身の考えなのであるが――弁論術とは、いかなる手段を用いるにもせよ、大衆の説得を目的とするものであり、そのためには、事柄についての真実の知識は必要ではなく、ただ事柄についての思い込みを与えさえすればよいのであった。すなわち、知らないのに知っていると思わせ、正しくないのに正しいと思わせさえすれば、よいのであった。それだから、弁論術はあらゆる技術を己の下に従える――なにしろ、知らないのに知っていると思わせることができるのだから、事実上、それが知らないものは何もない、ということと同じである――最高の技術ということになるのであった(16)。この考えには恐るべき倫理的無責任性と大衆への蔑視が潜んでいる。この点をソクラテスが衝《つ》いたのである。

それならば、それほどに恐るべき力を持つ弁論術を悪用する人間が現われたらどうするのか。ゴルギアスは、そんなことは知らぬ、勝手に悪用させておけばよい、とは言えない。そんなことを言えば、かれは立ち所に人気を失い、国外追放に処せられるであろう。そこで、最初は、悪用した当人の責任だ、などと言っていた。然るに、ゴルギアス当人が正と不正について知っているのか、とソクラテスに問われた時、ゴルギアスは知らないと答えることが出来なかった。なぜなら、もし知らないと答えたならば、ゴルギアスの弟子はいなくなってしまうであろうから。弁論術の教師たる者は、弟子にはどれほど思い込みを吹き込む技術のみを伝授していようとも、教師自身は事柄の真実を知っていなければならぬ。

それは、教師を自称する者に対する必然的要請である。この時、ゴルギアスは身動きの出来ぬ罠にはまったのである。――因みに、ソクラテスは正と不正について知っているとも、教師であるとも、自称したことはない――もし、ゴルギアスが正と不正について知っているのならば、ゴルギアスは正しい人でなければならない。それなら、悪用するような人間に弁論術を教えることが出来ないはずだ。したがって、かれはすでに正しい人にのみ弁論術を教えるのか、それとも、正しさを知らない人が来たならば、正しさと弁論術とを同時に教えるのでなければならない。こうして、ゴルギアスは自己矛盾の中に墜落したのである。

以上の分析により示されたことは、ゴルギアスに対する反駁的対話においては、恐らくは、二つの不整合がソクラテスによって抉り出されている、という点である。一つは、ゴルギアス個人の思想と生き方との間の矛盾である。倫理的に無責任なニヒリストでありたいならば、俗耳に入りやすい言葉を語って人々の人気を得ようなどと思うこと自体が卑怯であり、かつ滑稽である。人間を見下す代わりに自分も人間から見棄てられて、孤独の生に徹するか、スタヴローギンのように自殺するならば、まだしも筋を通したことになるだろう。第二には、弁論術という術めいた如何《いかが》わしい手管の中にある矛盾である。(17) かりに、弁論術なるものが強力な説得の技術であるにもかかわらず全く価値中立的であるとしても、その場合には、強力な手段を教える人間に倫理的責任が問われない、ということはありえない。それは、遺伝子操作や原子力発電を研究する人間に倫理的責任が問われないことがありえないのと、同様である。然るに、弁論術とは正と不正に関わる技術だというのである。それならば、弁論術とはそれ自体において価値中立的ではありえないのに、価値中立的であると言っているのであり、したがって、それ自身のうちに自己矛盾を内包していることになるのである。それ故、弁論術が倫理的責任を回避する方途は、いずれにしてもありえない。この反駁的対話によって白日の下に曝し出されたのはこのことであった。

2 大衆的心性の吟味――ポーロスの反駁

ゴルギアスの後に登場したポーロスは、ゴルギアスが弁論術を「正と不正に関わる説得の技術」と説明して窮地に追い込まれたことを、認識した。それならば、ソクラテス自身はそれを何であると説明するのか。自分自身の立場を語ってみよ、とポーロスは反撃の口火を切る。この問いに対し、ソクラテスは大略次のように答える。弁論術とは、そもそも技術ではなく――なぜなら、技術には特定の専門領域があるが、弁論術にはそれがないから[18]――ある種の経験（empeiria）に過ぎない。すなわち、迎合によって喜びや快楽を作り出す経験的な方策である。それは「最善なるものをまったく考慮せず、その時どきの一番快いものを餌にして、無知な人々を狩り、かれらをすっかり欺いて、弁論術こそもっとも価値あるものだ、と思わせる術である」[19]。たとえて言えば、それは、ちょうど医術に対する料理法、体育術に対する化粧法のような位置にある。医術や体育術は、身体にとって、何が真に健康な状態であり、何をすればそれを作り出しうるかを知っているが、料理法や化粧法はそれを知らず、ただ、口腹の欲に快いものを提供したり、滑らかな形や見映えのする色によって健康そうな外観を与えるだけだ。それは、一種の誤魔化しの術である。そのように、弁論術も、正と不正に関する真実の知識に対して、誤魔化しの位置にある。ソクラテスがこのように弁論術をこきおろした時、ポーロスはムッとして、それならあなたは弁論家をつまらぬ人間だ、と思うのか、と反問する。この反問のうちには、ポーロスの居直りが認められる。すなわち、かれは弁論術が誤魔化しの術であって何が悪い、と言っているのである。迎合であろうと、誤魔化しであろうと、何であろうと、それぞれの国において「もっとも力のある」(megiston dynasthai) 者であれば、それで良いのだ。弁論家とはそのような人間なのだ、と。

ここで、ソクラテスとポーロスとの間に反駁的対話の第二幕が切って落とされる。この第二幕は恐らくはソクラテス哲学の核心をもっとも端的に表白している最重要な反駁的対話の一つである。なぜなら、人間にとり真実の幸福が何であり、真実の悲惨が何であるかが、この対話の中で語られているからだ。先ず初めに、今しがたポーロスによって讃えられた「力がある」とは何を意味するかが争点となる。ポーロスによれば、弁論家は国の中でもっとも力のある者である。なぜなら、かれらは、独裁者たちがするように、誰であろうと、死刑にしたいと思う者を死刑にできるし、財産を没収したり国家から追放することなどは朝飯前なのだから（四六六C）。このポーロスの言葉に対し、ソクラテスは「いや、かれらはもっとも力のない者だ」と言い返す。なぜなら、「力がある」ということは、その力ある者にとって善いことであるはずだが、独裁者たちは自分自身にとって何一つ善いことをしていないからである、と。

この点を明らかにするために、ソクラテスは一つの譬え話を持ち出す（四六九C―E）。もし、かりに僕が今こう言ったとする。僕はたった今独裁者が持つような驚くべき力を身につけたのだ。殺したいと思う人間は即座に殺せるし、燃やしたいと思う家にはすぐに火をつけられる。そう言って、短刀をきらめかせながら、そういう行為におよんだとする。いったい、これが「力がある」ことになるのか。さすがのポーロスも、そんなことは「力がある」ことにならない、と言う。なぜなら、その男はすぐに捕まって処刑されてしまうだろうから。そこで、ソクラテスはこう言う。「そうすると、驚嘆すべき友よ、君には再びこう見えているのだ。自分の思い通りにすることは、そうする人にとって有益な（ôphelimos）結果を伴うならば、善（アガトン）であり、それが思うに「大きな力がある」ということなのだ。そうでない場合には、思い通りにすることは悪であり、「力がない」ということになる[20]」。だから、ここでソクラテスとポーロスとの間で合意されたことは、「力がある」ということはその力を振るう者にとって有益であり、つまり、善でなければならない、という点である。[21]

この点はまた、願望の一般的構造の分析からも基礎づけられてくる。そもそも、人が望んでいることは、かれが現にその時どきに為《し》ていることか、それとも、その為ていることの目的か（四六七C）。たとえば、病人が薬を飲んだり手術を受けたりする時に、かれが現に為ていること、すなわち、苦い思いをしたり痛い目にあうことを望んでいるのか。もちろん、そうではなくて、そのような行為の目的である健康を望んでいることは明らかだ。あるいは、海を渡って航海する人は、船酔いに苦しんだり海難に遭うことではなく、航海の目的である富の獲得を望んでいるのである。このように、人間の望みはすべて、手段や過程へではなく、目的へ向けられている、とソクラテスは言う。ところで、世の中に存在するものはすべて三つのカテゴリーのどれかに入る。すなわち、有りと有らゆるものは善いものか、悪いものか、善くも悪くもないものか、そのいずれかである（四六八A）。善いものとは、知恵、徳、健康、富など、悪いものとは、それらと反対のもの、つまり、無知、悪徳、病気、貧困など、善くも悪くもないものとは、座る、歩く、走るなど、さらには、石、木材など、時には善く時には悪くなるもののすべてである。そこで、われわれ人間が、善いことを望み悪いことを望まないことは自明であるが、善くも悪くもないものはそれ自体のためにではなく善いことのために望まれることも明らかである。たとえば、歩くために歩くのではなく——歩くことが散歩の場合のように自体的目的としての善と見なされている場合以外には——学校へ行くために歩くのであり、止まるために止まるのではなく、景色を見るために止まるのである。このように、人間のすべての行為は善のために為されるのであり、それは行為の目的として現われるのである[22]。

そこで、本来の争点であった独裁者や弁論家の行為に以上の分析を当てはめてみるとどうなるか。かれらは気に入らぬ者を国外追放に処したり死刑にしたりその財産を没収したりするが、それは、そうすることが自分のためになると思うから、為ているのである。だが、それらの行為が自分自身にとって良いと思われるのは錯覚であって、実は、自分のためにならなかったとしたならば、どうだろう。自分自身に害悪を加えていたとしたならば、どうだろう。その時には、かれらは自分の望むこととは反対のことを為ていることになり、したがって、もっとも無力な者ということになるのである。

それ故、問題は、独裁者が自分自身のためにならないことを為ているのかどうか、という点に絞られてくる。この時、ソクラテスは端的に、人は何事にせよ正義に従って行なうときに、自分自身に良いことを為ているのであり、不正な仕方で行なうときに、害を為しているのだ、と宣言する。これを聞いてポーロスは笑い出す。「ソクラテスさん、あなたを反駁することは難しいですねえ。子供だってあなたを反駁できるのではないですか。あなたが真実を語っていないということは[23]」。ポーロスは、「世間を見てみなさい」と言っているのである。不正を犯しながら幸福な人間がそこら中にいるではありませんか。あなたにはそれが見えないのですか。すなわち、ポーロスは「独裁者が不正行為を犯していない」などという見え透いた綺麗事を主張しているわけではない。そうではなくて、不正行為を犯すことこそがかれ自身にとって有益であり、したがって、良いことなのだ、と言っているのである。たとえば、とポーロスは、当代の状況の中からマケドニアの僭主アルケラオスの事例を、もち出す。この男は、王の妾腹でありながら、伯父とその息子を殺し、正嫡を殺し、そうして王位を奪い、今や栄耀栄華を極めている悪逆無道な人間であるが、「ソクラテスさん、あなたはこの男が羨ましくはないのですか」。「すこしも羨ましくない」、とソクラテスは言う。「なぜならば、ポーロスよ、私が語るかぎりでは、美しく善き（カロス・カイ・アガトス）男と女が幸福（エウダイモーン）なのであり、不正で邪悪な者が不幸（悲惨、アートゥリオス）なのだから[24]」。この言葉のうちにはソクラテスの全哲学が込められている、と言ってもよいだろう。

ソクラテスにとって、本当の不幸とは貧乏でもなく、無名でもなく、病気でさえもなく、ただ邪悪な魂であることだけであり、その逆に、本当の幸福とは富裕でもなく、社会的名声でもなく、健康でさえもなく、ただ善良な魂であることだけなのである。幸福の核である「魂の善さ」が備わっている場合にのみ、その土台の上に乗って、健康も名声も富も善きものとなるのであり、逆に、その土台が崩れてしまえば、すべては悪の中へ滑り落ちてしまうかもしれないからである。だから、広大な版図を領有し、数知れぬ人々を支配し、豪奢な生を享受し、あらゆる欲望を充足し、思いのままに振舞っているペルシア大王といえども、その魂が教養と正義の点でどのような状態にあるかが判別されなければ、はたして幸福かどうかは解らない、とソクラテスは言うのである。

さて、これでソクラテスの積極的な考えは提出された。すなわち、「独裁者は不正行為を為しながら、自分自身のためになることを為し得ているのか（幸福であり得るのか）」という絞りこまれた問いに対して、そういうことはあり得ない、とソクラテスは答えたのだ。だが、ポーロスは納得しない。ソクラテスの言うような考えに同意する人は、広い世間にもほとんどいないだろう。もちろん、不正行為を犯して捕まり処罰されるならば、最悪の不幸に陥るだろう。しかし、もしも捕まらず、裁きも受けずに生涯を全うできるならば、その時こそ、全権力を掌握した不正行為者は幸福の極致にいるのではないか、と。この時、ソクラテスは、かれがソフィストとの死闘の後に残した数々の逆説のうちで、究極の逆説の一つを語った。「ポーロスよ、少なくとも私の考えでは、不正を行ない不正である者は、いずれにしても（処罰されても、されなくても）不幸であるが、しかし、不正を犯しながら、もしも裁きも受けず罰も蒙らないならば、その者はより一層不幸であり、これに対して、神々や人々から裁かれ処罰されるならば、その者の不幸はより少ないのだ[25]」。

なんと奇妙なことを言うのだろう、ソクラテスは、とポーロスは訝《いぶか》る。それなら、こう言い換えてみたら、どうだ。今かりに一人の男が不正を犯しながら独裁者になろうと陰謀をくわだて、失敗して逮捕されたとする。拷問にかけられ、局部を切り取られ、両眼を抉り出され、皮膚を剝がされ、ありとあらゆる暴行を、自分自身だけではなく自分の妻子も蒙って、その挙げ句に火炙りの刑に処せられたとする。それでも、この状態にある方が、かりにこの男が不正なクーデターに成功して独裁者の地位につき、その国の支配者になって、何でも自分の思い通りにしながら、人々に羨ましがられて一生を過ごすよりも、より幸福である、と言うつもりなのですか、と(四七三C)。この再反問に対して、ソクラテスはこう言った。不正を犯しているかぎり、いずれの場合も不幸であるが、しかし、どちらがより不幸な者であるかと言えば、それは逮捕を免れて独裁者になり栄耀栄華を極めている者の方である、と。これを聞いてポーロスは皮肉な笑いを浮かべた。もう言論で闘うことは無用であり、態度で馬鹿にする他はない、と思ったからである。

さて、これまでの議論の要点をまとめてみよう。ソクラテスとポーロスは始めから、弁論家や独裁者が誤魔化しを操り不正行為を犯していることを、認めている。この点に関する合意がかれらの対話の出発点である。なぜなら、このことを認めなかったために、ゴルギアスが自己矛盾に追い込まれたことを、ポーロスは見たからだ。そこで、ポーロスの立場はこうなった。「不正行為を犯すことは大きな力を持つことであり、したがって、自分自身にとって良いことであり、したがって、幸福な状態を産み出す」。これに対して、ソクラテスは、「幸福な状態はただ正しい行為によってのみ産み出され、不幸悲惨はただ不正な行為によってのみ産み出される」という主張を対峙させた。

それ故、今ここに極限的状況を想定して、二人だけの社会を考えてみよう。すなわち、一方が不正行為者であり、他方が正しい行為者である、とする。すると、正しい行為者は必然的に不正行為の被害者になる。――この世に不正行為が存在するかぎり、正しい人はなんらかの意味で必ず不正行為の被害者として生きねばならぬ、という想定は、法外なように見えて、深い真実を衝いているだろう。恐らく、ソクラテスはこの事態を想定して、議論の場を極限状況に設定したのだ。――それ故、争点は、不正行為の加害者と不正行為の被害者のどちらがより良い（より幸福）か、という問題になる。そして、ソクラテスは、被害者の方がより良い（より幸福な）のだ、という逆説を語ったのである。その上、その逆説をさらに拡大して、不正行為を犯して裁きと処罰を免れた者は最高度に不幸であり、たとえ死刑であっても処罰された者の方がより幸福である、という逆説まで語ったのであった。この逆説が『ゴルギアス』篇の基調音をなすもっとも重要な係争点であることは、それが繰り返し言及されている点からも明らかであるが、(26) なによりも、最後の反駁的対話であるカリクレスとの対決の中で、ソクラテスが「この逆説は先行の（ポーロスとの）反駁的対話において鉄と金剛石の論理によって確立されている」[27]と言い、これをそれ以降の議論の土台にしている点からも、明瞭である。では、この逆説はどのような鉄と金剛石によって論証されたか。また、その論証は妥当であったか。

議論の形式的な構造

〔1〕「不正を蒙ること（adikeisthai）」は「不正を行なうこと（adikein）」よりもより悪い（より不幸である）。これは、本小節の冒頭からソクラテスとポーロスとの間に交わされてきた長い熾烈な対決の収斂点として絞り出されたポーロスの立場である。この立場が、この反駁的対話におけるソクラテスの反駁の究極の標的にほかならない。反駁的対話はこの主張を否定するだけではなく、その逆の主張――「不正を行なうこと」は「不正を蒙ること」よりもより悪い（より不幸である）――の確立を目指している。[28]

〔2〕「不正を行なうこと」は「不正を蒙ること」よりも「より醜い（aischion）」。ポーロスは、ソクラテスに問いかけられて、この点について同意する（ポーロスの第一の同意）。この同意からポーロスの自己矛盾と崩壊が生起する。では、なぜポーロスはこの同意をしたのだろうか。後にカリクレスが指摘したように、[29]この同意によりポーロスはゴルギアスと同じ羽目に陥ったのであり、自分自身の立場を貫徹しようとするならば、この同意を拒まなければならなかったのだ。しかし、それは不可能である。もしも、人

が人間本性の声をまったく圧殺しうるほどに鉄面皮になりえなかったならば。つまり、ポーロスは本性の声を圧殺しうるほどには腐敗していなかったのであり、この点で、真実への通路となる素朴さを保持していたということだ。すなわち、「不正を行なうこと」が「不正を蒙ること」よりもより醜悪であるという感覚は、だれも否定できない倫理的現実における原初の事実である、ということであり、ソクラテスはこの原初の事実に訴えている、ということに他ならない[30]。それ故、反駁的対話においてソクラテスが対話相手に承認を迫る命題の一種に、このような原初の事実がある、と言ってよいだろう。

〔3〕「醜い」は「美しい」の反対である。それ故、あるものを醜い（aischion）と判断する尺度は、あるものを美しい（kalon）と判断する尺度の反対である。これは特別の議論を必要としない自明の命題である。

〔4〕あるものを美しいと判断する尺度は、「有用性（ôphelia）」か「快さ（hêdonê）」である。それ故、もし、あるもの（A）が美しければ、それは、Aが有用であるためか、快いためか、その両方であるためか、この三つのいずれかである[31]。この論点は、美しい身体、美しい声、美しい風俗習慣など、さまざまな事実の観察から帰納された一般的命題として、ソクラテスにより提出される。ポーロスはこの命題にも同意せざるをえない（ポーロスの第二の同意）。ここから、ソクラテスが対話相手に承認を迫る命題のうちには、いかなる事象に関わるにもせよ、経験的事実から帰納された普遍命題もある、とい

うことが解る。

〔5〕あるものを醜いと判断する尺度は美しいと判断する尺度の反対であるから（〔3〕の適用）、醜さの尺度は「快さ」と「有用性」の反対、すなわち、「苦痛(lypê)」と「害悪（kakon)」である（〔3〕と〔4〕からの帰結）。

〔6〕それ故、もしもAがBよりもより美しいとすれば、Aは「快さ」の点でか、「有用性」の点でか、あるいはそれら両方の点で、Bを凌駕していなければならない。また、もしも、AがBよりもより醜いとすれば、Aは「苦痛」の点でか、「害悪」の点でか、あるいはそれら両方の点で、Bを凌駕していなければならない（〔4〕と〔5〕からの帰結）。

〔7〕ところで、「不正を行なうこと」は「不正を蒙ること」よりも「より醜い」のであるから（〔2〕の適用）、前者は後者を「苦痛」の点でか、「害悪」の点でか、あるいはそれら両方の点で凌駕していなければならない[32]（〔6〕からの帰結）。

〔8〕「不正を行なうこと」は「不正を蒙ること」を「苦痛」の点で凌駕していない。それ故、前者は後者を「苦痛」と「害悪」の両方の点で凌駕していることもない。この主張も特別の論拠を必要としない自明の論点であろう。法の裁きにおいて、また、慣習的日常の人間関係において、加害者に処罰によって苦痛を与え、加害者をして被害者に謝罪と弁償を強いるのは、被害者に不当な苦痛が加えられたから、それと同量の苦痛を

加害者に加え返さなければならない、と判断されているからである。[33] この際、加害者の加える苦痛には、精神的な苦痛（たとえば、軽蔑、憎悪、裏切り等）もあり、肉体的な苦痛（暴力、破壊、戦争等）もあるが、ただし、「良心の痛み」だけはここから除外しておかなければならない。なぜなら、「良心の痛み」は加害者の方に生ずる「苦痛」であるが、それを覚えた不正行為者はすでに「不正行為者であること」から脱却し始めているからである。それ故、不正行為の醜さは、苦痛の要素あるいは苦痛の要素を含むなにものか、に由来するものでないことは明らかだ。

この論点については、ヴラストスの批判に触れておかなければならない。[34] ヴラストスによれば、論点〔4〕において「美しさ」の尺度が「快さ」と「有用性」として立てられたとき、ソクラテスは観察者の観点からそう言っていた。[35] しかし、論点〔8〕において、「加害」は「被害」を苦痛において凌駕しない、と言うときには、加害者と被害者の覚える苦痛の経験という体験者の観点からものを言っている。それ故、ここでのソクラテスの議論は快苦を判断する際の観点のズレという論過を犯している、と。しかし、この批判は的外れである。ソクラテスは観察者の観点からだけでものを言っているのではなく、「美しい声」の例では「聞く者」の観点から、「美しい風俗習慣」の場合には「それらを実践する者」の観点から、発言している、と考えられる。すなわち、ある行為の快苦は、いかなる種類のものにせよ、その行為に関与する人の経験として成立する

と語られているのであり、ここではそれ以上に行為を特定化する必要はない、と考えるべきである。(36)

〔9〕それ故、以上のすべての前提と推論の連鎖から、「不正を行なうこと」は「不正を蒙ること」を「害悪 kakon」の点でのみ凌駕している、という結論が導出される。(37)こうして、「不正を蒙ること」は「不正を行なうこと」よりもより悪い、というポーロスの主張は反駁され、その逆が定立されたのであった。

さて、以上はポーロスとの反駁的対話の第一部（主要部）であるが、(38)この対話はいかなる事態を開示したのであろうか。反駁の梃子は、ソクラテスがポーロスに認めさせた「不正の加害は不正の被害よりもより醜い」という命題である。この命題はなんの論拠もなしにいきなり提出され、両者により即座に承認されている。それ故、これは両者にとってほとんど自明の命題であった、ということだ。この自明性は、以下で論ずるように、ソクラテスにとっては深い哲学的含蓄を蔵しているが、ポーロスにとっても単に「法と慣習」の受容に基づく是認にすぎないのではなく、おそらくはもっと根深いもの、一種の直覚的道徳感覚の如きものに由来していたであろう。そう考えてこそ、ゴルギアスの反駁的対話に対するポーロスのそれの哲学的深化が理解でき、ポーロスの自己矛盾が生起する次元の深みが見えてくる。この命題は、カリクレスがしたようにいくら理屈で否定しても、心がそれを否定しきれないような、そういう意味で「我にもあらず認めざるをえない」ような、そういう命題なのである。

ところで、〔5〕で定立されたように、「醜い」という事態は「苦痛」と「害悪」の二要素から成立していた。上の命題の場合、「苦痛」の要素について言えば、それが被害者の方にあることは自明であるから、加害者のより巨大な醜さは専ら「害悪」の要素のうちにある、という結論が導出されたのであった。だが、「害悪」という言葉は多義的である。加害者はいったい如何なる意味で巨大な害悪を招き寄せているのか。ソクラテスとポーロスは次のような対話を交えている。「ソ――財産の状態において、人間の悪は貧乏以外に何かあると君は思うか。ポ――いえ、ありません、貧乏だけです。ソ――では、肉体の状態ではどうか。君は、虚弱さや病気や醜さや、そういう類のものを悪と言うのだろう。ポ――そうです。ソ――それではまた、魂にもなにか悪がある、と君は考えているね。ポ――言うまでもありません。ソ――では、不正、無知、臆病などを、君は魂の悪と呼ぶのではないか。ポ――その通りです。ソ――……では、これら三つの悪のうちでどれがもっとも醜いのか。不正と魂の悪（adikia kai psychês ponêria）のすべてではないのか。ポ――大いにそうです。ソ――それでは、もっとも醜いのなら、また、もっとも悪い（kakistê）のだね[39]」。つまり、人間にとっては三つの悪がある、とソクラテスは言っているのである。すなわち、いわゆる外的な財宝については貧乏が、身体については病気が、魂については不正が、悪なのだ。そして、これらのうちで魂の悪が最大の悪である、とソクラテスは言う。なぜなら、人間の真の自己は魂であるのだから。それ故、加害者は外的な財宝や身体に関してはなんの害悪も蒙ってはいないどころか大きな利益さえ得ているかもしれないが、魂に関して巨大な害悪を蒙っている、ということに他ならない。しかも、外的な財貨や身体の悪は、魂の悪に比べれば、悪としては問題とするに足りないのであって、ただ魂の悪だけが人を滅ぼす巨大な悪として死よりも恐れなければならぬものである。(40)それ故、「加害者が被害者よりもより大きな害悪を受け、したがって、より不幸である」と言われるときには、加害者の真の自己である魂がより深い傷を受け、その故により不幸である、ということが意味されていたのであった。

それでは、この反駁的対話によって露呈されたポーロスにおける自己矛盾、不整合とは結局のところ何であったのだろうか。それは、ポーロスが一方では「不正行為は得になる」という権力主義的な人生観に憧れながら、他方では「不正行為は醜い」という道徳感覚を保持していた点にあったのである。この二つは両立しえないことが、ソクラテスによって発《あば》かれたのだ。しかし、この不整合は、実は、単にポーロスのうちにのみ存在するのではなくて、ほとんどあらゆる人々のうちに、すなわち、大衆（hoi polloi）のうちにもまた存在することが発かれている。なぜなら、ポーロスは自分と大衆の立場が同じであることをしばしば強調しながら、不正のかぎりを尽くして独裁者になり欲望を恣《ほしいまま》に充足しているアルケラオスを羨ましがらぬ者はいない、と言い[41]、また、「不正を加えることよりも不正を蒙ることの方が幸せである」などと思う人間は世の中にはほとんどいない[42]、とも言うからだ。しかも、同時にまた、「不正行為は醜い」という道徳的直覚はポーロスをも含めて多くの人々に共有されていることもまた、ポーロスによってもソクラテスによっても承認されている。つまり、大衆は不正への欲望と公正な道徳感覚とを自己矛盾的に併有していることが示唆されているのであり、ポーロスはそのような大衆の精神的代弁者として粉砕されているのである。人間は、一方では、どのような手段に訴えてでも権力と富にありつこうとする暗く狂暴な欲望の塊であるが、他方では、不正行為を憎み善の明るさに憧れる道徳感覚をももっている。人間のこのいかがわしさがソクラテスの反駁的対話により容赦なく発きだされたのであった。

以上で、ポーロスに対する反駁的対話の本質的部分の分析解明は終了したとしよう。後は、この結論からさらに一つの帰結を引き出すことだけが残されている。それは、悪事を働いた場合、裁きも受けずにうまく逃げおおせ平穏無事に人生を全うしたならば、そのような人間こそがもっとも不幸なのであり、それに比べれば、たとえ死刑であっても処罰された人間の方がより幸せである、という逆説だ。

この逆説は、ごく簡単に言えば、次のような筋道で論証される。およそ「為すもの

(poioun)」と「蒙るもの(paschon)」がある場合、為すものが為すような、そういう性質を、蒙るものは蒙る。(43)たとえば、殴る人が激しく殴れば、殴られる人は激しく殴られ、切る人が深く切れば、切られる人は深く切られる。同様に、裁いて処罰する人は正義に従ってそれを為しているのだから、そして、正しいことは美しく善きことであるのだから、裁かれて処罰される人は美しく善きことを蒙っているのである。(44)ところで、人間の悪が、大きく言って、三種であることは、すでに論ぜられた。すなわち、外的な財貨については貧乏、身体については病弱、そして、魂については不正、がそれであった。そこで、これらの悪にわれわれが襲われた場合、その悪からわれわれが解放されることはいずれにしても良いことだが、魂の悪が他の二種の悪に比べて比較にならないほど巨大な悪であるからには、この悪から解放されることがもっとも良きことであるのは、言うまでもない。それが、裁きを受けて処罰されるということなのである。

それ故、一番幸福なのはもともと魂の中に悪を持たない人間であるが、二番目に幸福なのは悪を犯したけれどもそこから解放されている人間であり、もっとも不幸なのは悪をもったままそこから解放されていない人間だ、ということになる。(45)そういう人間とは、最大の不正を犯しながら、百方手をつくして、金銭の用意もし、味方も集め、できるだけ説得力のありそうな弁論も展開して、裁きも受けず、処罰もされずに、栄耀栄華を享受しているような人間のことである。それは、ちょうど重病に罹りながら、身体についての過失の報いを医者によって受けることがないようにと、つまり、焼かれたり切られたりすることは苦痛だからと、まるで子供のように恐れて、治療を受けないように誤魔化しているのと同じだ。そうしていれば、やがて病はこじれて不治となり、身体は膿み腐れて滅亡する。同様に、不正という病いもまた、裁きという治療[46]を受けなければ、魂を膿み腐らせて滅亡へと逐いやるのだ。それ故、裁きを受けて健康になるために、だれよりも先ず自分自身を告発すべきであり、自分自身の不正を白日の下に晒すべきだ。もし笞打ちに値するならば笞をうけ、監禁に値するならば監禁され、死刑に値するなら死刑に処せられるのが、自分自身にとって良いことなのである。

さて、この耳目を聳動させる逆説は、第一の逆説と同じ基礎の上に立つものであって、「魂の善さが幸福である」という主張の論理的帰結にすぎない。それ故、われわれが真にこの主張を確信しうるならば、論理的にはそれですべての決着はついている。しかしわれわれ弱き凡俗にとっては、この論理は、この世の地平という観点のみではあまりに厳しく、また現実味を欠いている。われわれ中途半端な善人は、不正の裁きが正確に行なわれ、魂の癒しが本当に実現される次の世を想定しなければ、おそらくはこのような倫理を持ちこたえることが出来ないだろう。その故にプラトンは、『ゴルギアス』篇、『パイドン』篇、『国家』篇というアルプスのように巨大な山波をなす対話篇の終結部に、あの世の裁きと処罰による癒しの神話を置き、この壮烈な倫理に形而上学的背景を与えたのであった。[47]

第四章

反駁的対話の論理構造

1 エレンコスの由来

ソクラテスはそもそも何故エレンコスというような危険な仕事に入り込んだのであろうか。これについては、『弁明』篇の中に次のような話がある。(1) ソクラテスの弟子の一人にカイレフォンという直情径行の男がいたが、ある時この男がデルフォイの神託所に赴き、「ソクラテスより賢き者ありや」と訊ねたそうだ。すると、巫女は「だれ一人、より賢き者なし」と答えたのである。これを聞いてソクラテスは困惑した。なぜなら、ソクラテスは、自分が大きなことについても小さなことについても知恵ある者ではない、と自覚していたからである。では、「神は、私をもっとも賢き者である、と宣言することにより、いったい何を語っておられるのか[2]」。神が嘘を吐《つ》くことはありえないから、この言葉の背後にはなにか謎が秘められているに違いない。そこで、ソクラテスは、秘められた意味を解く鍵を求めて、世に知者の誉れ高き人々を訪ね、その知恵を吟味するという仕事に入ったのである。その結果ソクラテスに明らかになった事態は、善美のことがらについては、政界においても、文学界においても、さらには、技術者の世界においても、自分を知者と思い、また世間の人々にもそう思われている人物が、実はそうではない、ということだった。そして、それが明らかになったとき、ソクラテスはその男に「君は自分を知者だと思っているが、本当はそうではない」と明白に示してやることに努めたのであった。この仕業により、ソクラテスは人々に憎まれることになった。しかし、同時に、神託の意味も明らかになった。すなわち、「われわれのうちのどちらも善美のことがらについては何も知らないらしいけれども、この男は知らないのに何かを知っていると思っているが、私は知らないとおりに知らないと思っている。だから、なにかこの僅かな点で、すなわち、私は、知らないことは知らないと思っているという点で、この男より優れているらしい[3]」。

さて、知者の誉れ高き人々を訪ねてその知恵を吟味するという、この活動がエレンコスの原初形態である。この活動は、神託のうちに秘められた神の意図を明らかにする、という動機から発したものであるが故に、ソクラテスによって「神の命令」として理解された。

すなわち、神は、ソクラテスの自己了解によれば、もっとも無知なる者ソクラテスを道具に使って人々に己の無知を自覚させるために、かれをこの世に送ったということだ。このことを指して、ソクラテスは「自分はアテナイ人にたいする神の贈り物である(4)」と言い、また、「アテナイという高貴な馬が眠り込まないために、神によってこの馬に付着された一匹の虻だ(5)」とも言う。それ故、かれは、およそ知者の評判を持つ人がどこかにいれば、その知恵を吟味するために、誰のところへでも行かなければならない。この活動により、かれに対する敵意、憎悪、中傷が堆積し、そのことをかれは苦にもしていたのだが、しかし、神の命令である以上これを避けることは出来ない。デーリオンやアンピポリスの戦いでは、人間の上官の命令に従って身を死地に曝しておきながら、今、監禁とか死刑を恐れて神の命令に背いたとあれば、そのときこそ、自分は本当に犯罪者である、とソクラテスは言っている(6)。

それ故、ソクラテスは神の命令によりエレンコスに従事している。それは、善美の事柄について、自分自身と他人を吟味することであり、それが、かれにとって哲学するということなのだ。ソクラテスはエレンコスの活動により人々の憎悪を買い、告発されて死刑の危険にまで曝されたのであるから、人々の側からすれば、エレンコスさえ放棄してくれればソクラテスは無罪放免なのであり、事実、裁判の前後にわたり、この可能性はソクラテスの味方の側からも敵の側からも幾重にも探られていた形跡がある。だが、この可能性に関し、ソクラテスは裁判の席できっぱりとこう言った。「恐らく、こう言う人がいるかもしれない。「ソクラテスよ、われわれのところから出て行って、沈黙し静かに生きてゆくことは出来ないものだろうか」、と。

ところが、これこそが諸君のうちの或る人々を説得することが至難の点なのです。なぜなら、その行為は（私にとっては）神に対する不服従であり、その故に静かにしていることは出来ないのだ、と言えば、諸君は、私がイロニーを操っていると考えて、私の言を信じないだろうからね。或いはまた、人間にとって最大の善とは、毎日徳やその種の事柄について言論を交わす（logous poieisthai）ことであり——事実、私がそれらの事柄について対話を交え、自分自身と他人とを吟味しているのは、諸君自身が聞いてのとおりだ——これに対して、吟味なき生（anexetastos bios）は人間にとって生きるに値しない、と言えば、私のこれらの言葉を諸君はなおさら信じないだろうからね」[7]。このソクラテスの言葉から紛れもなく明らかなことは、エレンコスが、その動機においては、神の命令の遂行であると同時に、その内容においては、徳の吟味以外のなにものでもない、という点である。エレンコスとは、「もっとも大切にしなければならないのは、生きることではなくて、善く生きることである」[8]という、ソクラテスの人生の根本原則のうちに表明されている「善く生きること」の、その「善さ」の探究の具体的な形に他ならなかったのである。

2 反駁的対話の基本的特質

(1) 真実の探究

A エレンコス 対 弁論術

前章で論じたように、弁論術の目的は説得(peithô)である。それは、政治権力への入場券を得るために人々の心を動かすことを目的とするものであって、善、美、正義などに関する「真実」の探究には関心がない。これに対して、エレンコスの目的はこれらの倫理的価値に関する「真実」の探究である。エレンコスに従事するソクラテスにとっては、真実の探究以外にはなんの関心もない[9]。この活動はかれに対し、金銭的な意味でも、社会的地位という意味でも、なんの報酬ももたらさないばかりか、かえって人々の反感と攻撃を惹起しただけであるが、かれはそれらの攻撃から身を護る工夫さえしない。

典拠〔1〕『ゴルギアス』四五三A「ゴルギアスさん、私に多少とも理解できたとすれば、弁論術とは説得を作り出すものであり、弁論術のすべての仕事と眼目はこの説得ということに帰着する、と、あなたは言っておられるのですね。それとも、聴衆の心に説得を作り出すこと以上のなにごとかを弁論術が為し得る、と、あなたは言えるのでしょうか」。

典拠〔2〕『弁明』二九C「ソクラテスよ、われわれはアニュトスの説得に耳を傾けず、君を釈放するとしよう。但し、もはや決してこの探究（zêtêsis）のうちに時を過ごさず、哲学（philosophein）もしない、という条件の下でだ」。

典拠〔3〕『弁明』二八E「私が思い理解したところでは、神はこう命じられたのだ。私は、自分自身と他人とを吟味しながら（exetazonta）、哲学して生きなければならない、と」。

典拠〔4〕『弁明』四一B「さらに、私にとって最大の喜びは、あの世の人々をこの世の人々と同様に吟味し（exetazô）探究する（ereunaô）ということです。かれらのうちのだれが知者であり、だれが知者ではないのにそうだと思っているか、と」。

典拠〔4〕はソクラテス一流のイロニーである。死刑の判決を受けた後、裁判員たちに向かって、あの世では人々を知恵に関して吟味しても死刑に処せられないから幸福だ、と言っているのだが、とにかく、エレンコスの目的が知恵に関する真実の探究であることを良く示している。これらの文章の中に現われる「探究」という意味の言葉（zêtêsis, zêteô, exetazô, ereunaô, erôtaô, skopeô, etc.）は、ソクラテスが自分の哲学活動に言及するときに頻出する言葉であるが、歴史的にはソクラテス以前の哲学者においてもしばしば用いられ、あらゆる意味における仮借なき真理探究の活動を表していた。

「神々は人間たちに始めからすべてを示しはしなかった。むしろ、人間たちは探究しながら（zêtountes）次第により善きものを発見してゆくのである」（クセノファネス断片十八）。

「われは自己自身を探究せり（edizêsamên）」（ヘラクレイトス断片一〇一）。

「さあ、私は汝に語ろう。どの道が思惟にとって可能な探究（dizêsis）の唯一の道であるかを」（パルメニデス断片二）。

それ故、ソクラテスはソクラテス以前の哲学者たちから真理探究の仮借なき意欲を受け継いでいる。ただ、かれらにあっては、それは外部の自然へ向けられていたのに対し、ソクラテスでは、内面の自己へと一八〇度向きを変えたのである。

B　エレンコス　対　論争術（エリスティケー）

エリスティケーの目的は議論に勝つことである。これに対し、エレンコスの目的は真理であるから、議論の勝ち負けは問題ではない。自分が虚偽の信念を抱いているならば、議論に負けて、そのことが露呈された方がよい、とソクラテスは言っている。

典拠〔1〕『エウテュデーモス』二七一C〜二A「クリトンよ、君が尋ねているあの二人の（ソフィストの）知恵は驚くべきものである。かれらはまったく全知（passophoi）の人々であり、今日まで僕は万能選手（pagkratiastês）とは何であるかを知らなかったのだ。……かれらに対しては誰ひとり抵抗できる者はいない。それほど、かれらは言論の戦いにおいて恐るべき者となり、語られることが真であろうが偽であろうが、常にそれを反駁できるほどの者となったのだ[10]」。

典拠〔2〕『ゴルギアス』四五七E〜八A「ゴルギアスさん、私はあなたを反駁し続けることを恐れています。というのは、私が語っているのは、事柄そのものを目指して、それが明らかになるためではなく、あなたを目指して議論に勝つためだ、とあなたが考えはしまいか、と恐れているからです。……ところで、私はどんな人間でしょうか。もし、自分がなにか真実でないことを語っているならば、喜んで反駁を受けるような、しかし、だれかがなにか真実でないことを語っているならば、喜んで反駁を加えるような、そういう人間です。だが、反駁するよりは反駁される方が好きなのです。なぜなら、反駁される方がより大きな善である、と考えているからです。それは、自分自身が最大の悪（である無知）から解放される方が他人を解放するよりも、より大きな善である、という意味においてです」。

エウテュデーモスのようなソフィストにとっては、議論に勝つこと（自説を護ること）だけが問題であり、事柄の真偽はどうでもよい。典拠〔1〕はこのことをよく示している。これに対して、典拠〔2〕は、ただ真実を明らかにすることだけがソクラテスにとって問題であり、議論の勝敗などはまったく何の問題にもならない、ということを明確に語っている。ここから、反駁の主体はソクラテスであると言うよりもむしろロゴスであり、そのロゴスに対してソクラテスは恣意的な支配力を持ってはいない、ということが解る。ロゴスは対話の相手だけではなく、ソクラテスをも公平に仮借なく導いてゆくのである。ソクラテスの以下の言葉は、ソクラテス自身にとって議論の行く手が予め見えてはいないこと、かれ自身が議論の自ずからなる展開に不可避的に導かれていることを暗示している。

典拠〔3〕『エウテュフロン』一一D「エウテュフロン——それらの議論に、そんな風に歩き回って同じ場所に留まっていない仕掛けをするのは、この私ではなくて、思うに、ダイダロスであるあなたの方ですからね。ソクラテス——してみると、友よ、どうやら僕は、かの御先祖よりも技術の点でさらに一段と腕利きということらしいね。つまり、かの人はただ自分の作品だけをじっと留まっていないようにしたのだが、僕の方は自分の作品だけではなく、どうやら他人の作品までもそのようにしているらしいから。しかも、僕の技術の精妙きわまりない点は、僕が心ならずもそれに通じている（ソフォス）という点なのだ」。

（2） 倫理的真理への問いと自己の信念を語ること

では、エレンコスは何を探究するのか。それは、すでに幾度も言及したように、倫理的領域における真理のみである。

典拠〔1〕『国家』三五二D「われわれの議論は手当たり次第の事柄についてではなく、いかに生きるべきか、についてなのだ」。

典拠〔2〕『ゴルギアス』五〇〇C「われわれの言論は、少しでも理性のある人ならばそれ以上に真剣にはなりえない事柄に、すなわち、いかに生きるべきか、に関わっているのである」。

典拠〔3〕『ゴルギアス』四八七E「カリクレスよ、これは、あらゆる探究のうちでもっとも美しいものである。……なぜなら、この探究は、人はいかなる者になるべきか、何を仕事として為すべきか、についてだからだ」。

典拠〔4〕『ゴルギアス』四七二C「われわれが議論していることは、それについて知ることがもっとも美しく、知らないことがもっとも醜いこと、すなわち、誰が幸福であり、誰がそうでないか、を、知るか知らないか、ということである」。

これらの問いが、ソクラテスがその全哲学活動において、すなわち、エレンコスにおいて、問うた唯一の問いである。

エレンコスを特徴付けるもう一つの非常に重要な特質は、対話者が自分自身の信念（本音）を語らねばならない、という要請である。

典拠〔5〕『クリトン』四九C～D「そうすると、いかなる人に対しても、かれらからどのような仕打ちを蒙ったにしても、仕返しに不正を返してもならないし、害悪を及ぼしてもならない。そして、クリトン、ここでよく注意してもらいたい。これらのことに同意するとき、君が自分自身の信念に反して同意することがないように、と。なぜなら、これらのことは、現在も将来も、極く少数の人々の信念であることを、僕はよく知っているからなのだ」。

典拠〔6〕『プロタゴラス』三三一C「「そんなことはどうでもよいではないか」とプロタゴラスは言った。「もし君がそう欲するのなら、正義は敬虔であり、敬虔は正しい、としておこう」――「いや、それはいけません」と私は言った。「私が求めているのは、そんな〈もし君が欲するのなら〉とか〈もし君にそう思われるのなら〉とかいうことが反駁的吟味にかけられることではなく、私とあなたが吟味されることなのだからです」」。
典拠〔7〕『ゴルギアス』五〇〇B―C「友情の神ゼウスの名にかけて、カリクレスよ、君は私に対してふざけることが出来ると考えてはならない。また、自分の想い(ta dokounta)から外れたその場その場の思いつきを答えてもならない。また、僕から語られたことを、あたかも僕がふざけているかのように受け取ってもならない。なぜなら、解るかね、われわれが関わっている言論(logos)とは、すこしでも理性をもっている人間ならそれより以上に真剣になることが他にあろうか、というほどのことがらなのだから。すなわち、それは人生いかに生くべきかという問いに他ならないのだから[11]」。

典拠〔5〕は、エレンコスの責任を担いうる哲学的発言が究極的には自己責任のもとに遂行された発言でなければならないことを、語っている。哲学的発言は、かりにその由来が多くの人々の合意(エンドクサ)のうちにあったとしても、ひとたび哲学的発言として立てられた以上は、自己自身によって引き受けられたものとして、自己自身が究極的責任を担うものでなければならない。典拠〔6〕は、この知的自己責任を逃れようとするプロタゴラスに対し、吟味されるのは単なる言説ではなく、実は私とあなただ、とソクラテスが追い打ちをかける行《くだり》である。これは、エレンコスが単なる言説の吟味ではなく、その言説を立てる人間自身の吟味でもなければならないからである。このことには、恐らく、二つの意味があるだろう。一つは、もしも或る言説がそれを語る人間自身の生き方に根づいた信念でなかったとすれば、その信念の真摯さは疑わしいものとなり、したがって、倫理的真理を求めるエレンコスの活動自体が破壊されてしまうということである。典拠〔7〕は、この言説の真摯さと探究の成立との不可分の関係を指摘している。もう一つの意味は、エレンコスが倫理的領域における普遍的真理の発見を目指すばかりではなくて、対話に従事する者自身の生き方の吟味という実存的呼びかけでもあったことである。それが、「自分自身の魂を配慮せよ」(12)という呼びかけに他ならない。こうして、エレンコスの場に身を曝すとは、自分自身の人生に根づいた信念を吟味の俎上に載せることであり、それは、倫理的領域における普遍的真理の探究が成立しうるためであると同時に、自分自身の人生が裁かれるためでもあったのである。

3 エレンコスの論理構造

ソクラテスのエレンコスは次のような構造により成立している。

（1）答え手である対話者（A）が命題Pを主張する。Pは、ソクラテスが討論の主題として選んだ倫理的なテーマに関するAの主張である。ソクラテスはPを検討の主題とする（Pを虚偽であると見なし、反駁の標的にする）。

（2）ソクラテスはAに幾つかの命題Q、R、Sを提示し（提示される命題は、単独であることもあり、複数の命題の連鎖であることもある）、これらを承認するかどうかを問う。この場合、ソクラテスはQ、R、Sを出発点（土台）として議論を展開するのであって、Q、R、Sを基礎付けようとして議論するのではない。これらのQ、R、Sなる命題は、けして特殊専門的な知識ではなく、むしろ大抵はあまりにも自明的なものなので、もし答え手がこれらを否定すれば、かれは非理性的であるか非常識であると見なされることを免れえないような、そういう種類の命題である。そこで、答え手Aはこれらを承認する。

（3）すると、命題の結合体「Q・R・S」は「非P」を導出するとソクラテスが論証し、Aはそれにも同意せざるをえない。

（4）そこで、非Pは真であるから、Pは偽である、とソクラテスが主張し、Aは反駁される。

さて、この討論のプロセスにおいて、対話の相手はPという信念を抱きながら、Q、R、Sを受容することにより非Pを承認せざるをえなかったのであるから、不整合な信念体系を保有していることになり、それだけですでに反駁されている。しかし、これだけでは、P、Q、R、Sが相互に不整合であることが言われているだけで、Pが偽であると論証されたわけではない。それが論証されるためには、Q、R、Sが真であることがなんらかの仕方で根拠付けられていなければならない（対話の相手は、自己矛盾が露呈されたとき、いつでも同意を撤回し、Q、R、Sのどれかを偽であると言って、不整合を回避し、Pを護ろうとする可能性があるのだから、この逃走路を残さないためには、どうしてもQ、R、Sが真なる命題として提出されていなければならないのである）。

さて、ソクラテスが、エレンコスにおいて、ただ単に相手の信念の不整合性を露呈しているだけではなく、それらの偽であることを立証した、と考えていることは、明瞭である。次の一文はそれの決定的な典拠の一つとなりうるだろう。

典拠〔1〕『ゴルギアス』四七九Ｅ八「それでは、真実（alêthê）が語られたということが、証明された（apodedeiktai）のではないか」。

ソクラテスは、「真実が証明された」と言っているのである。ここで証明されたと言われている内容は、「不正を犯す方が不正を蒙るよりもより不幸であり、さらに、不正を犯して処罰されない方が処罰されるよりもより一層不幸である」という例の逆説である。この場合、Ｑ（Ｑ、Ｒ、Ｓを一括してＱとする）は、「不正を犯すことの方が不正を蒙ることよりもより醜い」という直観（信念）である。もし、Ｑを受容すれば、非Ｐは論理的必然の結果である。だが、この時、もしポーロスがさらに悪賢かったとすれば、こう言うことが出来ただろう。「なるほど、不整合は認めよう。だが、Ｐが偽であることは認めない。私は、先の同意を撤回し、Ｑが偽である、という立場を選択するのだ」。――因みに、これが後にカリクレスの採った立場に他ならない。――それ故、Ｑが真であるのでない限り、不整合の指摘だけでは、対話相手にＰを棄てさせることは出来ないのである。ソクラテスはこの可能性をいつも意識していたに違いない。では、ソクラテスはどうして証明したと言っているのか。

さて、エレンコスにおいて、ソクラテスは経験的な実例を枚挙して一般的な命題を立てている場合もあるし――これはそれ自体すでに帰納という根拠付けである(13)――、ただ単になんらかの意味で自明の命題を提出していることもある。この時、もしも対話の相手がその命題になんの疑問も抱かずに同意したのならば、エレンコスはここで終着点に到達したことになるであろう。なぜなら、ソクラテスがそれを自明的に真だと思い、対話の相手もまたそれに同意したのならば、この命題をさらに疑問に付する契機がどこにもないからである。真理とは、現実的には、このように対話者同士(多くの人々)の同意という形でしか成立していないだろうからである。だが、もしも対話の相手がソクラテスの提出した命題に疑問を呈したらどうなるか。その時には、再び、ここからエレンコスが始まるのである。それは当然である。なぜなら、もともとエレンコスとは、ソクラテスが相手の主張に疑問を呈したところから始まったのであるから、ソクラテス自身が自分の主張する命題を理性的検討の対象として開放しておかなければならないことは、論を俟《ま》たないからである。

そこで、たとえば、対話の相手Aが命題Qに疑問を抱いたとする。すると、Aは非Qを主張したことになる。そこで、ソクラテスはAに対して再び命題T、W、Xを提示し、AはそれらをAが承認せざるをえないことになる。そして、T、W、Xが「非非Q」すなわちQを帰結することを論証し、相手を自己矛盾に陥れるのである。実際、反駁的対話が徹底的な場合にはこのように進行してゆくことは、『ゴルギアス』篇を見るとよく解る。この対話篇においては、ゴルギアス、ポーロス、カリクレスという三人のソフィストが次々に登場するが、ゴルギアスが反駁された時、かれが承認させられた前提を否定するところからポーロスの主張が始まり、ポーロスが反駁された時、同じくかれが承認させられた前提を否定するところからカリクレスの主張が始まるのである。実際、カリクレスはこう言っている。ポーロスが議論に負けたのは、ただQを認めたからである。そのために、かれは自己矛盾に陥ったのだ。だから、かれはQを認めるべきではなかったのだ。そして、私カリクレスはQを認めない。すなわち、「不正を犯す方が不正を蒙るよりもより醜いのではなくて、より美しいのである」、と。[14] すると、今度は、ソクラテスはカリクレスから新しい諸前提への同意を引き出し、この新しい諸前提が再び「非P」を帰結するのである。この時、かりに超カリクレスが出現して、カリクレスの自滅の原因をその同意にありとして、その同意を再び拒絶したとしても、事態は同様であるだろう。ソクラテスは超カリクレスを相手に再びエレンコスを開始するだろう。こうして、この対話篇は、三つのエレンコスが実は一つのエレンコスであり、先行のソフィストの敗北を回復しようとする後続のソフィストの主張が「自明の前提」に対する拒否と攻撃において過激の度を増すのに応じて、それを反駁するソクラテスの思索が哲学的根拠の提示において徹底化してゆき、「自明の前提」の整合性の底知れぬ深みをますます開示してくる、という構成をとっているのである。

しかし、それなら、エレンコスはこのような根拠付けの無限遡行を脱しきれないのであろうか。論理的には、脱しきれない、と言うべきであろう。ソクラテスはこれまであらゆるエレンコスに勝利を収めてきたが、それだからと言って、今回のこの勝利でエレンコスを停止して良いということにはならない。今後エレンコスが必ず成功するという保証もない。いつか、超超カリクレスが出現し、ソクラテスの語る倫理的信念を今まで誰にも思いも及ばなかった自明の前提から自己矛盾に追い込まない、という保証はどこにもない。それだから、ソクラテスは絶え間なくエレンコスを戦い続けねばならないのである。その戦いに勝利を収めている限りにおいて、かれは「真理は証明された」と言っているのである。

だが、エレンコスにおいてソクラテスの為していること、「真理の証明」、の内実をより明確に把握するために、ここで、そもそも論証とは何であるかということについてのアリストテレスの理論を顧みることは、有益なことであろう。すなわち、『トピカ』の冒頭でアリストテレスは大要次のようなことを言っている。(15) 一般に、推論的言論（syllogismos logos）とは、なにかが前提として立てられた時、そこから必然的になにか別のものが帰結する場合、そのような言論のことを言う。ところで、推論的言論には二つの類がある。その一方である論証（apodeixis）が成立するのは、推論が「真にして基底的な前提から」（ex alêthôn kai prôtôn）成立している場合、あるいは、そのような前提を基礎とする諸前提から成立している場合である。これに対して、対話的推論（dialektikos syllogismos）とは、「公共的合意」（endoxa）から出発する推論である。ここで、「真にして基底的な前提」とは、「他のものによってではなく、それ自身によって信憑性を保持しているような前提」のことを言う。なぜなら、知識の始源（archê）はすべてそれ自身によって「信ずるに足るもの」（pistos）でなければならないからである、と。このアリストテレスの知識の基礎に関する考察は、すべての知識にはそれ以上に基礎付けを遡れない「基底的な前提」がある、ということを言うものである。それは、論証的知識においては、事物の本質についての無中項的（無媒介的、直接的、直覚的）な認識であるが、対話的知識においては、公共的合意（エンドクサ）である、というのである。勿論、この場合、エンドクサは、論証的知識における基礎命題のように「真にして必然的」とは言われ得ず、ある種の流動的可変性を内含する普遍的合意という緩い意味での基底性をもつにすぎないが、いずれにしても、対話的論証の基礎は対話者同士の間のなんらかの意味での合意のうちにしかありえない、という意味において、このアリストテレスの論証についての理論は、ソクラテスの反駁的対話についても基本的に妥当するであろう。

4 反駁的対話におけるエンドクサの位置

反駁的対話において、議論の展開の切っかけにエンドクサへの訴えかけがあることは勿論のことであるが、それはソクラテスによってではない、とヴラストスは言っている[16]。ヴラストスによれば、エンドクサに訴えるのは、ソクラテスに対立する対話者である。たとえば、『ゴルギアス』篇ではポーロスがこう言っている。「ソクラテスよ、あなたは既にすっかり反駁されてしまっている、とはお思いになりませんか。この世のだれひとり言わないようなことを言うに到ってはですよ。ここにいるだれにでも訊いてごらんなさい[17]」。これは、ソクラテスが「不正を犯して裁きを免れた者は、裁きを受けた者よりも、より不幸である」という例の逆説を語った時に、ポーロスの言った言葉である。ポーロスはソクラテスの主張が非常識だ、と言っているのである。ポーロスは、悪事を犯してしまえば、警察に捕まらないでうまうまと逃げおおせてしまう方が、逮捕されて処罰されるよりもより幸福であり、世間の人はみなそう思っている、と言っているのである。果たして本当にそうかどうかは疑わしいが、しかし、われわれ多くの普通の人間の心性の中にそういう卑しい根性があることもまた確かであるから、「多くの人々の思い」はそれだけでは必ずしも倫理的に信頼するに足らぬ、とは言えるであろう。

ところで、ソクラテスはこのポーロスの言に対して、こう言っている。「君は、僕が反駁的対話とはこうあるべきだと考えているような、そういう反駁的対話を受けてみたまえ。なぜなら、僕は何について話をするにしても、一人の証人を提出することは出来るからだ。その証人とは、他ならぬ僕の対話の相手である。そして、多くの人々にはさよならだ。

……それというのも、僕としてはこう思っているからなのだ。僕も君もその他の人々も不正を犯すことは不正を蒙ることよりもより悪しく、処罰されないことは処罰されることよりもより悪い、と考えているのだ、とね」[18]。このソクラテスの言葉の中には二つの重要な点が含まれている。一つは、ポーロスの持ち出した「多くの人々の思い」に対して、それは反駁的対話によってその妥当性を検討されなければならない、と言っている点である。ソクラテスが真実の言明として立てうるものは、反駁的対話の試練を通過した言明のみであることが、ここから明瞭に読み取れる。「多くの人々」が拒斥されるのは、それらの人々の思いが反駁的対話の碾き臼で砕かれていないからであり、数が一人か多数かが問題なのではない。

しかし、他方で同時に、ソクラテスは自分の抱く信念が僕だけのものではなく、実は、君の信念でもあり、さらには、その他の多くの人々の信念でもある、と言っているのである。つまり、ソクラテスもまたエンドクサへと訴えかけているのである。それ故、ソクラテスがその論証においてエンドクサに根拠を置いていない、というヴラストスの理解は誤りであろう。そうではなくて、「多くの人々の思い」には二つの面がある、と了解しなければならないのである。すなわち、それは人間性の醜い面と美しい面の両方を指し示しているのであり、われわれ普通の一般大衆の心性はこの両極の間を揺れ動いているのである。この時、ソクラテスはその美しい面へと訴えかけているのであり、もし、「多くの人々の思い」のうちで美しいものを優れてエンドクサと言うのであれば、エンドクサへと訴えかけているのである。しかし、いずれにしても、ソクラテスにとってエンドクサが最終法廷なのではない。反駁的対話は対話者同士の同意がなければ一歩も動きえないことは、すでに度々指摘したことであるが、そして、その同意がエンドクサであれば、同意の基礎が広範囲であるだけますます対話の出発点として望ましいことは自明のことであるが、しかし、その同意がどんなものであっても、それはエレンコスの碾き臼にかかるべき穀粒でなければならないのである。(19)

5 果てしなき吟味

ソクラテスはエレンコスにおいて勝利を収め続ける。勿論、エレンコスはしばしば積極的な結論に到達せず、アポリアに終わる。しかし、アポリアに終わったとしても、対話相手のドクサは破壊されているのだから、エレンコスは成功しているのである。では、なぜ、ソクラテスは常にエレンコスにおける勝利者なのか。この点について、ヴラストスは次のような仮説を立てて、説明を試みている。

それは、「誰にもせよ悪しき倫理的信念を抱いている者は、常に、同時に、その悪しき信念の否定を帰結する真なる信念を所有している」という想定をソクラテスが抱いていた、というものである。[20] ソクラテスは、エレンコスにおいて、いつでも、ある前提（Q）を対話相手に承認させ、そこから相手の元来の主張（P）との矛盾を導いてくる。このQはそれまで相手によって自覚されてはいなかったのだが、ソクラテスの促しにより承認されたということは、Qがもともと相手の心の中に無意識に内在していたからだ、とヴラストスは考える。エレンコスが相手の主張の自己矛盾を突いてそれを崩壊させる、という構造をもつものであれば、Qはもともと相手自身がなんらかの意味で保有していたものでなければならないだろう。そして、ソクラテスは、エレンコスにおいて、いつでも、Pを破壊するQをどこからか（相手の心の中から）見つけだしてくるのである。さらに、この時、もしも、相手がこの自己矛盾を逃れようとしてQの承認を撤回し、あくまでも元来の主張Pを護ろうとしたとしても、ソクラテスは必ずどこからか（相手の心の中から）Pを破壊する――Qを支持する――Wを見つけだし、相手を再び自己矛盾へと追い込むのである。かれらが、その度毎に、ソクラテスの提示するQ、W、Xの承認を撤回し、逃げ続けようとしたとしても、駄目である。なぜなら、ソクラテスは、必ず、かれらの誤った信念Pと矛盾する、それまでかれら自身にも自覚されていなかったなんらかの信念を、かれらの心の中から汲み上げてくるからである。そこで、ヴラストスは、ソクラテスが上のような確信を抱いていた、と考えたのである。

ヴラストスは、ソクラテスがそのような確信を抱いていた根拠として、カリクレスとの次の対話を挙げている。それは、カリクレスとの対話の幕開きに、例の逆説に対してカリクレスが嘲笑の態度をとった時、ソクラテスによって語られた言葉である。「僕がこのようなことを話すからといって、驚いてはいけない。そうではなくて、僕の愛人である哲学がこれらのことを語っているのだから、哲学に話すことを止めさせなければならないのだ。なぜなら、親しき友よ、君がいま僕から聞いていることは、哲学が語っていることなのであり、哲学は他の愛人よりも遥かに恒常的なのだ。というのも、いま話題になったクレイニアスの子は或る時には或ることを言い、他の時には他のことを言うのだが、哲学は常に同じことを言うからである。……だから、君は哲学を反駁しなければならない。すなわち、さきほど僕が言ったこと、つまり、不正を犯すこと、そして、不正を犯して罰を免れることがあらゆることの中で究極の災いであるということを、反駁しなければならないのだ。そうではなくて、もし、君がこのことを反駁しないままに放置するならば、エジプトの神犬にかけて言うが、カリクレスよ、カリクレスは君と同意しないことになるだろう。カリクレスは全生涯にわたり君と仲違いすることになるだろう(21)」。

この引用文の前半では、「ソクラテスが語ることは哲学が語ることであり、哲学が語ることは常に同一である」と言われている。ソクラテスの場合、哲学とは反駁的対話であり、語られた内容の同一性とはそれの首尾一貫性すなわち整合性を意味するであろうから、この発言は、反駁的対話によって鍛え抜かれたソクラテスの信念体系が徹底的に整合的であることを言うものに他ならない、とヴラストスは理解するのである。[22] そして、引用文の後半では、もしも、カリクレスがソクラテスの信念体系を破壊することが出来ないまま――それはカリクレスにも誰にも破壊できないのである――かれ自身の誤った信念に固執し続けるならば、カリクレスは生涯にわたり内面的葛藤に苦しみ続けることになるだろう、と言われている。なぜなら、たとえ、カリクレスがこれまでのようにその権力主義的ヘドニズムによって己の人生を貫徹しうると思ったとしても、かれ自身にも未だ知られていない心の奥底にその誤った思想と矛盾する真実の倫理的直覚が必ず内在しているからである。すなわち、カリクレスは潜在的に自己矛盾を内蔵しているからである。ソクラテスはエレンコスによってそれを白日の下に曝しているのである。

さて、ヴラストスのこのエレンコス理解に筆者は基本的に賛成である。ただし、それがあまりにも強く表現されすぎているところに問題がある。ソクラテスは確かに自己の信念体系――実は、ソクラテスには体系というものはなく、その場その場で相手に応じて語られた諸信念の相互関係があるのみである――の整合性にある種の自信をもっていたであろう。しかし、この自信は、「自己の信念体系が常に整合的であるという前提の所有」とまでは、言われえないだろう。なぜなら、まず、ソクラテス自身が「自分はその思いや行ないにおいて度々ダイモニオンの拒否を受けた」と言っているのだから、その信念の可謬性を自認しているのであり、その信念が度々軌道修正を要したことを告白しているからである。しかし、何よりも、もしも、ソクラテスが自己の信念体系の整合性にある種の自信をもっていたとすれば、如何にしてかれはそのような自信に到達しえたのか、を考えてみなければならない。この自信はなにかアプリオリにソクラテスに与えられているわけではないだろう。そうではなくて、事情はこうだと思われる。

長年にわたりエレンコスに従事する間に、ソクラテスはかれが虚偽であると判断した数多くの倫理的信念に遭遇したであろう。その時、ソクラテスはその信念を自己矛盾に陥れる真なる信念を必ず発見し、それを相手に承認させることが出来た。相手が、ソクラテスの提示するこの（ソクラテスの立場から言えば）真なる信念を必ず受容したということは、どのような人間のうちにも、カリクレスのようなインモラリストのうちにも、その誤った信念を否定する真なる信念が隠れている、という期待をソクラテスに与えたであろう。換言すれば、人間性の奥底には、たとえその人間がどれほど腐敗していても、それによって抹殺されることのない倫理的真理が隠れている、という一種の確信をソクラテスに与えたであろう。このような経験の集積が、ソクラテスに虚偽の信念体系を打破する自己の信念体系が整合的である、という意識を少しずつ与えていったのだ、と思われる。ソクラテスはエレンコスに従事する度に自己の信念体系の整合性を強敵の挑戦に曝しているのであるから、その挑戦を克服する度にいわばかれの信念体系の整合性（真理性）への自信はその強度を増していった、と言ってよいだろう。

しかし、この確信は経験的確信にすぎない。エレンコスという方法のうちには、ソクラテスがこれまでどれほど連戦連勝を重ねたとしても、いつか超カリクレスが出現して、ソクラテスの全信念を灰塵に帰してしまうかもしれない、という可能性を克服する手段はない。この免れえぬ可謬性の意識、確信の基礎の偶然性の意識が、ソクラテスに無知の意識を呼び起こすのである。そして、この無知の意識が果てしなきエレンコスの続行をソクラテスに命ずるのである。

第五章　無知

1　知と無知の併存のパラドクス

プラトンの初期対話篇において、ソクラテスは、一方では、しばしば自分の「無知」を語りながら、他方では、確信をもってなんらかの倫理的真理を主張している。たとえば、それのもっとも典型的な一例は『ゴルギアス』篇の次の一文であるが、そこでは、両者が併置されてさえいるのである。「これらのことは先行の議論においてこの通りであることがわれわれには明らかにされているのであって、僕に言わせるならば、しっかりと抑えられ縛られているのだ、と言ってもよい。しかも、いくらか粗野な言い方が許されるならば、鉄と金剛石の論理によってなのだ。とにかく、少なくともこれまでのところではそのように見えるのだからね。そして、もしも、君なり君よりも強力な誰かがこの論理を解体するのでないならば、誰もいま僕が語っているのとは違った語り方をして、見事に語ることはできないのだ。というのも、僕はいつも同じことを言っているのだから。すなわち、僕はこれらのことがどのようになっているのか知らないのだ（ouk oida）。しかし、今のように、僕がたまたま出会った人々のうちの誰も、これとは違った言い方をして笑い者にならないわけにはゆかなかったのである」[1]。この一文から明らかなことは、ソクラテスが二つの意味で知を語っていることである。一つは、ここで鉄と金剛石の論理によって縛られた（証明された）と言われている知である。それは、この場合には、ソクラテスの倫理的確信の中核である、あの「不正を蒙ることは、不正を加えることよりも、常により善い」という思想が、先行の議論すなわちポーロスとの反駁的対話において、鉄と金剛石の論理によってしっかりと固められたという意味であり、その意味での知である。だから、ソクラテスは反駁的対話によって基礎付けられた思想をある種の確信をもって主張している、と言ってよいだろう。

しかし、この確信にはある種の不確定性（開放性）が付きまとっている。というのは、上の引用文において、「君カリクレスか君よりも強力な誰かがこの思想の論証の論理を解体できなければ、それに反することを言えばもの笑いの種になるのだ」と言われ、さらに、

「僕ソクラテスはこれまでのところこの論証を打破できた者に一人も出会わなかったのだ」と付言されているからである。逆に言えば、もしもカリクレスがこの論証を打破できたならば、ソクラテスの確信は揺らぐのであり、ただ、ソクラテスはこれまでのところそのような能力のある者に一人も出会わなかった、と言っているだけなのである。反駁的対話によって基礎付けられた信念には、前章で論じたように、本質的にこのような暫定性、不確定性が付きまとっている。しかし、いずれにしても、ソクラテスがこのような信念、確信を一つの知として主張していることは間違いないだろう。

だが、このようにエレンコスによる論証の結果を強力に主張しながら、ソクラテスは同時に、「これらのことがどうなっているのか、実は、僕は知らないのだ」と言い、しかも、「それはいつも言い続けていることだ」とさえ駄目を押しているのである。これは、一見したところ、人を愚弄したもの言いのように見える。対話相手の主張を鉄と金剛石の論理によって転覆し、僕の考えに同意しなければ物笑いの種になる、と言いながら、「これらのことがらがどうなっているのか、実は、僕は知らないのだ」と発言することには、どういう意味が隠されているのだろうか。単純に言えば、ソクラテスは知っているが知らない、と言っているのである。このパラドクスはどのように解きうるであろうか。

2 無知の告白

ソクラテスの無知の告白は対話相手を議論へ誘い込み、相手の主張を転覆するための偽装である、という理解がかつては多くの人々によって語られたが、今ではこのような理解をもつ人はほとんどいない(2)。第一、エレンコスにおいて自己自身の信念をありのままに語ることを相手に強く要求するソクラテスが、自己自身の信念を偽装していたのだとすれば、それは即座にソクラテス哲学の自己矛盾であり、内部からの全面的崩壊となるだろう。それ故、ソクラテスの無知の告白はまったく真摯なもの、真正なものと受け取らなければならない。このことのもっとも強力な証拠は『弁明』篇の中にある。それは、デルフォイの神託に対するソクラテスの反応のうちに現れてくる言葉である。「どうか諸君、騒がないでほしい。というのは、カイレフォンは、私よりも誰かより知恵のある者がいるかどうか、と尋ねたからです。すると、デルフォイの巫女はより知恵のある者は誰もいない、という神託を与えたのです。……これを聞いて、私は心の中でこういうふうに考えたのです。「神はいったい何を言おうとしておられるのか。何の謎をかけておられるのか。なぜなら、私は自分が大小いずれにしても知恵のある者（sophos）ではないことを自覚しているからです。すると、その私をもっとも知恵がある、と宣言することによって、神は何を言っておられるのか。というのは、神が嘘を吐《つ》くはずがないからです[3]」。「もっとも知恵のある者である」という神からのメッセージに対して、ソクラテスは「自分は無知である」と言っているのである。ソクラテスは、「神託がそう言うならば、自分は賢いのかもしれない」とは考えなかったのだ。これは、人の褒め言葉に対する反応ではない。神の褒め言葉に対する反応である。それほど、ソクラテスの無知の自覚は強烈であり、徹底的であった、と言うべきである。それだから、ソクラテスは、この不可解な謎を解くことが神から自分に与えられた使命である、と考えて、反駁的対話という自分を死罪へと導く運命的な活動へと入っていったのである。つまり、無知の自覚がソクラテスの人生を決定したのだ、と言ってよいだろう。

では、ソクラテスは何について無知を語っているのか。それは、善なること美なることについての無知である[4](ouden kalon kagathon eidenai)。神託の意味を長い間考えあぐねた末に、ソクラテスが思い立ったことは、知者の評判の高い人々を吟味することにより、この謎を解き明かそうということだった。最初に訪ねたのは政治家であった。かれとの対話からソクラテスが発見したことは、この男もソクラテス同様に善美のことがらについては何も知らないが、知らないのに知っていると思っている点で、ソクラテスとは異なっているということだった。そして、この「知らないことを知らないと思っている」という僅かな点でソクラテスはこの男よりも賢い、というのが神託の意味であろう、と思い至ったのである。

それから、ソクラテスは悲劇作家やディテュランボス作家を訪ねてみたが、結果は同様であった。かれらは多くの美しいことを語っていたが、自分の語っていることの意味を知らないのであった。そして、最後に、かれは手に技術をもつ人々のところへ行った。ここでは、ソクラテスはある意味では裏切られなかった。かれらは確かにしっかりとした知識をもっていたのである。だが、かれらもまた政治家や詩人たちと同じ誤りを犯していることが判明する。なぜなら、かれらは、その技術が見事な成果を産みだすことの故に、他のもっとも重大な事柄についても最高の知者である、と思い込んでいたからである。

裁判の席で、人生の最後の日を目前にして物語られた、ソクラテスの人生のこの総括から、われわれはソクラテスの無知について何を確かめうるか。ソクラテスは、自分が或いは人々が一般に知識をもっていない、などと言っているのではない。ソクラテスが多くの知識をもっていることは対話篇を読めば一目瞭然である。日常的常識、技術的知識、学問的知識、そういうものをかれは豊かにもっている。しかし、そういう知識はかれが「知恵」と呼ぶもののうちには入らないのである。かれが「知恵」と呼ぶものは、ただ、善美のことがらについての知識だけなのであり、これをかれは持っていない、と言っているのである。そして、「善美のことがらについてのこの無知の自覚」が、「人間にとっての最高の賢さである」と神託の謎を解いたのだ。これはわれわれにとって恐るべき謎解きであるだろう。なぜなら、そうであるならば、人間が善美のことがらについて知ることはいわば始めから閉ざされている、ということになりかねないからである。

3 真なるドクサ（正当化された可謬的信念）

だが、ソクラテスは善美のことがらについて知っているのではないか。なぜなら、そもそもソクラテスの哲学的活動のすべてであるエレンコスは善美のことがら（倫理的価値）のみを主題にしていたのであり、そのエレンコスによってソクラテスはたとえ僅かではあってもなにがしかの結論に到達しているからである。たとえば、その一つであるカリクレスとの対話において、ソクラテスは次のように言っている。「もしも、君が、僕の魂が信じている（doxazei）事柄に同意するならば（homologêsêis）、これらの事柄はすでに真理（talêthê）である、と僕はよく知っているのだ」[5]。ここでソクラテスは真理という言葉を使ってさえいるのだから、エレンコスの帰結を知識の名に値するものと考えていることには疑いの余地はないだろう。その上、この一文は、エレンコスによって基礎付けられた真理の構造を実に簡潔にかつ正確に示している。すなわち、この真理の根底には先ず「ソクラテスの魂が信じていること、つまり、ソクラテスのドクサ」があり、このドクサに対話相手が同意するならば、この同意（共同主観的ドクサの成立）によって、最初のドクサが強化され真理になる、という構造である。この場合、ソクラテスが自分の最初のドクサを真であると信じていることにも疑いの余地はない。前章で詳しく論じたように、ソクラテスの反駁的対話はただ単に対話相手の信念の不整合を暴露しているだけではなく、それの虚偽であることを論証しているのであり、このことは反駁の梃子となるソクラテスの原初の信念が真でなければ成立しないからである。では、このようにして取り出されたエレンコス的真理の性格はどのようなものであろうか。エレンコス的真理の暫定性、可謬性、無限開放性については、すでに前章で論じたので、ここでは繰り返さない。ここでは、その暫定性、可謬性にもかかわらず、それは普通人々が頼りにして生きている真理である、という積極的な側面をいささか考えてみたい(6)。

エレンコス的真理とは、対話の手続きによって同意されたという意味では「真」であるが、将来の反駁へと開放されているという意味では「可謬的」な知識である、と言ってよいだろう。簡単に言えば、Qという証拠にもとづいてPを信じており、QはPに対する理性的に妥当な証拠ではあるが、しかし、Qは必然的にPを帰結するとは言えない、というような真理である。換言すれば、これは、われわれが、普通、経験的真理と呼んでいるものに他ならないのである。たとえば、研究室のガスストーヴを私は消火しただろうか

（P）。自分の記憶（Q）にもとづいて確かに消火した、と思う。私の記憶はだいたいは頼りになるから、普通はこれで充分である。しかし、絶対に確実ではない。私は、ただ、習慣的に、消火したと思い込んだだけかもしれない。それ故、Q（私の記憶）はPを必然的に帰結するとは言えない。この時、気になったら一々研究室に確かめに引き返していたならば、私はおそらくは強迫神経症患者ということになるだろう。

理性的に妥当な判断とは、絶対の確実性を求めることではない。何事にも絶対の確実性を求める人は、黴菌に冒されないために、絶えず手を洗い続けるノイローゼ患者と同じである。かれは病気が心配で医者のところへ相談にゆく。医者は、業病を惹起する黴菌は大体は生体の外部では生存できないのだ、と説明し、更に、たとえ黴菌に接触したとしても健康な人間はそう簡単には病気にならないのだ、と説得する。その説得を理性的だと理解はできても、かれは絶対の保証を求めて心配になり、再び強迫観念に襲われて、手を洗わずにはいられないのである。それ故、こういう事柄（経験的事象）においては、可謬的な知識とともに生きるのが理性的であるとともに人間性に即しているのであり、いつも絶対的不可謬性を求めれば、われわれは行為において金縛りに陥り、やがては狂人になる他はないだろう。エレンコスによる真理もまた一種の経験的真理であるからには、経験的真理の可謬性とともにそれの蓋然的妥当性をも共有しているのであり、それこそがまた「人間的知恵（anthrôpinê sophia）」というものだ、と言ってもよいのである。[7]

さて、そうであるとすれば、不可謬な知識とは「QとPとの間に媒介項のない知識」、「QとPとが一体化している知識」、「それ自体が己を明示している知識」、「直接的に自明な知識」であることは明らかであろう[8]。しかし、ソクラテスは倫理的価値についてそういう知識をまったく持っていないのか。そうとは思われないのである。先ず、第一に、反駁的対話を展開するための基礎となるソクラテスの信念が、大体は、そういう性質の直接的知識であるだろう。しかし、それ以外にも、たとえば、『弁明』篇の中でソクラテスはなんの論証もなしに極めて強い倫理的確信を語っているのである。「不正を為すことと、神であれ人であれ自分よりも優れた者に従わないことが、悪であり醜であることを、私は知っている（oida）[9]」。ここでソクラテスが「自分よりも優れた者の命令」と言っていることは、デルフォイの神託を介してソクラテスに伝えられた「反駁的対話活動に従事せよ」との、神からソクラテスに課せられた使命のことである。この使命に背くことと不正を為すこととが悪であることは、ソクラテスにとって直覚的に自明な真理であった、ということである。

更に、これに続いてこう言われている。「だから、私は、私が確かには知らないこと（ha mê oida）を、すなわち、もしかしたら善かもしれないことを、私が悪であると確かに知っていること（hôn oida hoti kaka estin）よりも、恐れたり、避けたりするようなことは決してしないだろう[10]」。「私が確かには知らないこと」とは、「死後の世界のこと」すなわち「死が善いものか悪いものかということ」である。死は人間にとって未知のこと、不可知のことである。これに対して、「神の命令に背くことと不正を犯すこととが悪であること」は明確に知っているのだから、死刑を恐れて反駁的対話活動を破棄するようなことは決してしない、とソクラテスは言っているのである。ソクラテスは、死刑に終結する自分の人生の活動が正しかったことについて、いささかの疑いも持ってはいない。このような確信はソクラテスにとっては絶対的な知である、と言ってもよいだろう。

それ故、ソクラテスはエレンコスによって基礎付けられた「正当化された可謬的知識」も持っていたし、その正当化の基礎となる「真なるドクサ」も持っていたし、更には、神からのメッセージに基づく「生き方についての確信」も持っていたのである。それなら、ソクラテスはなぜ無知を語りつづけるのか。これらの知識はソクラテスの求める知識ではないということか。

4 いかなる意味において無知なのか

ソクラテスの無知の問題については、決定的な解決はありえないように思われる。それほど、これまでにソクラテス研究において様々な解釈が提出され、今でも提出され続けているのである。そこで、ここでは、筆者の見るところ四つの代表的な解釈と思われるものを取り上げて、これらを批判的に検討し、そこから、筆者には妥当と思われる解釈の方向を取り出せるとしたら取り出したい。

(1) ヴラストスの解釈[11]

すでに、何度も指摘したように、ソクラテスの「無知」の問題とは、「人生の生き方」、「善悪」、「徳」、一言で言えば「倫理的価値」の問題について、ソクラテスがある場合には明白な知を語りながら、他の場合にはそれらについて無知を表明している、というパラドクスをいかに理解しうるか、という問題である。いや、すでに第一節で指摘したように、『ゴルギアス』篇では、「不正を為すよりは不正を蒙る方がつねにより善い」というソクラテス倫理の中核的命題に関して、同時にこれら二つの態度が――すなわち、「この命題は鉄と金剛石の論理によって締められ縛られた」と言いながら、「私はこれらの事柄がどうなっているのか知らないのだ」と言うという、一見自己矛盾的な態度が――表明されてさえいるのである。[12]

これに対して、ヴラストスはどういう解釈を提出したか。ヴラストスによれば、これら二種の発言は矛盾ではない。[13] なぜなら、それらはまったく違う事柄を表しているからである。ソクラテスは、「エレンコスによる知識」の所有を表明しながら、「確実な知識」の所有を否定しているのである。ソクラテスが知識の所有を語るときには、それはエレンコスによる知識を指している。このことは、かれが真であると証明したテーゼを支えるために提出する議論は、すべてエレンコスである、ということから明瞭である。上に指摘した『ゴルギアス』篇の文章が意味しているのはこのことであり、その続きを見ると、この点はなお一層明らかになる。「しかし、私が出会った人々のうちの誰も、（自分自身の主張とは矛盾する信念の所有を指摘されて）自分自身を笑い者にすることなしには、私の主張とは異なったことを語ることは出来なかったのである」(14)。つまり、ソクラテスはこう言っているのだ。私の教説のために私が提出しうる唯一の証明は、エレンコスにおいて私の教説に反対した人はこれまですべてそのエレンコスにおいて自己矛盾に追い込まれたということである。しかし、この結果はソクラテスの教説の絶対的真理性を帰結しない。ただ、それに対する「道理に適《かな》った証拠（reasonable evidence）」を構成しているのである。ソクラテスは無知を装っているのではない。ソクラテスは、まったく真摯に自分が持っているのは「エレンコスによって基礎付けられた可謬的な知識」であって、「確実な知識」ではない、と聴衆に警告しているのである、と。

このヴラストスの解釈は大筋において正しく、また、現代のソクラテス解釈に決定的な影響を与えた、と思われる。それは、ソクラテスの語る「知識」に二つの種類を区別し、その一方である「エレンコスによる知」を可謬的な知識としてソクラテスの承認する知識へと算入した、という点である。その限り、筆者もまたヴラストスの理解に同意する者である。

しかし、それでは、かれの言う「確実な知識」とはどういうものなのであろうか。ヴラストスはこの点についてはまったく何も言っていない。それだから、ソクラテスが無知を語るとき、内容的にどのような知を念頭においてそう言ったのかは、ヴラストスの解釈ではなにも見えてこないのである。ヴラストスはいわば同語反復的に、ソクラテスの所有していた知識は不確実な知識であるから、確実な知識ではない、と言っているだけであるように見える。この解釈は、あるいは、「ソクラテスの無知とは、「人間の知識がすべてどこまで進んでも不確実であり怪しげなものである」、ということを言うための、一種の逆説的な表現である」、と言いたいのかもしれないが、そう理解することに抵抗する幾つかの問題点があるのである。

その一つは、エレンコスの基礎となるソクラテスの信念をどう位置づけるか、という問題である。これは、必ずしもすでにエレンコスによって基礎付けられている命題であるとは限らない。たとえば、『クリトン』篇でのエレンコスにおいては、脱獄擁護論に対する反駁のために導入される基礎命題は、「いかなる仕方においてでも、意図的に、不正を犯してはならない」[15]であるが、これは「過去においてしばしばわれわれの間で同意された」根本原則として導入されていて、この根本原則に対して対話篇のどこかに論証があるわけではない。また、すでに、しばしば、問題として取り上げたポーロスに対する反駁においても、反駁の基礎として導入された「不正を犯すことは不正を蒙ることよりもより醜い」という命題は、「人間ならば誰でも認めざるをえない命題」として導入されていて、別段これに証明があるわけではない。

これらに加えて、さらに、『弁明』篇のあの文章、「不正を為すことと、神であれ人であれ、自分よりも優れた者に従わないことが、悪であり醜であることを、私は知っている(oida)」を挙げることが出来るであろう。[16] これらの根本命題に対して、もしも、誰かがその妥当性に疑問を呈するならば、そこから、遡及的にエレンコスが始まることはありうるであろうが、これらを語っている時点において、これらがソクラテスにとって「確実な知識」であることには疑問の余地はないだろう。そもそも「確実な知識」とは、それ以上に根拠を遡れない究極の事実を指示する命題である他はないのだから、ある命題がソクラテスにとって究極の事実を指示していれば、それはかれにとって「確実な知識」なのである。

第二に、反駁的対話活動はソクラテスにとっては、デルフォイの神託を介して神からソクラテスに伝達された、ソクラテスの使命であった、という点を考えなければならない。この点についての確信は、ソクラテスにとっては絶対的真理とも言えるほどのもので、それだから、かれは、「同胞であるアテナイ人諸君を私は心から愛しているが、しかし、諸君に従うよりは、神に従うだろう」[17] と言い、「何度殺されることになっても、反駁的対話活動以外のことは何もしないということを、ご承知おき願いたい[18]」、と言っているのである。それ故、たとえ、反駁的対話活動の成果が無の如くに見え、すべてが徒労に終わったかの如くであったとしても、この活動は神の是認を受けているのであり、したがって、ソクラテスは自己の人生を全面的に肯定できているのである。それ故、ソクラテスの無知とは「確実な知識の欠如である」というヴラストスの解釈はいろいろな意味で正鵠を得ていない。

(2) リーヴの解釈[19]

リーヴもまた知識に二つの種類を分けてこの問題を解決しようとする。すなわち、かれは「専門的知識（expert knowledge）」と「非専門的知識（non-expert knowledge）」とを分け、ソクラテスは善美の事柄について非専門的知識はもっていたが、専門的知識はもっていなかったのであり、それがソクラテスの言う無知の意味である、と理解しようとするのである。

リーヴの言う専門的知識とは「技術的知識（technê, craft knowledge）」のことである。技術的知識の特徴はいろいろあるが、もっとも根本的な特徴は、それの正確さであり、その正確さは技術が技術の対象の形相（eidos）を把握している点に由来する。「ところで、われわれがいつも言っているように、それぞれの家具を作る職人はそれぞれのイデア

(idea) を眺めながら、或る者は寝台を作り、他の者は机を作るのではないか。……なぜなら、職人のうちの誰もイデアそのものを作ることはないであろうからだ」[20]。この文章は『国家』篇第一〇巻からのもので、即ソクラテスの思想とは言えないが、技術の本質を表している文章として、ここで利用してもよいであろう。Xについての技術を持つ者は、「Xが何であるか (ti estin)」を知らなければならない。すなわち、Xの形相を知らなければならない。この点は、ギリシアにおける技術思想の恒常的特徴で、リーヴはヒポクラテス文書を用いながら、医術の成功がいかに病気の本質（形相）の把握と密接不可分に結合しているか、を立証している[21]。

ところで、ここでリーヴが専門的知識（技術的知識）を論議するのは、ソクラテスの求める「徳 (aretē)」を一種の専門的知識と考えるからである。リーヴは、ソクラテスの追求する「徳」の諸特徴はすべて専門的知識の諸特徴である、と考えている[22]。「徳」についての専門的知識をもつとは、「徳が何であるか」を知るということであり、したがって、自分自身にせよ他人にせよ、人に徳を教え、人を有徳にする能力をもつ、ということに他ならない。ところが、ソクラテスは諸対話篇において、一つ一つの徳についてにせよ、徳一般についてにせよ、「徳の何であるか」を追求し続けたが、遂にそれを把握することができなかった。つまり、ソクラテスは徳の専門的知識の獲得に成功しなかったのである。それが、ソクラテスの言う「無知」である。

さて、この解釈にも良い点はある。それは、ソクラテスの語る善美の知識――リーヴの焦点の合わせ方では、徳についての知識――が、単なる理論知ではなく、行為を惹き起こす実践知であることを強調している点である。それだから、かれは徳と技術とのアナロジーを強調し、徳を一種の技術知として把握しようとしたのである。しかし、この解釈には致命的な誤謬がある。先ず、小さい方から言えば、もしも、徳が技術知だとすれば、有徳の人であるためには、その技術知をもたねばならないだろう。船を作るためには、船大工の技術をもたねばならず、自動車を作るためには、自動車工の技術をもたねばならない。同様に、徳を身につけるためには、徳の技術をもたねばならない。しかるに、ソクラテスは、徳について自分は無知だ――リーヴの解釈では、無技術だ――、と言っているのである。それなら、ソクラテスは必然的に徳のない人間でなければならないだろう。しかし、ソクラテスは自分が有徳の人であることを確信しているのである。「よく知ってほしい。君達は私を殺しても、……私よりも君達自身をより害するであろう、と。なぜなら、メレトスもアニュトスも私を害することはないだろうから。なぜなら、それは出来ないことなのだ。というのは、より善き男がより悪しき男により害されるということは、許されない(ou themiton)ことなのだから[23]」。この難点に関して、リーヴは、ソクラテスは長年エレンコスに従事することにより徳について専門的知識を持たないにもかかわらず、有徳たりえたのだ、と説明しているが、このような説明はリーヴ自身の解釈上の立場に対する一種の自己矛盾である。

だが、このリーヴの解釈における最大の難点は、技術と徳との本質的相違が見逃されている点である。アリストテレスが『ニコマコス倫理学』の中で論じているように(24)、徳は技術以上に正確でなければならないが、その正確さは技術の正確さとはまったく質を異にするのである。すなわち、技術は反対に関わる能力である。たとえば、医術は、病気の本質を認識することにより、患者を健康にすることもできれば、健康な者を病気にすることもできるのである。このことがそもそも技術の本質的特徴であり、それは技術の基礎である知識(epistêmê)がもともと反対に関わる能力であるところに由来しているのである。それ故、もしも、徳が技術であるとすれば、有徳の人は善いことを為すことも出来れば、極悪事を為すことも出来なければならない。この矛盾的事態はプラトンの対話篇では『小ヒッピアス』篇におけるソクラテスのイロニーにみちたヒッピアス批判において充分に検討されていた事態であった(25)。それ故、ソクラテスの「無知」を「徳についての専門的知識の欠如」と理解するリーヴの解釈は不十分である。

(3) ブリックハウス・スミスの解釈(26)

ブリックハウス・スミスは、先ず、ソクラテスの求める知恵は力である、と言う。ソクラテスが職人たちの知恵に感心した点に、それはよく表れている。ソクラテスの言う知識は単に命題的なものではない。それは、正しい時に正しいことを為す能力、正しく判断し、正しく行為せしめる能力である。かれらのこの解釈は言うまでもなく正しい。この限り、かれらの理解にはなんの問題もない。

ところで、ソクラテスは多くの倫理的命題の真理性を確信しているが、その真理性を説明できないのである。ソクラテスは、たとえば、正しさについての或る命題が真であることを知っているが、どうしてそれが真であるか（how it is true）を知らないのである。この「どうしてかを知らない」ということがソクラテスの言う「無知」である、というのがブリックハウス・スミスの解釈の核心である。たとえば、エレンコスは神によって望まれた活動であり、神は人間に対して善きもののみを望むから、エレンコスの成果が善であることは、事実として、ソクラテスにより確信されている。この意味で、ソクラテスは数々の真なる知識を事実として持っているのである。しかし、ソクラテスは、何故このエレンコスの成果が真なのか、その理由について、充分な説明ができないのだ、と。

この解釈に対しては、「どうしてか」を知らない、と言う時、ブリックハウス・スミスが何を考え期待しているのかが、充分に明瞭ではない、と批判しなければならない。勿論、アリストテレスの言うように[27]、事実（to hoti）の認識と理由（to dioti）の認識とは異なっている。しかし、「理由」を知る、「何故」を知る、とは煎じ詰めれば何であるかと言えば、『分析論』で展開されているように、「究極の事実（事柄の本質）」を知るということなのである。だから、何処でわれわれが究極の事実に出会ったと思って停止するか、という問題であるだろう。たとえば、何度も例として取り上げるポーロスに対する反駁的対話において、「不正を蒙ることは不正を加えることよりもより善い」という結論の真理性はエレンコスによって充分に証明されているが、何故それが真理であるのかをソクラテスは説明できないのだ、とブリックハウス・スミスは言う[28]。

　しかし、この論証の土台はソクラテスの提出する「不正行為は醜い」というエンドクサであるが、このエンドクサにおいてわれわれは究極の事実に出会っている、と何故考えてはならないのか。そう考えることが出来れば、われわれはこの反駁的対話において「どうしてか」をも知っているのだ、と言ってよいだろう。――因みに、カントは「定言命法」において倫理的真理の究極根拠に出会ったと考えたのであり、それだから、それを「理性の事実」と呼んだのである。――それ故、「どうしてか」の認識とはどういう認識なのかを明瞭に説明しなければ、ソクラテスの知識はすべて事実についての知識で理由についての知識ではない、というブリックハウス・スミスの解釈はほとんど無意味である、と言わなければならないだろう。かれらの本当に言いたいことは、ソクラテスは倫理的真理について断片的な知識は所有しているが、それらはエレンコスという対人的（特殊個別的）活動によって収拾されたものであるが故に、倫理的真理の普遍的本質には到達しておらず、それが、ソクラテスの言う「無知」の意味である、ということであるかもしれない。そう理解すれば、かれらの解釈は「無知」の理解の正しい方向に向かっているように思われるのである。

（4）クラウトの解釈(29)

クラウトもまた以上に論じた諸研究者と同様に、ソクラテスの無知の告白のうちには一種の自己矛盾がある、という理解から出発する。

先ず、ソクラテスが自分は「徳の何であるか」を知らない、と言う時、それは極めて真摯な発言である。ソクラテスは、充分な徳の定義の発見からは程遠い、と思っているのであり、また、「徳は教えられない」と言っている点から考えると、この発見がおよそ人間にとって可能かどうかについてさえ確信が持てないでいる、と言ってよいかもしれない。しかし、他方、ソクラテスの考えでは「徳は知識」なのであるから、有徳な人は徳についてなんらかの知識をもっていなければならないのであり、しかも、度々指摘したように、(30)ソクラテスは自分が有徳な人間であると確信しているのである。あるいは、すでに強調したように、ソクラテスが徳について明確な知識を持っていることを宣言している箇所さえあるのである。(31)有徳であるためには、徳について知識を持っていなければならない。そして、ソクラテスがそういう知識を持っている、と明白に語っている箇所さえある。しかるに、ソクラテスは「自分は徳について無知である」と絶えず宣言している。この矛盾はどのように理解されうるであろうか。

先ず、ソクラテスが「無知」を語るとき、それが知識の全面的な否定ではないことに留意せねばならない[32]。ソクラテスは自分がある種の知恵をもっていることを認めている。「アテナイ人諸君、私が智者というこの名を得たのは、他ならぬ或る種の知恵（sophia tis）によってなのです。では、それはどういう知恵なのか。それは、恐らく、人間的な知恵（anthrôpinê sophia）なのです[33]」。その人間的な知恵とは、「自分が知恵に関しては殆どなにものにも値しない[34]」ということを自覚していること、とも言い換えられている。しかし、その実質的な内容は、われわれがこれまで繰り返し論じてきたように、エレンコスの成長としての倫理的な知恵に他ならない。このエレンコスは、神託を通して、神からソクラテスに委託されたソクラテスのこの世における使命であるが故に、本質的に価値ある活動であり、したがって、その成果は決して「無」ではありえない。だが、この成果は、ソクラテスが求めている知恵に比べれば、あまりにも僅かであり、その圧倒的な落差がかれに「無知」を語らせているのだ、と理解することができるだろう。

さて、ここまでは、クラウトの理解も他の諸家の理解も大体似たようなものである。ここまでは、多分、誰にも異論の余地はないだろう、と思う。だが、それならば、ソクラテスが求めていた知恵とは何であったのだろうか。それは、幾つかの中核的な倫理的命題を核としてそれらの周りに組織化された実質的な倫理学の理論であったのではないか、とクラウトは考える。[35] ソクラテスは倫理的な言葉の概念分析をしているのではない。あるいは、倫理的行為における人間の心理の有り様を研究しているのでもない。ソクラテスは人を有徳な行為へとつき動かす内的な起動力を発見しようとしているのであり、それを、恐らくは、意識せずに、体系的な倫理学の理論の方向で求めているのである。クラウトのこのような理解は、筆者が求めていた理解の方向と基本的に一致している。そこで、この問題についての結論として、筆者は次のように考えたい。

ソクラテスが「正義とはなにか」と問う時、そして、「正義とはなにか」を知らなければ、「正義の人が幸福かどうかも本当には解らないのだ」と語る時、[36] かれは、アリストテレスやカントがかれらの『倫理学』の中で発した問いと——たとえその解答は異なっているとしても——同じ問いを発しているのであり、同じような原理的洞察を求めていたに違いない、と思われる。ソクラテスの無知とは、かれが、倫理的真理について、真実ではあるが、断片的な基礎知識しかもっていなかったことである、と理解すれば、知と無知の全体を矛盾なく理解できるだろう。ソクラテスは、これらの断片的知識をしっかりと纏めて組織化できる、原理的な一般的理論をもっていなかったのである。この場合、ソクラテスはそもそも体系的な一般的理論というようなものを求めていたと言えるのか、という疑問が出されるかもしれない。この問いに対しては、次のように答えたい。ソクラテスの無知とは、善美のことがら（徳）についての無知であり、それは「徳の何であるか（ti estin）」についての無知である。「何であるか」を知るとは、それを尺度にして何が徳であり、何が徳でないかを識別しうる能力を得ることであろう。ソクラテスが「徳の何であるか」を求める時、それは、個別的な諸徳がそのような諸徳として成立しうる根源的な原理を求めていたのであり、その意味で、その知は体系的普遍的根源的な知である、と言ってよいだろう。カントの『実践理性批判』の体系全体が一個の定言命法に収斂する如く、ソクラテスは、断片的に知りえた倫理的諸真理を一挙に集約する何か根本的な洞察を求めていたに違いないのである。そして、その根本的洞察は、カントの定言命法の背後に「われわれのうちなる神（deus in nobis）」が要請されていたように、ソクラテスの場合にも、ソクラテスの深い信仰と結びつくものでなければならなかったであろう。それを、ソクラテスは見ていたには違いないが、理論化することが出来なかったのである。その理論化の不能が、「ソクラテスの無知」である。

第六章

イロニー

1　イロニカー・ソクラテス――哲学的眺望

すでに、第一章において、ソクラテスについては確定的な歴史像を描きえないことを述べた。それは、ただ単にソクラテスが一文字も書き残さなかったために、かれについての資料が多種多様な人々の主観的了解を媒介にした間接的伝達であるからばかりではない。むしろ、それ以上に、ソクラテス自身が否定の精神（negativer Geist）であったからである。ソクラテスはおよそ類型化を拒む人間である。ソクラテスをなんらかの像として確定することは、ソクラテスをソクラテスならざる何者かへと化することである。何故か。ソクラテスが現存の実在を限りなく超えてゆく否定の精神であり、その意味で実体化を許さない存在であるからである。ソクラテスは、既存の慣習道徳や宗教的観念を批判し、現行の政治を批判し、そういう批判を遂行しているソフィストたちの理論を更に批判し、その上、批判している自己自身の知恵のなさを批判し、こうして、あらゆる足場を取り払って、自己がその上に立つべき土台をすべて打ち壊してしまったからである。このこと、すなわち、土台のなさ、中空における浮遊状態、それが、ソクラテスがイロニーの人であるということの本当の意味である、と言ってよいだろう。ソクラテスのイロニーとは、かれが対話のテクニックとして多用した一種の自己韜晦の技術というようなものではない。そうではなくて、ソクラテスという人の存在自体がイロニーなのである。このことはソクラテスの哲学にとって極めて本質的なことであり、かつ、このことを的確に理解して自己の哲学に吸収したのはキルケゴールであるから、ここで、キルケゴールのソクラテス理解に一言触れておくことは、特にイロニーの理解にとっては極めて有益なことである。

主観性が世界史上最初にその権利を主張したとき、そこに、ソフィストたちと同時にソクラテスもまた登場する。ソフィストたちは、人倫における実体的なもの、すなわち、慣習的倫理、伝統的宗教、その他の伝来の諸価値を批判し、それらに絶対的な基礎のないことを暴露した。このことが一旦行われた以上は、世界が主観性出現以前の状態に戻ることは出来ない。この時、ソクラテスは実体性を否定する主観性を更に否定する主観性として、言い換えれば、主観性の二乗として登場する。この主観性の主観性、主観性のせり上げが、ソクラテスにおけるイロニーである、とキルケゴールは言っている。(1)

しかし、イロニーとはそもそも何であろうか。それは、もっとも根本的な構造から言えば、現象と実在の乖離にもとづくなんらかの振舞いということになるであろう。この場合、その振舞いは、オイディプス王の場合のように、その乖離を意識していない(その乖離に無知な)主体が実在に操られて演ずる錯覚の生である場合もあるし――実は、このイロニーこそが有限的存在としての人間の本性に巣食う本質的なかつ悲劇的なイロニーなのであるが、この問題には本書では触れない(2)――、その逆に、その乖離を意識した主体が現象と実在のズレを操って、相手を錯覚の中で彷徨わせる場合もある。すなわち、オイディプス王を操る神アポロンの立場に似た位置にわれわれが立つのである。普通、われわれがイロニーと言う場合、それは、極めて矮小な形においてではあるが、後者を指している。そこで、後者について、少しその構造を考えてみよう。このイロニーのもっとも単純な形は、内心で考えていることと反対のことを口にする、という形である。誰かが大失態を仕出かした時、「素晴らしいことをしてくれたな」と言ったり、演習で出来の悪い学生に対して「今日の君は少し出来過ぎる」と言う類である。このイロニーにおいては、主体はいわば相手を見抜いており、己が掌中に捕えており、自由自在な言葉によって相手を揺り動かしている。この場合、私の言葉が誤解されれば、それは誤解した者の責任である。ここには、イロニーというオブラートに包むことによって、直接的伝達によってはあまりにも野蛮な様相を呈する過激な現実の伝達を緩和するという働きもあるのだが、しかし、他方では、イロニー的嘲弄とでも言うべきものもある。すなわち、このイロニーを操る人には、相手がイロニーの言葉を真に受けてますます深く錯覚の世界に落ち込んでゆく場合、オイディプスに対するアポロンのように、相手の盲目を為す術もなく眺めている、という点もあるのである。それは、やや大仰に、ソクラテス的に言えば、「徳は教えることが出来ない」からである。自分の正体については、自分で悟る以外には、真実に至る道がないからである。

さて、この種のイロニーには二つの様式がある。(3) 一つは、自分が否定しようと思っている「くだらぬもの（非本質 Unwesen）」に同化することによって、他は、それと対立することによって、否定を表現するのである。すなわち、前者においては、たとえば、すべてを解明したと自負する愚かしく膨れ上がった大知識に対しては、イロニーの人は、そのすべてが空しく無内容であることを見抜いているにも拘らず、その知恵に同調し、魅惑されたかの如くに拍手喝采を惜しまずに、その知恵がその愚かさにおいてますます高揚するように、刺激するのである。相手が捕われているのと同じ罠に自分も嵌まっていると見せかけること、誰もかれのこの偽装に気付かないこと、これがイロニーの人の喜びである。容姿が自慢の人とか、学識やウイットが自慢の人とか、もう少し程度が低くなれば、地位や財産や出自が自慢の人とか、人が絶えずそこに立ち戻りたがる自慢の種、いわばその人のアキレス腱を、イロニーの人は一目で見抜き、その同じ罠に自分も嵌まっているかのように見せかけて、相手をますます錯覚の虚妄の中で彷徨わせるのである。イロニーのもう一つの形はこれの逆である。たとえば、ありあまる豊かな知恵に対しては、可能なかぎり無知、愚鈍なる者として対し、しかし、好学心には燃えているので、知恵の長者のおこぼれに与かることを大きな喜びとしているかの如くに振舞う、という形である。

しかし、このようなイロニーは、いずれにしても、つまらぬ、けちなイロニーである、と言うべきであろう。イロニーとはすべて現象と実在との乖離から発するものであり、その乖離を意識した主観性の否定の働きを媒介にして成立するものであるとしても、上に述べたようなイロニーは、人間が人為的につくり出した乖離を玩んでいるという形のものであり、たとえその人為的な乖離によって何らかの真実を伝えようとしたものであったとしても、いわば主観性の享楽という程度を超えたものではないからだ。優れた意味でのイロニーとは、そういう次元のものではない。現象と実在との乖離が必然的であり、その必然性を見抜いた主観性が現象の否定を語る時、そこに、現象を実在と信じ込んでいる人間にとって真実の恐るべきイロニーが出現するのである。そのイロニーは、ある意味では、信仰者の示す態度に似た点がある。信仰者にとっても、世界は本当の意味ではその妥当性を失っている。現象（現実Dasein、世界Welt）は、かれにとっては真実の実在性（Wirklichkeit）をもたないのであり、その意味では、かれは世界に対してニヒリストの態度をとっているのだ、と言える。だが、信仰者にとっては、この非実在としての世界の背後に絶対的実在としての神との関係が控えている。これに対して、イロニーの人は、すべての現象（現実的世界）を空しいと見抜いた点では、信仰者と同じ状態にあるのだが、かれにはその背後に真実在の世界がない（見えない）のである。それ故に、イロニーの人の主観性は限りなく自由になり、ますます身軽になり、ますます無内容になり、ただ際限の無い否定活動の中で舞踏しつづけるばかり、ということになるのである。

　さて、このイロニーが、キルケゴールによれば、「無限の絶対的否定性（die unendliche absolute Negativität）である。[4]全現実（das gesamte Dasein）がイロニー的主体にとってはよそよそしいものになる。だが、現実がイロニー的主体にとってその妥当性を失ったことによって、イロニー的主体自身もまた現実の世界においてなにか非現実的な者にならざるをえない。[5]ここに、世界歴史の深い悲劇性がある。或る個人は、世界歴史的に権限を与えられて登場すると同時に、その世界において無資格である、ということがありうるのである。その個人が無資格である限りにおいては、かれは抹殺されねばならぬ。しかし、権限を与えられている限りにおいては、勝利せねばならぬ。ということは、かれは抹殺されることによってのみ、勝利しなければならないのである。

一つの犠牲によって、本当に新しい始源が世界に出現する。なぜなら、新しい始源は過去の単なる帰結ではなく、なにか過去の生み出しうるもの（過去の単なる連関項）以上のものを自己自身のうちにふくんでいるが故に、新しい始源でありうるからである。すなわち、ソクラテスは世界歴史における一つのまったく新しい出現、ギリシア世界が自分自身の力では産み出しえなかった何者か、過去の必然的帰結ではない何者か、であったのだ。このことを、かれは「私はアテナイ人に対する神からの贈り物である」[6]という言い方で示唆している、と理解してよいであろう。ここに、ソクラテスの悲劇の真因がある。ソクラテスは、神からの贈り物であるが故に、犠牲となることによってのみ、自己が新しい始源であることを示しうるような何者かであったのである。

2 イロニーの歴史的背景

前節の前半部で詳しく述べたように、現在われわれの常識的理解では、イロニーとは、語られたこととは別のこと、特に反対のこと、を、表現すべく（理解されることを期待して）用いられた言葉の用法である、と言ってよいであろう。(7)イロニーはこのように謎をかけているのであるから、誤解される危険を冒しているわけである。極端な場合には、話し相手はイロニーにまったく気づかぬことさえある。しかし、たとえば、相手が貶《けな》されているのに褒められたと思った場合、話し手は相手を騙そうと意図したわけではない。話し手は間接的伝達という手段で何事かを伝えようとしたのに、相手がポイントを逸した、ということなのである。

ところが、原語のギリシア語（eirôneia, eirôn, eirôneuomai）に遡ると、「騙す」という意味が本来的である。たとえば、プラトンは『法律』篇の中で「イロニーの人（eirônikos）」という語を非常に悪い意味で使っている。それは、第一〇巻の無神論論駁において、最悪の無神論者について用いられている言葉なのである。すなわち、無神論者にも二種類あって、その一方は、神々の存在をまったく信じていないけれども、生まれつき正しい性格をもっていて、悪人を憎む者となるし、自分自身も不正行為を行おうとはしない人々である。この人たちは、神々や祭儀について自由な考え方や発言をするだろうし、他の信心深い人々のやり方を嘲笑して、かれらの考え方に影響を与えるだろうが、しかし、かれらの及ぼす害は比較的小さいのである。

これに対して、他方は、前者と同様に宇宙には神々はいないと考えているだけではなくて、快楽や苦痛に無抑制であり、その上、強い記憶力や鋭い理解力を身に備えた人々である。この種の狡知と策略に長けた、才能に恵まれた無神論者の中から、あらゆる種類のペテン師たち、占い師、新興宗教の教祖、デマゴーグ、ソフィスト、独裁者などが生まれてくるのである。かれらは、一度ではなく二度死刑になっても足りないほどの犯罪者であるのだが、これらの人々が、ここで、「エイローニコス（偽善者、詐欺師）」と呼ばれているのである。[8]『ソフィステス』篇では、本当は知らないのに他の人々には知っているかの如くに振舞う人々を「エイローニコス」と言っている。それは、ソクラテスのことではなくて、ソフィストを指しているのである。[9]さらに、トラシュマコスがソクラテスに「そらそら、例のエイローネイアが始まった」と非難を浴びせた時の意味が、この意味の逆用である。それは、正義についてのソクラテスとポレマルコスの議論を聞いていたトラシュマコスが、苛立って、「「正しいこととは為すべきことである」だとか、「益になることである」だとか、そんな陳腐なたわごとを言っても、聞く耳はもたぬからな」と怒鳴りつけた時、驚いたソクラテスが「どうかそんなに怒らないでくれたまえ。僕たちは本当に一所懸命なのだが力が足りないのだ。だから、君のように能力のある人は、僕たちが愚かな話をしていたとすれば、怒るよりは憐れむ方がずっと相応しいではないか」と言った時に、トラシュマコスの発した言葉である。[10]

　このように「エイローネイア」或いは「エイローン」はもともとは非常に好ましくない含蓄をもっていた。それは侮辱、暴言の言葉として用いられた、と言ってよい。だから、上のトラシュマコスの言葉が、ソクラテスに対して、「お前はエイローネイアを操っている」と言う時、それは、あたかも「お前はペテン師だ」という言葉を投げつけたかの如き非難侮辱の効果をもった、と言えよう。しかし、前四世紀のギリシアから一世紀のローマへ移ると、そこに驚くべき変化が見られる。現在のわれわれの用いているイロニーがそこにあるのである。キケロはこう言っている。「語っていることと考えていることとが異なっている時、このイロニーもまた優雅な喜びを与える。それは、ただ単に反対のことを言うということではなく、考えていることと語っていることとを絶えずズレさせて、言論の基調音において真面目に戯《たわむ》れる（severe ludere）ということなのである。……私の考えでは、このイロニーにおいて、ソクラテスは優雅さと人間らしさの点ですべての人々を凌駕していた。この類の言論は極めて優雅であり、また、重々しい風味をもっている（cum gravitate salsum）[11]」。かくして、ギリシア語のエイローネイアをそのまま音写したラテン語のイーローニーア（ironia）は、不評判な過去を洗い流した、と言える。それは、語られたことと食い違う意味を表現しながら、瞞着の意図をもたずに、真面目に戯れているのであり、真面目にからかうことによって間接的伝達という新しいタイプの伝達を創造したのである。誰が、「騙す」という悪い意味をもった「エイローネイア」から、この新しいタイプの言論を創り出したのか。ソクラテスである。ソクラテスの哲学と結びついて、この哲学の本質的特徴として、この新しい言論、すなわち、間接的伝達としてのイロニーが生まれることが出来たのであった。

3 アルキビアデスの屈辱の夜

ソクラテスのイロニーは、単に意図と反対のことを言うという単純な構造のものではない。かれのイロニーにおいては、語られたことは同時に意図されたことであると共に、意図されたことではないのである。このイロニーの本質を理解するために、『饗宴』篇のソクラテスを少しく考えてみよう。[12] プラトンは、『饗宴』篇のアルキビアデスの演説において、紛れもなく初期対話篇のソクラテスを蘇らせている。

「いいか、飲み仲間諸君、この人にとっては、誰かが美しいかどうかなどということは全然問題ではないのであって、誰も思ってもみたことがない程、そんなことは軽蔑しているのだ。……僕は君たちにあえて言う。一生涯、かれは人々に対して、イロニーを弄し遊び戯れて（eirôneuomenos de kai paizôn）時を過ごしているのである、と」[13]。これは、ソクラテスによって己を思い知らされたアルキビアデスの言葉である。ソクラテスは自分自身でも自分をエロスにかけては凄腕の者（deinos ta erôtika）である、と言い[14]、また、美しい人たちとの恋に陥り易く、いつもかれらのことで夢中になっていて[15]、殊にアルキビアデスには特別に目をかけていたのであるから、自分の美しさに自信をもつアルキビアデスが「ソクラテスは自分に参っている」と思い込んだとしても無理はない。そこで、アルキビアデスは自分の青春の盛りと交換にソクラテスから一人前の男として政界へ立つ徳を学ぼうとしたのである。この交易はわれわれには奇異に見えるが、当時のギリシア世界では、然るべき成人男子が将来のある少年を愛人としながら、かれに男の徳を教え込むのは、当たり前のモラルであった、とドーヴァーは言っている。(16) それ故、善にして美なる男になろうと志した美少年アルキビアデスがソクラテスの愛人になろうと思い立ったのも、その頃の常識からすれば普通の出来事であったのかもしれない。

こうして、アルキビアデスはあらゆる誘惑の手立てを尽くすが、効果はなかった。思いあまったアルキビアデスが自分の気持ちを吐露すると、ソクラテスはイローニッシュにこう言ったのである。「親愛なるアルキビアデスよ、君はまったくの愚か者（phaulos）でもないらしいね。もし、君が僕について言うことが真実であるならば。……だって、君は、僕のうちに、君の姿形の良さとはまったく異なる途方もない美（amêchanon kallos）を見ていることになるだろうからだ。だから、それを見て、僕と交わり、美と美を交換しようと企てているのなら、君は僕より遥かに大きな利得を得ようと考えているのだ。美のドクサの代わりに真実を獲得し、銅と金を交換しようと企んでいるのだから。だが、浄福なる者よ、もっと良く見てごらん。僕が無（ouden）であるのに、君がそれに気付かぬことのないように[17]」。

最後の誘惑に失敗したあの屈辱の夜にアルキビアデスに語られたこの言葉のうちには、意味が幾重にも重複し屈折している。先ず、ソクラテスは、普通の単純なイロニーでお前はなんという馬鹿者だ、と一撃したのである。私がお前の肉体美などに目が眩んで、銅と金の交易に応じようと考えている、などと思うとは。それから、更に、二重構造の台詞で締め上げる。お前の求めているようなものは私のうちにはないよ。もしも、徳というものを品物のようにこんな交易の中で手に入れることができる、と思っているとすれば。ソクラテスは、金銭によってにせよ情交によってにせよ、ある値のもとに他人に与えることが出来るようなものとしての「徳」などというものは、もともと持ってはいない。かれは徳は教えることが出来ないと言っている人間なのである。このことを理解していないアルキビアデスは、まだ徳を追求する資格さえ身につけてはいないのだ、とソクラテスは言っているのである。

では、ソクラテスがアルキビアデスを追いかけ回していたのは、かれを愚弄するためだったのか。一方では、ソクラテスは美しい若者には目がなく、始終かれらをつけまわしているのに、他方では、かれらの美しさを軽蔑していたとすれば、この行為は全体として欺瞞ではないのか。然り。ソクラテスが「エロス的人間」であると言われる時、もしも、そのエロスを卑俗な少年愛としてしか理解しなかったとすれば、人はソクラテスのうちに欺瞞以外のものを見ることはできないであろう。だが、ソクラテスがエロスによって求めている美は、なにか別のものなのである。

「さあ、いいか、君たちは誰もこの人を知らないのだ。だが、僕がそれを明らかにしてやろう。……この人のこの外観はなんとシレノス的ではないか。まったくそうだ。なぜなら、この人は、彫像のシレノスのように、無知を外側にまとっているからだ。だが、内部においては、それが開かれた時には、どれほどの思慮節制（sôphrosynê）に満ち満ちているか、君たちにはそれが解るか。……この人が真面目になって、その内部が開かれた時、その内部の神像を誰か見た者がいるかどうか、僕は知らない。ところが、僕はかつてそれを見たことがあるのである。それは、僕の目には、あまりにも神々しく、金色燦然として、まったく美しく、驚くべきものであった」[18]。アルキビアデスはあの誘惑と屈辱の夜にソクラテスのしめした節制のことを言っているのである。その驚くべき美しさに直面したとき、アルキビアデスはソクラテスが求めていた美とは、肉体の美ではなく精神の美——この節度のうちに輝いている美——であることを初めて悟ったのである。ソクラテスがシレノスのような人物であることは、いろいろな所でいろいろな人によって言われている。その外観は獣のように醜く欲情に充ちた顔つきをしている。人相学の創始者ゾピュロスはソクラテスを見て、「この顔のうちには欲情と女狂いが現れている」と言ったそうである[19]。この判定は真実をついているであろう。しかし、ちょうど彫像屋の店先に置かれているシレノスが観音開きに開かれると内部に神々の像を蔵している様が現れるように、ソクラテスの内面には神々しいもの、すなわち、徳が隠れているのである。(20)

それ故、ソクラテスが若者の美に夢中である、と言われる時、この言葉はこの言葉通りのことを意味しているとともに、意味していない。ソクラテスは美少年の傍らに座りたがったり、一見するとしばしば怪しげな振舞いに出るのだが、(21)それを通俗的な意味での少年愛と理解すれば、その理解はソクラテスの振舞いの本質には当たっていない。ソクラテスはそういう意味では若者の美に恐らくは少しも関心がないのだ。しかし、かれらの魂の美しさが問題であると理解すれば、ソクラテスは若者の美に夢中なのである。ソクラテスが上にゾピュロスの述べたような人間であるからには、肉体の美にも勿論大きな魅惑を感じたに違いない。しかし、かれは魂の次元において人間の美を問題にするために、肉体美の魅力を完全に制御しているのである。

それでは、アルキビアデスは、あるいは、ソクラテスに近寄った多くの若者たちは、騙されたのか。騙された、と言ってもよいだろう。しかし、ソクラテスによってではなく、自分自身によってである。それにしても、ソクラテスはアルキビアデスに対しもっと平易で直接的な言葉によって教えることができなかったのか。ソクラテスはそういう言葉はなにも言わない。かれは当人を錯覚の中に放置する。何故か。それは、アルキビアデスが自分自身で真実を発見するためである。イロニーは、終始謎をかけとおし、あの誘惑と不安の長い夜の中でアルキビアデスが自分の屈辱の代償において徳の学びの真実を垣間見るまで、待ち通すのである。

4 間接的伝達と実存の真理

では、ソクラテスは何故このような仕方で哲学するのか。それは、ソクラテスの求めた真理の性質から来ている。かれは、数学的真理や物理学的真理のような、いわゆる客観的真理を求めたのではない。これらの真理は、自分自身の有り方とは関係なしに、いわばそれ自体で成立している真理である。それだから、これらの真理は、誰からでも、誰に対しても、教えられ得るのであり、いわば品物のように受渡し可能な真理なのである。これに対して、自分自身の有り方を巻き込む真理、いわゆる実存の真理は、各自が自分自身の存在の仕方を決定する真理であるから——各自が自分自身で背負わなければならない真理であるから——他人に教えてもらうことが不可能なのである。「教えてもらえない」とは、かりに教えてもらったとしても、自分自身の責任でそれを取り返し引受なければ、身につかない、ということである。それ故、実存の真理は各自が自分自身で発見せねばならぬものである。教師——かりに実存の真理に関して教師なる者が存在しえたとして——の為しうることは、各自を自己発見の場所へ連れて行くことだけであろう。その場所とは、各自が自分自身の無知、悲惨、滑稽さを自分で自覚する場所であるだろう。それ以上のことは、教師には、恐らくは、誰にも、できない。すべては自分自身の仕事である。

ソクラテス哲学のパラドクスは、この哲学の仕方としてのイロニーと表裏一体の関係にある。ソクラテスが「徳は教えられない」と言うとき、このパラドクスもイロニーとして理解しなければならない。「教える」ということが、「教師から弟子へ知識を品物のように受け渡す」という通俗的な意味での教育ならば、ソクラテスは文字通り「教えない」。「教えることができない」。しかし、相手を反駁的対話に引きずり込み、相手が自信をもって知恵と確信していたものを幻影として吹き飛ばし、そうして、相手を「無」の砂漠につき落とし、まったく新しく自分自身で真理を求める他はないことを自覚させる、という意味では、ソクラテスは教えているのである。すなわち、間接的伝達という仕方で教えているのである。そして、もしも、「徳」が自分自身で発見し身につける他はないものだとすれば、ソクラテスだけが唯一の徳の教師である、とさえ言わねばならないだろう。それだから、カリアスが自分の息子たちのために五ムナの代価で徳の教師エウエノスを見つけた、と言った時、ソクラテスは「もしも、そのソフィストが本当にその技術をもっていて、そんな安い値段で教えているのなら、エウエノスは素晴らしい人だ(22)」と言ったのである。五ムナとは五〇〇ドラクマだから相当な大金であっただろう。その大金も、もしも、徳の代価だというのならば、そんな安い買物はないだろう。言うまでもなく、この言葉はすべて裏返しにして聞かなければならないイロニーである。

ソクラテスの政治に対する態度にもイロニーがある、と言ってよいだろう。かれはダイモニオンの禁止によって政治に携わることを抑制した、と言っている。「このダイモニオンが、私が政治に携わることに、反対しているのだ。そして、その反対はまったく当然のことだ、と私には思われる。なぜなら、いいかね、アテナイ人諸君、もしも私が以前から政治上のごたごたに関与しようとしていたならば、私はとっくに身を滅ぼし、君たちをも私自身をもなんら益することがなかっただろうからだ(23)」。

それでは、ソクラテスは政治に無関心であり、ダイモニオンもそれを認可していたということか。そんなことはありえない。なぜなら、ソクラテスは「いかに生きるべきか」だけが唯一の大切な問題である、と言っていたのであり、「いかに生きるべきか」の問題は、政治にまで及ばなければ、その本来の目的を達成しないはずだからである。ここで、ソクラテスにとって問題なのは本当の政治とはなにか、という問題である。カリクレスとの対決からこのことがよく解る。カリクレスは、青少年がある期間哲学するのは自由人らしい教養を身につけるために良いことだが、大人が哲学しているのは人間としては未成熟というもので、ぶん殴ってやらねばならない程の恥ずべき出来事だ、と言う。大人は国家社会に乗り出して政治に携わってこそ一人前であるのに、哲学者という青ざめた半死人は、男子たる者が栄誉を輝かすべき雑踏のアゴラを避けて、街の片隅にもぐり込み三、四人の子供たちを集めてこそこそ話をして人生を送るだけではないか、と(24)。

このカリクレスの罵倒に対して、ソクラテスはなんと応答したか。カリクレスよ、もしも君が国家社会に乗り出して政治に携わりだしたのならば、そして、僕ソクラテスにもそうするように勧めるのならば、僕の質問に答えてみたまえ。「いったい、君はこれまでに市民の中の誰かをより善き者（beltiôn）にしたことがあるのか。以前には、悪しき者、不正な者、無抑制な者、無思慮な者であったのに、カリクレスによって、美しく善き者となった人が、外国人にせよ、市民にせよ、奴隷にせよ、自由人にせよ、どこかにいるのか(25)」。そして、カリクレスが、君は議論に勝ちたくてそんなことを言い出したのだ、と言ったとき、ソクラテスは明白にこう説明したのである。「いったい、われわれが国家の事柄（政治）に携わることになった時、われわれ市民が出来るだけ善き者（hopôs hoti beltistoi）になるように、ということ以外に、何か気を配ることがあるのか。いや、まさにこのことこそが、政治家の為すべきことだ、ということには、すでに度々われわれは同意したのではなかったか(26)」。

それ故、政治とは人々を善き者たらしめるための活動なのである。政治家とは人々の魂を配慮し、人々を徳へと勧め、そのために働く人なのである。国家の目的は、勿論、市民たちの経済的自足を確保し、外敵からの安全を保障する点にあることは言うまでもないが、しかし、その究極目的は市民たちを善き者（有徳な者）にする点にある、というのは、アリストテレスの国家思想であるが、この政治と道徳との本質的連関という思想は、ソクラテスに発してアリストテレスに流れ込んだものだ、と言ってよい。それ故、人々が政治と称しているものは実は政治ではない。それは、富と権力を求めて競い合う闘争であり、それ故に、真の政治の反対物であり、それ故に、そのようなものに係わることをダイモニオンが禁じたのであった。

そうだとすれば、真の政治家は人々の魂を配慮するソクラテスだ、ということになるだろう。ここに「政治には係わらない」という発言がイロニーであり、そのイロニーの秘められた意味、それの指し示す逆説がある。それだから、カリクレスがソクラテスに向かって、お前は自分が人々に陥れられて死刑になるかもしれないのに、自分を守る術も知らない大馬鹿者だ、と罵った時、ソクラテスはこう答えたのであった。「僕は、僕一人だけとまでは敢えて言わないが、極く少数のアテナイ人とともに、真の政治術（têi hôs alêthôs politikêi technêi）に手を付けている、と思っている。そして、現代の人々の中で、僕だけが政治を実践しているのだ、と思っているのである[27]」。

ソクラテスの無知については、すでに前章で論じたので、ここではその委細を繰り返すことはしない。ただ、イロニーという視点から見た場合、この無知はなにを語っているのかを少し考えてみよう。「さあ、聞いてください。そして、諸君たちの或る人々には多分私がふざけていると思われるかもしれないが、いいですか、私は諸君にすべての真実を語ろうとしているのです。というのは、アテナイ人諸君、私がこの賢者という名を得たのは、他ならぬ或る種の知恵によって（dia sophian tina）だからなのです。では、それはどんな知恵なのか。恐らく、それはまさに人間的な知恵（anthrōpinē sophia）なのです。なぜなら、本当に、私はこの知恵によって多分賢いのです。ところが、今しがた私が話した人々は恐らくは人間的な知恵の水準を遥かに超えたなんらかの知恵によって賢いのでしょう。それとも、私はなんと言ってよいのか解らない」(28)。この言葉の語られた状況はこうである。アリストファネスの『雲』において戯画化されて描かれたような、天上と地下の秘密を探究する無神論的自然学者としてのソクラテス、詭弁を用いて法廷闘争を有利に導くことを教授するソフィストとしてのソクラテス、このようなソクラテスのイメージがまったく根拠のない誹謗であり、そのような意味では、自分は少しも賢者ではない、と激しく否定した後に、しかし、或る意味では自分は賢者なのだ、とソクラテスが言っているくだりである。それは人間的な知恵によってである。人間的な知恵とは、すでに前章で論じたように、虚妄のドクサを爆破する反駁的対話の技術、或いは、その対話の基礎となる片々たる断片的な倫理的洞察、そして、その対話の結果僅かに獲得された倫理的知識を指すであろう。われわれの知恵が蓋然性という危うい筏であり、その筏に命を託してわれわれは人生の大海原を渡らねばならぬことを指すであろう。

ところで、この言葉が語られた直ぐ後で、「私は大なることにおいても小なることにおいても知恵なき者であることを自覚しているのです[29]」とソクラテスは言う。それだから、上に述べられた人間的な知恵は本当の知恵とは見なされていない、ということだ。その本当の知恵は、「神のみに可能な知恵（tôi onti ho theos sophos)」、それに比べれば「人間の知恵はほとんど無に等しきもの（oudenos axia)[30]」、と言われているものである。その本当の知恵とは、われわれの前章の考察が誤っていなければ、われわれの僅かに所有している断片的な倫理的洞察を一つの整合的な体系へとまとめあげうるような、なにか根本的で決定的な洞察ということになるであろう。それは、神にのみ可能な知恵である、とソクラテスは言う。言い換えれば、人間がそのような知恵の所有を呼称すれば、それは滑稽な自己神化になりかねない。

だから、われわれは本質的にかつ悲劇的に知恵からは遠い存在であることを自覚しなければならない。この自覚をかなぐり棄てた知恵の大殿堂、われわれの念頭に浮かぶそのような知恵の宮殿は、たとえば、ハイデガーが「主体性の形而上学」として木端微塵に破壊した古代ギリシアからニーチェまでに至る数々の形而上学であるかもしれない。ソクラテスが、ソフィストや自然学者たちの知恵を指して「それはなにか人間並み以上の知恵にちがいない」[31]と言った時、この言葉はこの意味でイロニーである。ソクラテスの無知の告白自体が徳の教師を自称するかれらの知恵に対する激しいイロニーなのである。哲学は安らぐことの許されない探究である。人間を満足させる知恵の最後の言葉を発見し組み立てたと自称するあらゆる哲学体系に対して、イロニーはその足下を掬う。精神的、宗教的、政治的なあらゆる独裁の基底には、最後の言葉を発見したという贋の真面目さが潜んでいるであろう。イロニーは贋の真面目さを愚弄する。イロニーはあらゆる人に最後の言葉を語ることの如何わしさを感知させるのである。

第七章

正義

1 問題の状況

『クリトン』篇は死刑の宣告を受けて牢獄に繫がれているソクラテスのもとへ、処刑も間近いとある払暁に老友クリトンが訪れ、脱獄を勧めるところから始まる。クリトンはすでにあらゆる方面に打つべき手は打ってあり、ソクラテスがその気にさえなれば、万事は支障なく進行する筈であった。クリトンが言うには、ここでソクラテスに死なれれば、かれとその仲間たちはかけがえのない友を失うことになるのだが、このことについては、かれらが払うべき努力を怠って（必要な金銭を出し惜しんで）助けうる命をむざむざ見殺しにしてしまったからだ、と世間に噂されるだろう。そして、事実は、かれらが熱心に助命の努力をしたにもかかわらず、ソクラテス自身が牢獄から出ることを望まなかったのだ、と言っても、そんなことを信じる人は世間に一人もいないだろう、と。だから、何でもよいから私（クリトン）の言う通りに行動してほしい。クリトンは買収による脱獄を勧めているのである。クリトンにとってその程度の金はものの数ではなかったし、また、そのためにテーバイからはシミアスやケベスらが、そのほかにも大勢の人々が充分の金を用意して駆けつけている、とも付言されている。(1)

このクリトンの勧めに対して、先ず、ソクラテスは世間の人々の思惑など気にする必要は少しもない、と言って、これを斥ける。われわれが気にしなければならないのは、「もっとも善き人々（epieikestatoi）」の判断であって、かれらは事実をありのままに受け取り事柄の真実を見抜くであろう、と。(2) これに対して、クリトンは、そうは言っても、現下の状況が示しているように、もし大衆に悪く思われれば最大の害悪を被ることになるのだから、かれらの思惑も顧慮しなければならないのだ、と反論する。この言葉を聞いてソクラテスは、果たして大衆が人に最大の害悪を加えることが出来るのか、と訊ねる。それなら、最大の善を与えることも出来るであろうが、そのどちらも大衆には出来はしないのだ。なぜなら、大衆は人を賢く（phronimos）することも愚かに（aphrôn）することも出来ないからである、と。(3)

クリトンの説得に対するこのソクラテスの反論のうちには、すでにソクラテス哲学の中核が朧げに現れている。すなわち、大衆は気に入らない人を断罪し、かれの財産を没収したり、かれを追放したり、遂には処刑することさえできるだろう。しかし、それは最大の害悪ではないのだ、とソクラテスは暗に示唆しているのである。逆に、大衆は人に賞賛や富や社会的地位や名誉を与えることが出来るだろうが、それは最大の善ではないのだ、ということも暗示されている。本当の善や悪はなにか別のところにある。それは、人の真実の意味での賢さや愚かさが成立している次元に他ならない。そして、それに触れることの出来ない大衆が何を思い、何を言い、何を為《し》ようと、そのようなことに左右されてはならないのである、と。

　さて、大衆の思惑を基にしたクリトンの説得はこのようにして斥けられた。このクリトンの説得は、ソクラテスをなんとしてでも助けなければ世間の手前自分たちの顔が立たない、という一見甚だ次元の低い説得のように見える。しかし、事実は、クリトンが自分の面目のためにソクラテスを助けようとしている、ということではない。なぜなら、ソクラテスが罪なきままに処刑されようとしていること、しかし、そこに到るまでのプロセスにおいて、ソクラテスを助けうる力を持つ人々が大勢いたのに、ソクラテス側の対処が世間の人々には勇気の欠如と思われるほど無能であったこと、更に、ソクラテス自身の言動がかれを破滅させようとしている人々の罠に自ら嵌まろうとするかの如き振舞いであったこと、これらすべての点から見て、この事件はソクラテス自身をも含めてソクラテス側の人々にとって一つの災難であるに止まらず、むしろ恥辱でもある可能性があったからである。

それだから、クリトンはソクラテスに対してこう言うのである。「君の行動は正しくない」[4]。「君は一生を通して徳に留意すべきことを語ってきたのだから、勇気ある善き男が選ぶようなことを選ばなければならない」[5]、と。すなわち、クリトン自身をも含めて世間の人々の目から見れば、脱獄は、不正の処刑という恥辱を濯ぐ当然の反撃なのであり、むしろ或る意味では勇気ある有徳の行為なのである。そして、この見方の根底にあるのが「友の利益を計り敵に損害を与えよ」[6]という原則に他ならない。この原則はギリシア人に（そして、恐らくは人類に）古くから広く信奉されている正義観の一つであるが、クリトンはこの原則に従ってソクラテスに脱獄を勧めているのである。この原則は、世間では、誰もそれに疑いを差し挟まないほど自明のものと受け取られている。この原則の常識に従えば、ソクラテスは不正な裁判の被害者なのであるから、泣き寝入りして処刑されてしまうのは怯懦の振舞いであり、不正への報復としての脱獄は当然の権利であるばかりではなく、むしろ義務でさえある、と言える。これが常識的正義からの帰結であり、それが世論の立場に他ならない、ということなのだ。そして、クリトンの説得を斥け世間の思惑に従うべきではないと説くソクラテスは、すでに、この常識的正義を超えたところに本来の正義をみているのである。

2 ロゴスによる基礎付け

それでは、クリトンの説得、あるいは、「目には目を」という広く大衆に是認された報復の原理に基づく説得に対して、ソクラテスはどのような反論を提出するのであろうか。かれは先ず次のように言う。「僕は、今初めてというのではなくて常に、自分でよく考えてみて最善だと思われるような言論（ロゴス）以外のなにものにも従わないような人間なのだから、これまでずっと語ってきた言論を、今僕にこのような災難が降りかかってきたからといって、投げ棄てることは出来ないのだ(7)」。このソクラテスの言葉は、かれがロゴスによる基礎付けを究極根拠として生きてきたことをもの語っている。その基礎付けとは煎じ詰めれば反駁的対話であり(8)、「最善のロゴス」とは充分に反駁的対話に耐え抜いたロゴスということであるが、一旦正当なプロセスを経て到達された結論は、たとえ普通の人間的感情からすれば投げ棄ててしまいたいような状況――たとえば、目前に迫っている財産没収、監禁、死刑などの脅迫――が生起しても、けしてこれを放棄することはないということである(9)。

ソクラテスがしばしば語る「大衆の思惑（ドクサ）への蔑視」は、実は、この「ロゴスによる基礎付け」との関連の下に理解されなければならないものである。ソクラテスは、人間のドクサをすべて軽んずべきだ、と言っているのではない。そうではなくて、「人間たちの思いなすドクサのうちの或るものは重んずべきであり、他のものは重んずべきではない[10]」のである。では、どのようなドクサを重んずべきか。それは、差し当たり、「有用な（良い）ドクサ（chrêstê doxa）」あるいは「賢明な人（フロニモス）のドクサ[11]」である。たとえば、もし誰かがマラソンの練習をしていたとすれば、かれは誰かれの区別なしにすべての人の賞賛や非難に耳を傾けるであろうか。そんなことをすれば、かれは自分の走力や体力を台無しにしてしまうだろう。そうではなくて、かれは体操教師や医者、すなわち、その道の専門家の意見に耳を傾けるのである。飲食、体育、健康などの身体に関する事柄についてさえ、それに通じている知者の言葉に従わなければ、身体を破壊してしまうとすれば、身体よりも遥かに貴重な「正義によってより善きものとなり、不正によって滅び去るかのもの[12]」については、本当のことを知らない多数者のドクサではなくて、真実を知っている一者（ho heis kai hê alêtheia）の意見を畏れなければならないことは、言うまでもないだろう。ここでソクラテスの語る一者が何者を指すかは俄には断定し難いとしても、多数者が「事柄を知らない者たち」を指すことは、確実である。それは、数の問題ではないのだ。そして、一者が「知っている者」を指すと言う時、一者とは、ソクラテスの哲学している次元で言えば、ロゴスによる基礎付けを求めて飽くことなく反駁的対話に従事する者、もしくは、その者の遥か行く手に目指されている無限収斂点、に求められる他はないであろう。

こうして、脱獄を拒否するソクラテスの、脱獄拒否の根拠としての正義の基礎付けが、徹頭徹尾ロゴスによる基礎付けであることが、明らかになった。

3 復讐の禁止

では、ロゴスによる基礎付けはいかなる基本原則から出発するのであろうか。ソクラテスはクリトンに対してこう言っている。「ソ——それなら、また、次のロゴスがわれわれにとって依然として不動であるか否かを考えてくれたまえ。つまり、もっとも大切にしなければならないのは、生きること（to zên）ではなくて、善く生きること（to eu zên）である、というロゴスのことだ。ク——それは、勿論、不動だ。ソ——ところで、「善く（eu）」と「美しく（kalôs）」と「正しく（dikaiôs）」とは同じだというロゴスはどうだ。これは不動なのか、それとも動くのか。ク——動かないよ」[13]。この会話の中に、人間の生の究極の意味についてのソクラテスの洞察は打ち下ろされている。すなわち、ただ生きること、なんの目的も理想もなく、なんの意味付けもなしに、動物の如くに衝動のままに、或いは植物の如くに無意識の状態で、ただ生き続けることは人間の生ではない(14)。

人間の生は「人間らしい生」でなければならず、それが「善く生きる」ということに他ならない。その「善さ」もしくは「人間らしさ」を、ソクラテスはここで「美しく」と言い換え、これを更に「正しく」と言い換えている。すなわち、人間の生についてのソクラテスの根本的洞察とは、人間を人間たらしめている根本的特徴はその倫理性にある、という洞察なのだ。その余のあらゆる人間の生の意味付けはこの倫理性という土台に支えられて始めて成立する。「私があたかも冗談を言っているかのように、私の話を受け取ってはならない。なぜなら、解るかね、われわれの言論は、少しでも理性のある人ならば、それ以上に真剣になることはありえないような問題、すなわち、人生いかに生きるべきかという問題、に関わっているのだから(15)」とソクラテスがカリクレスに対して言うとき、その意味はこの点にある。今、死刑に迫られ、同時に、脱獄の誘惑に曝されているソクラテスは、一生をかけて語り続けてきたこの自分の哲学の正体を避けようもなく露わにすべき瞬間に直面しているのである。

では、「正しく生きることが、もっとも大切なことである」という大原則から、いかなる帰結が出てくるか。「さて、僕たちの主張は、いかなる仕方ででも意図的に不正を犯してはならない、ということか。それとも、或る場合には不正を犯すべきだが、他の場合にはは犯してはならない、ということなのか。どちらなのだ。いや、むしろ、これまでにも度々われわれが同意していたように、不正を犯すこと（adikein）は善く（agathon）もなければ美しく（kalon）もない、ということではないのか。……そして、大衆が賛成しようが、反対しようが、また、われわれが現在受けている苦しみよりもっと酷い苦しみを受けねばならないとしても……そんなことには関わりなく、不正を犯すことはいかなる仕方においてでも不正行為者にとって悪であり醜であるのではないか。われわれはこう主張するのか、しないのか。ク——主張する。ソ——それなら、決して不正を犯してはならないのだ。ク——無論、そうだ。ソ——然らば、不正を加えられても、世の多くの人々が考えているように不正の仕返しをしてはならないのだ。ク——それは明白だ。ソ——では、どうだ、クリトン。害悪を為すこと（kakourgein）は、為すべきことか為してはならないことか。ク——勿論、為してはならないことだよ、ソクラテス。ソ——では、この点はどうだ。害悪を受けたら仕返しに害悪を為すというのは、世の多くの人々が言うように正しいのか、それとも、正しくないのか。ク——それは決して正しくない。ソ——なぜなら、人に害悪を為すことは不正を為すこととなんら異ならないからだね。ク——君の言うことは真実だ。ソ——然らば、いかなる人に対しても、仕返しに不正を為してもならないし、害悪を加えてもならない。たとえかれらからどんな仕打ちを蒙っても」[16]。ソクラテスとクリトンのこの会話のうちに、ソクラテスの正義論の骨格とその驚くべき革新性が示されてい

る。今、ここで展開されている論議を多少順序を入れ換えて箇条書きに整理してみると次のようになるだろう。(17)


(Ⅰ)いかなる仕方においてでも、決して不正を犯してはならない。

(Ⅱ)然らば、決して不正の仕返しをしてはならない。

(Ⅲ)ところで、害悪を為すことと不正を為すこととはなんら異ならない。

(Ⅳ)然らば、決して害悪を為してはならない。

(Ⅴ)然らば、決して害悪の仕返しをしてはならない。

(Ⅵ)然らば、いかなる人に対しても、たとえその人からどのような仕打ちを蒙っても、決して仕返しに、不正を為しても害悪を加えてもならない。


先ず、この(Ⅵ)の帰結によって、ソクラテスがギリシア人の伝統的倫理の根幹を切り倒していることに注目せねばならない。ギリシア人の倫理では、「敵(加害者)を徹底的に害すること」は、許されていたのではなくて、賛美されていたのである。たとえば、「徳が何であるかを私は知らない」と言うソクラテスに対して、メノンはこう返答している。「徳が何であるかを言うことは、ソクラテスさん、難しいことではありませんよ。先ず、男の徳が何であるかとお訊ねならば、それを言うのはわけもないこと、すなわち、ポリスの事柄に従事する充分の能力をもち、その際に、味方には善を為すが敵には害を加え、そして、自分自身はこのようなことを何も蒙らないように用心するだけの能力をもつこと、これが男の徳なのです[18]」。同種の発言は他にも多数見出されるが[19]、この正義観はいわば等価原理を基礎にして成立しているもので、その意味で、ギリシア人の中だけではなくて、広く人類の中で、ほとんど自明的な妥当性を持っていたし、現在世界中で勃発している民族紛争の現状を見れば明らかなように、今でも持っていると言えるだろう[20]。アリストテレスは、ピタゴラス学徒が「正義とは応報(antipeponthos)である」と定義したことを伝えているし[21]、第一、アリストテレス自身が「友に善を為すことと敵に害を為すこととは反対なのではない。両者はともに望ましいことであり、同じ性格に属するのだから[22]」と言ったり、「敵に復讐し和解しないことは美しい。なぜなら、復讐することは正しく、正しいことは美しく、敗北しないことは勇気ある者に属するからだ[23]」と言っている次第なのである。

これは、打たれれば打ち返す、千円奪われれば千円取り返す、という等価原理に基づく単純な原状回復の法則であるが、ギリシア人はこの法則が人間の倫理的世界を支配するだけではなくて、自然的世界をも支配する全宇宙の法則である、と見ていた。「存在者の生成がそこから生じたその根源へと、存在者は必然の定めに従って消滅する。なぜなら、かれらは犯した不正の故に時の定めに従って罰と償いを支払うのだから[24]」とアナクシマンドロスが言うとき、かれは存在者の生成消滅を侵害と復讐のプロセスの永遠の反復と見ているのであり、それを不正の生起と正義の実現という倫理的な観念で説明しているわけである。

さて、正当な報復としての復讐を是認する、このような伝統的正義に対して、ソクラテスの正義が決定的な断絶もしくは飛躍を成就していることは明らかであるが、それはどのようにして根拠付けられているのだろうか。この根拠付けは『クリトン』篇そのもののうちには見出されないが、『国家』篇のうちにこの点に関するソクラテスの真意が読み取れるような議論が展開されている。[25] それは、「友には善を為し、敵には害を為せ」という伝統的正義観を論駁する議論であるが、その骨子は次のようなものである。仮に、この伝統的正義観が真実だとすると、「正しい人が他人を害する」こともまた起こりうることになるだろう。ところで、馬が害されると、より悪しき馬になるが、それは魚のアレテーにおいてではなくて、まさに馬のアレテー(優秀性、善さ)においてである。たとえば、速く走れなくなるとか、物を牽けなくなるとかいうことだ。それ故、人間も害されると、人間のアレテー(優秀性、徳)においてより悪しき者となるだろう。だが、人間のアレテーとは一体なにか。人間の優秀性と言うとき、健康であるとか、強い体力を持つとか、容姿端麗であるとか、頭脳明晰であるとかいう諸特徴もまたそれぞれに優秀性の一つではあるが、とりわけて人間を人間たらしめている特徴がその倫理性にあるとすれば、もっとも勝れた意味での優秀性とはその「徳性」すなわちその「正しさ」にある、と言わなければならないだろう。少なくとも、ソクラテスはそう考えている。それ故、アレテーにおいて害された人間とは、より不正にされた人間ということだ。だから、伝統的正義観が真実だとすると、正義の人は少なくとも敵という名のもとにある人間をより不正な人にすることになるのである。

だが、そのようなことは可能か。こう考えてみよう。たとえば、音楽家はその音楽の技術によって人を非音楽的にすることが出来るか。それは不可能である。なぜなら、音楽的という性質もしくは能力は音楽的にしか働きえないものであって、それ自体が非音楽性を排除しているからである。だから、もし、音楽家が誰かを非音楽的にするというようなことが起こったとすれば、かれは本当は音楽家ではなかったのだし音楽の技術も持ってはいなかったということだ。同様に、馬術家はその技術によって人を馬術の才なき者とすることは出来ないし、英語教師はまさにその英語力によって人を英語の出来ない者とすることは出来ないはずである。然らば、正しい人がその正義によって人を不正な者にすることは出来ないのであり、およそ善き人がその善さによって人間を悪しき者とすることは不可能なのである。(26) こうして、伝統的正義観は論駁された。

さて、このソクラテスの議論には問題点がある、と指摘する人もいるだろう。(27) そう言う人の指摘する一つの点は、ソクラテスはここでギリシア人のアレテー概念の広さもしくは曖昧さを利用して反駁を組み立てている、という点である。勿論、ギリシア人はこの語を決して倫理的な意味に限定して用いはしなかった。それだから、かれらは剣のアレテーとか、馬のアレテーとかを語りえたのである。それは、およそ存在者が持つその存在者を際立たせる優秀な特性を意味していた。すなわち、剣のアレテーとは「よく切れる」性質であり、馬のアレテーとは「速く走る」能力のことである。だから、人間においてもアレテーはホメロス以来体力や精神力などの自然的能力をも意味してきたが、重要な点は、それが特に勝れて次第に倫理的な意味で用いられるように収斂してきたということ、そして、その決定的な前進をソクラテスが成就したという点である。つまり、ここには、人間を人間たらしめている真実の優秀性はその倫理性にある、という新たな人間観の確立があるのであり、そこにこの議論の真の意味がある、ということなのだ。アレテー概念の二義的な使用を指摘する批判者はこの点を充分には理解していない。

もう一つの疑問点は恐らくは「害する（blaptein）」という言葉の二義的な使用という点であろう。剣や車を害するとは、これらの物を壊すということである。馬や犬を害するとは、これらの動物を傷つけ不具にするということである。しかし、同じような具合に外的に人間を傷つけ不具にしたところで、場合によっては殺したところで、その殺された人間が不正になったわけではない。かえって逆に、ストアの哲人たちが語ったように、人間の正不正は外的加害によっては微動だにしない、と言うべきかもしれない。それ故、この議論には、「外面的加害」と「内面的腐敗」の位相のずれが「害する」という一語によって曖昧に覆われている、という問題点があるかもしれない。しかし、他方、次の点を考えておく必要がある。ソクラテスが「人間を害する」と言うとき、かれは、相手の身体を傷つけるとか殺すとかいうことを勿論その一部分と見なしてはいるだろうが、加害の主要な部分とは考えていない、という点である。なぜなら、人間とは優れた意味では身体ではなくて魂（心）である、というのが、かれの人間観であったからだ。

だから、「人間を害する」とは、もっとも本質的な意味で言えば、「その人の魂を腐敗させる」ということなのである。財産を奪われたり、身体を傷つけられたりしたところで、人間が本当に害されたわけではない。そういう外的被害は人間崩壊の誘因にはなるであろうが、その人間の魂が腐敗させられたとき、すなわち、その人間の正義感が破壊されたとき、本当の人間崩壊が生起したのであり、人間に対する真実の加害が成就したのである。ソクラテスはそういう意味で人間に対する加害を語っている。だから、正義の人がこのようなことを為すのは自己矛盾なのであり、したがって、復讐（敵への加害）を正当化する伝統的正義観は乗り越えられねばならない、と言っているのである。

「正義に殉ずる人は復讐を為しえない」というソクラテスの直観はこのような基礎を持っている。この直観をさらに言い換えれば、「善は決して悪を為しえない」とも表現できる。本当に善き人は、他者に、その他者がどのような人であろうとも、意地悪、嘘つき、泥棒、人殺しであろうとも、意図的に悪事を為しえない筈だ。なぜなら、善は本性的に善なる行為を産み出す以外には何事をも為しえないからである。善は、自然的に、自発的に、善の光を周囲に放射し、それに接する人々に善きことを浴びせつづける。それは、熱いものがそれに接するものを熱くし、冷たく出来ないのと同様である。[28]したがって、善き人が、友にせよ敵にせよ、人を害することは考えられ得ぬことであり、そのようなことが起こったならば、その人は本当は善き人ではなかったということだ。実際、現実の人間は善性と悪性の混合した者であるから、ときに善いこともしながら、ときに復讐心を抱いたりもしうる。だが、ソクラテスは少なくとも論理的にはこの次元を超えた境地で考えようとしている。こうして、善に関するソクラテスの直覚のうちには、すでに、善の本性として一方通行的な善き行為の実践という洞察が含まれていて、それがかれに脱獄を禁じている次第が明らかになった、と思う。[29]

4　国法の遵守

こうして、「いかなる仕方においてでも不正を犯してはならない」という大原則からの帰結として「復讐の禁止」は基礎付けられた。だが、それならば、不正とはいったい何か。あるいは、正義とはいったい何か。われわれはその実質的内容を問わなければならないだろう。「祖国（国法）は、父よりも母よりもその他のすべての祖先たちよりも、尊いもの、厳かなもの、聖なるものであり、……だから、人はこれを畏敬して、これを説得するか、或いはこれの命ずることを何でも為さねばならぬ。……正義とはそういうことだ。そして、(国法の命ずるところから)退いても引いてもならない。持ち場を棄ててはならない。むしろ、戦場においても、法廷においても、いたるところで、国家と祖国(国法)の命ずることは何でも為さねばならぬ。あるいは、正義が本来あるべきように国家を説得しなければならないのである」[30]。これが有名な「説得するか、さもなければ服従せよ」という教説の語られる一つの代表的な文章であるが、ここから明らかなことは、正義とは国法の遵守に他ならない、という点である。

この時、直ちに生ずる問題は、それでは国法が理不尽な命令を下した場合、そのような命令にも従わなければならないのか、という点である。勿論、先ず、その命令が理不尽である所以を説明し、それを修正もしくは撤回すべく国法を説得することが要請されているが、その説得が成功しなかった場合には、結局は命令に服従すべきことが説かれているのか。この点についてクラウトは、『クリトン』篇の「説得するか、さもなければ服従せよ」という教説は『弁明』篇やその他の箇所に記されている権力への抵抗と整合的に解釈されなければならない、と言い、したがって、ソクラテスの考えでは「市民的不服従」が是認されている、と理解している[31]。かれの解釈には「peithein」というギリシア語動詞の用法も寄与している。それによれば、ギリシア語動詞は所謂「意欲力(conative force)」

という働きを持つことができ、「Xを為す」という意味の動詞は適当なコンテキストにおいては「Xを為そうとする」という意味を持ちうる。それ故、ソクラテスが「説得せよ」と言う時、厳密には「説得すべく試みよ」と言っているのである、と。だから、説得への真面目な努力をしさえすれば、努力の結果が必ずしも成功ではなくても、「説得」は成り立っているのであり、したがって、市民的不服従もまた根拠付けられているのである、と。[32]

さて、クラウトのこの解釈は多くの研究者が言うように無理である。[33] 誰かが或る法律を正しくないと思い、そのことを法律制定者に訴え説得しようと試みるだけで、法や政令に従うことを免れうるとしたならば、それはほとんど国家社会の破壊につながるだろう。なぜなら、その「正しくない」という主観的信念の正当性がどこからも保証されていないからである。ソクラテスはそういうことは言ってはいない。ところで、今問題にしている文章の直前で、ソクラテスは「国法」の口を借りて、市民に対する国家の権威を子供に対する親の権威になぞらえながら、こう言っている。「よろしい。それなら、お前はここで生まれ、育て上げられ、教育されたのだから、先ず、お前自身もお前の先祖たちもわれわれの子供であり家の子であることを否定できるのか。そして、もしお前とわれわれ国法とがそういう関係にあるとすれば、お前とわれわれとの間に同じ正義があると思うのか[34]」。「それとも、お前はあまりにも賢くなり過ぎて、祖国が母よりも、父よりも、その他のすべての先祖たちよりも、より尊く、より厳かな、より聖なるものであることを、忘れてしまったのか」[35]。

このソクラテスの言葉は、国法の権威が父母の権威よりも遥かに重く厳しいものであることを語っている。父母はわれわれに存在を与え、弱かったわれわれを一人立ち出来るまでに養育し教育してくれた大恩人であるだろう。だから、父母に対する反逆は存在の贈り手に対する反逆として許されざる忘恩であるだろう。しかし、国家はかれらよりももっと大恩人だ、とソクラテスは言うのである。そうであれば、国家に対する反逆はより以上に許されざる忘恩ということになるだろう。国家は、父母より以上に、われわれの存在の基礎であり、国家が揺らげばわれわれの存在は壊滅に瀕するからである[36]。然らば、ソクラテスの考えのうちに市民的不服従（正当化された法律違反）の余地がないことは、もはや言うまでもない。

しかし、そうだとすると、『弁明』篇に見られるソクラテスの姿をどう理解したらよいのだろうか。そこでは、ソクラテスは命を賭して支配権力に抵抗しているからである。その一つの例は、ペロポネソス戦争の末期、ソクラテスの属する部族が順番によりたまたま国政審議会を構成し、ソクラテスがその執行委員であった時、アルギヌーサイの海戦で沈没したアテナイ軍船の乗組員の救助に失敗したかどで、一〇人の将軍が一括裁判に付されようとした時のことである。これは、しかし、違法（paranomos）の措置であった。本来ならば、裁判は一人一人個別に行われるべきものであったが、この措置を企てた連中は感情的になっている民衆を煽動して全将軍を一挙に死刑に処そうとしたのであった。「その時、私だけが法律に反したことは何一つ行わせまいとして（mēden poiein para tous nomous）ただ一人諸君に反対し、反対票を投じたのだ。そして、議員たちが私を今にも告発し逮捕させようとし、諸君もそうしろと煽動して怒鳴り立てている中で、私は、拘禁や死刑を恐れて、不正の提案をしている諸君の仲間となるよりは、むしろ、法と正義と共にあって危険を冒し続けるべきだ、と考えたのである」[37]。すなわち、ここでのソクラテスは、国政を担当している人々が法律違反を犯そうとしているのに対し、徹底的な遵法を説いて身を死地に曝しているのである。これはアテナイが未だ民主制の下にあった時代に起こった出来事であるが、ペロポネソス戦争に敗れたアテナイが三〇人僭主制の支配下に入った時に再び同じような事件が起こる。

スパルタの援助の下に独裁制を敷いた三〇人の権力者たちは、罪もない人々を不法にも裁判もなしに処刑してその財産を奪取していたが、サラミス人のレオンを殺すために、ソクラテスと他に四人の執行委員を本部に呼出しレオンの連行を命令したのである。他の四人はサラミスへ行ってレオンを連れて来たが、ソクラテスは真っ直ぐ家へ帰ったのだ。この政権は極めて凶暴であったから、命令違反は確実に死を意味した。この事件の直後、政権が崩壊したため、ソクラテスはたまたま生き永らえたに過ぎない。「この時、私は言葉によってではなく行動によってもう一度示したのです。こういう言い方は少し粗野かもしれないが、私にとって死は少しも心配の種ではない。むしろ、私の心配はすべて、不正なこと、不敬虔なことはなに一つ行わないように、という一点に注がれているのです[38]」。だから、ソクラテスの死を賭しての権力への抵抗が国法の徹底的な尊重遵守という基盤の上に成立していることは、もはや疑いの余地がないだろう。

だが、しかし、まだ一つ大きな問題がある。それは、ソクラテスが死刑になった原因である「反駁的対話活動」すなわち「哲学活動」の禁止に対する、ソクラテスの徹底的な抵抗をどう理解するか、という問題である。この活動は、ソクラテス自身の言によれば、かれに対する神の命令、すなわち、かれの天職であった。「私は息をしている限り、そして可能な限り、哲学することを決して止めないだろう。そして、諸君のうちの誰にいつ出会っても、いつもの通り、こう勧告し宣言することを止めないだろう。人々の中でいとも優れた人よ、君は、智恵と力においてもっとも偉大な評判の高いポリスの住民でありながら、財産をどうしたら最大にできるかとか、名誉や地位のことには気を遣いながら、思慮や真実には気を遣わず、魂がどうしたら最善になるかということには心を向けさえもしないで、恥ずかしくはないのか。……これらのことを私は、若者であろうと老人であろうと、外国人であろうと同胞であろうと、出会う限りのすべての人に話すのです。なぜなら、よく知って戴きたい、これは神（ho theos）の命令なのです。そして、私の信ずるところでは、このポリスにおいて、神に対する私のこの奉仕よりもより大きな善は諸君のために未だかって行われたことがないのです」[39]。それ故、今かりに、あなたたち裁判員が私ソクラテスに対して、これまで行ってきたような哲学活動すなわち反駁的対話活動をもうしないという条件の下にお前を放免するが、もし、依然としてその活動に従事している現場を捕えられればお前は処刑される、と言っても、私はこう答えるだろう、とソクラテスは言う。「アテナイ人諸君、私は諸君を愛している。しかし、諸君に従うよりは神に従うだろう」[40]、と。だから、哲学活動こそは、誰に禁止されようとも、ソクラテスが決して放棄することのあり得なかったかれの人生の意味そのものであったことが、ここから解る。

では、哲学活動と国法との関係はどうなっているのだろうか。この当時のアテナイは刑事事件に対して種々の裁判方法を許容していたが、このソクラテス裁判はそれらのうちで「アゴーン・ティーメートス（agôn tîmêtos）」と呼ばれるものであった[41]。いったい、ソクラテスは不敬虔の罪で告発されたのであるが、この罪はもともと、聖物毀損のごとき場合を除けば、極めて曖昧なものであった。どのような振舞い、どのような考え方が不敬虔の罪に当たるのかについて明確な規定があったわけではなく、したがって、この件について客観的な証拠を提出するなどということはあり得なかった。それ故、被告が有罪か無罪かは、立証によってではなく弁舌によって、すなわち、原告と被告の弁論が裁判員たちに与える心理的影響によって決せられた、と言ってよいだろう[42]。しかも、ソクラテスが裁判の最中に幾度も「騒がないでほしい（mê thorybein）」と言っていることから明らかなように、裁判員たちは市民の中から無作為で選び出された大抵はそれほど教育のない感情的な人々であったのだ。だから、この場合、先ず裁判員は被告が有罪か無罪かを決めなければならない。この時、勿論、被告が無罪になれば、すべての問題は消滅する。しかし、もし有罪とされた場合には、「アゴーン・ティーメートス」とは、その罰を原告の申し出た罰か被告の申し出た罰かのどちらかから選ばねばならない、そういう裁判のことである。この際、裁判員自身は、この両者のどちらかを選択しうるだけで、固有の罰を提起できないのである。

ところで、上記のソクラテスの宣言は、有罪と判決される以前になされたものである。だから、原告は告発と同時に死罪を申告しているのだが、ソクラテスは未だ自分の無罪を主張しているのであって、したがって、哲学活動は有力者に嫌悪されてはいたが、それに従事することはいかなる意味においても国法に違反した行為ではなかった。おそらく有力者に動かされていた裁判員たちは、ソクラテスを有罪にするぞと脅かしながら、もし哲学活動を止めれば無罪にすると暗示していたであろう。だから、そう言えば、ソクラテスは間違いなく無罪になっただろうが、かれはそれをきっぱりと断っているのだ。しかし、有罪の判決が下された後でも、もしかれが自分の罰として「哲学活動の放棄」か「国外追放」を申し出ていれば、かれは確実に釈放され、それ以上は追及されなかったに違いない。しかし、この可能性は、法的に、ソクラテス自身が自分の反対提案としてそれを申出なければ、実現されえないものであった。然るに、かれは自分に対する罰として、国家への大いなる功労者にのみ贈与される国立迎賓館における饗宴を提案し、裁判員たちの憤激を買って死罪へと定められたのである。

それ故、『弁明』篇に述べられている法的文脈においては、裁判員たちの勧告に対するソクラテスの不服従は、権力者ならびにかれらに踊らされた大衆の意志に対する反逆ではあっても、国法に対する違反ではない。つまり、『弁明』篇の中には『クリトン』篇の「説得するか、さもなければ服従せよ」という原則に矛盾する行為はなにもなかった。ソクラテスは自分の正しさについて裁判員たちを説得することに成功しなかった、ということなのである。

しかし、このように見てくると、ソクラテスの立場とはあたかも「国法に対する絶対的随順」であるかのように思われてくる。そこに、国法に対する批判的視点は存在しないのか。あるいは、この立場のうちには深い意味が込められているのか。この点を最後に検討しなければならない。

5 対話としての説得

『クリトン』篇の最後の段階は、擬人化された国法とソクラテスとの対話という形式の下に、国法によるソクラテスの説得をもって終結する。この論述の仕方には重い意味がある。その一つは、それがソクラテスの行動の根拠付けを徹底的に対話の中で遂行しようとしている点である。すでに、本章の第二節で、ソクラテスにおける根拠付けとはひたすら「ロゴス（対話）による根拠付け」であることが論ぜられたが、その方法が現実に実践されている、ということだ。第二の点は、ソクラテスの対話者として人格化された法を立てたことである。これは、『クリトン』篇の議論が、単に一個人としてのソクラテスによる一個人としてのクリトンの説得を目指すものではなく、（国家社会の基本原理としての）法による（ソクラテスを典型とする）ポリスの全市民の説得を目指すものであることを、象徴的に表しているのである。すなわち、アテナイの法体系の非人称的象徴としての国法を語り手とすることにより、この議論が国家の成立原理に関わることを示唆しているのである。

では、その対話はどのように始まるか。先ず、国法とソクラテスとの対話が始まる直前に次のことが言われている。「ソ――何事についてにせよ誰かが誰かに同意したことは、それが正しいものである限り、これを為すべきか、それとも、裏切ってもよいか。ク――為すべきである」。この場合、「同意の正しさ」とは「同意が為される際の手続き上の正しさ」を意味している。[43] すなわち、その同意が強制（anagkē）によるものではなく、瞞着（apatē）によるものでもなく、短時間のうちに急かされて決断したものでもない時に、それは正しい[44]。換言すれば、これら三つの条件に抵触していれば、約束は約束として成立していないのだから、これを破ることは一向に構わないが、これらの条件を満たしていれば、その約束がどのような結果を生もうとも、われわれは約束を死守しなければならない、という原則をソクラテスは語っているのである。約束を守る（同意事項に忠実に従う）ことは、人間の共同体が成立しうるための基本条件であるが、同時に、その原理を基礎付ける対話活動が成立しうるための基本条件でもあり、ソクラテスは重ね合わせてこの両者に言及している、と理解してよいだろう。

さて、そこで、国法はソクラテスにこう語りかける。「ソクラテスよ、私に言いなさい。お前は何をしようと企んでいるのか。お前がやりかけているその仕業によって、お前はわれわれ国法とポリス全体を、お前の力の及ぶ限りで、滅ぼそうと考えているのと違うか。それとも、お前は、一国のうちにあって、一旦下された判決が全く効力を持たず、個人の都合によって無効にされ滅ぼされてしまったとしても、そのようなポリスが転覆を免れて、未だ存立することが可能である、とでも思っているのか[45]」。

ここで、国法が語るこの理由が、恐らくは、ソクラテスが自らに脱走を禁ずる最大の理由である。それはこういうことだ。もし、ここで、ソクラテスが国家の判決を無視して脱走すれば、それは一つの小さな出来事かもしれないし、人々の同情を買いさえするかもしれないが、とにかく「不服従」の一つの実例を世間に示したことになる。この不服従はそのまま忘れ去られてしまうかもしれないが、逆に、人々を刺激して一つまた一つと多くの不服従を産み出すかもしれない。少なくとも、この行為は、可能的には、もし人が国家の判決に不満な場合にはこれを無視しうる、というメッセージを送っているのであり、これが普遍化されれば、国家の崩壊につながりうることは論を俟たないだろう。だから、ガスリーは、この一文について、「もしすべての人が私のように行為したならば、どういうことになるか」という問いを行為の尺度として定立した最初の出来事、と言っている(46)。ソクラテスはここで、国法の口を通して、行為の是非を問題とするに当たり、その一個の行為という視野においてではなく、その行為が含意する原理という視野においてそれの妥当性を考えなければならない、と言っているのであり、それは、二千年以上も後になって、カントが「汝の意志の格律が常に同時に普遍的立法として妥当するように行為せよ(47)」という命題を純粋実践理性の最高原則として定立した、あの思索を先取りしている、と言えるであろう。

それ故、国法は、いかなる状況の下でもこれを守り通さなければならない。これは、人が或る国家の中で生きていることの前提条件である、とソクラテスは言っているのである。すなわち、先ず、ソクラテスはアテナイで生まれ、養育され、教育されて一人前の人間になったのだから、婚姻、養育、教育などに関するこの国の制度習慣によって存在を享《う》けているのであり、その意味でアテナイの子供に他ならず、子供として存在の贈り手であるアテナイに服従せねばならない、というのである。しかし、親が駄目人間の場合、子供が親に離反するということはあり得ることだ。だが、この点でも、アテナイは市民に離反を許容する充分に寛容な国家であった。「なぜなら、われわれ（国法としてのアテナイ）はお前を生み、育て、教育し、われわれに可能な限りのすべての善きものをお前にも他のすべての市民たちにも分かち与えながら、それにも拘わらず、アテナイ人のうちの誰にでも望む者には、成人に達してから、この国の中で行われている事柄を見、われわれ国法を見たうえで、もしわれわれ国法が気に入らないならば、自分の持ち物を携えてどこへでも好きな所へ立ち去ることが出来るということを、そういう権利を与えていることによって、公告しているからである。そして、われわれ国法は、そのどれ一つを取ってみても、お前たちのうちの誰かがわれわれ国法とこの国を好かないならば、植民地へ出て行きたいと望むにしても、どこか他の国へ行って寄留したいと望むにしても、どこへでも自分の持ち物を携えて欲するところへ行くことを、妨げもしないし禁じてもいないのである(48)」。

ここに述べられていることは、実に驚くべきことではないか。紀元前五世紀に、すでに、アテナイには言論の自由、国外への移動居住の自由があった、というのだ。それ故に、「お前たちのうちで、われわれ国法がどのような仕方で裁判を行ない、その他の点でもどのように国政を運営しているかを見たうえで、ここに留まる者がいるならば、その者はすでに、われわれが命ずることはすべて行なうということを、その（留まるという）行動によってわれわれに同意したのだ（hômologêkenai）、とわれわれは主張するのである」[49]。この国法の言葉を現代風に翻訳すれば、自由主義的民主主義の国家体制においては、個人は国家を選ぶ権利を持つと同時に、一旦自分の好む特定の国家に所属すれば、その国の法治体制に服することに同意したのであり、この同意によってそもそも法治国家なるものが成立可能になる、ということに他ならない。この意味で、同意（homologia）を守ることは、人間の倫理的生の基盤であるだけではなくて[50]、その延長線上に可能となる法治国家の成立基盤でもある、と言わなければならない。

そして、ソクラテスはアテナイ人のうちでもっとも多くこの同意を与えている人間である。なぜなら、「ソクラテスよ、われわれ（国法）とこの国がお前の気に入っていることについては、われわれに大きな証拠がある。というのは、われわれが際立ってお前の気に入っていたのでなければ、他のすべてのアテナイ人とは比べものにならない程、お前がこの国に居座ることは決してなかったであろうから。お前は、ただ一度イステュモスの祭礼に参加したことを除けば、お祭り見物のためにこの国の外へ出たことはかつてなかったし、出征のためでなければ外の何処へ行ったこともなく、他の人々のように外遊をしたことも未だになく、よその国やそこの法律習慣を知りたいという望みがお前を捉えたこともなかった。むしろ、お前にとってはわれわれ（国法）とこの国が充分に満足であったのだ。これほど深い熱意をもってお前はわれわれを選び、われわれに従って治められる（kath' hêmâs politeuesthai）ことに同意した（hômologeis）のである」[51]。ソクラテスはラケダイモンやクレタの法律習慣を常々善いと言っていたにも拘わらず、そして、アテナイをいつでも立ち去ることが出来たにも拘わらず、アテナイに固着していた。それほどソクラテスにはアテナイが気に入っていた。ソクラテスは民主主義を嫌っていたという理解が一般に行なわれているが、『クリトン』篇から見る限り、そんなことはない。アテナイの自由、すなわち、言論の自由、居住移動の自由、思想文化の自由、それは古代世界において比類なきものであったが、ソクラテスはそれを満腔の満足をもって享受していた、と言える[52]。

それ故、ソクラテスはアテナイの人々の誰にも勝ってこの国の法治体制に同意していたのであり、したがって、この同意を守り抜くことのうちに正義を見ていたのである。しかし、そうであるからと言って、アテナイの法が完全無欠であったわけではない。なぜなら、国法はソクラテスに対してこう言っているからだ。「（脱獄すれば）お前は不正を犯すことになる、とわれわれ（国法）は言う。なぜなら、われわれに服従すると同意しながら、服従せず、また、われわれがなにか善くないことをしているならば、そのことをわれわれに説得しもしないからだ。われわれは命ずることを何でも為せと乱暴に命令しているのではなくて、……われわれを説得するか、それとも、命ずることを為せ、と言っているのだから」[53]。すなわち、国法は自らが過ちを犯し得るものであることを認めているのであり、その場合には、そのことを自分に説得せよ、と命令しているのである——因みに、ここで付言しておきたいことは、ソクラテスと対話している国法の重層的性格である。すなわち、一方では、今述べたように、それは過ちを犯し得る不完全なものであることを自認しているが、他方では、自分を「あの世の法の兄弟である[54]」と言い、自らが現世の有限的秩序を超える永遠的理念に連なることをも示唆しているからである――。

ここに、ソクラテスの正義論の最後の重要な点がある。すなわち、国法として現れて来る正義はいわば常に不完全な要素を帯びており、したがって、それを「正義が本来あるべきように[55]」説得しなければならない。そして、先の一文では、この説得活動が国法によって命ぜられているのであり、したがって、国法の非を説得するというそのことが「国法の命令に従う」という意味での正義となっているのである。その説得とは、「本来あるべき正義」を目指して「この世の不完全な法」を精錬してゆく吟味としての対話に他ならず、それはまさに「正義とは何か」ということの探究、すなわち、ソクラテスの哲学そのものであった。それ故、『弁明』篇でソクラテスが「誰に禁ぜられても、哲学することを決して止めない」と言った時、そこには、仮にソクラテス自身が意識しなかったとしても、正義の探究としての哲学こそが真実の意味での国法の遵守である、という一種の逆説が潜むのである。

こうして、現世の法秩序とそれを是正し根拠付ける「本来あるべき正義」との間の絶え間のないディアロゴス、すなわち、対話としての「哲学すること」が、「説得」という言葉で求められている。だが、「本来あるべき正義」がわれわれに見えているわけではない。だから、それを求めながらも、われわれは現世の法秩序を遵守しつづけなければならない、とソクラテスは言うのである。しかし、現実のソクラテス裁判はもっと次元の低いところで行われた。ソクラテスの蒙った不正は、法によって加えられたものではなく、人間によって加えられたものであった。(56) ソクラテスはその加害の不当であることを全力を振るって説得しようとしたが、法廷における一対一対話の不可能性、時間の短さ、群衆心理などにより、成功しなかったのである。しかし、それはソクラテスにとってはどうでもよいことだ。ソクラテスの正義は、神への奉仕としての反駁的対話活動への従事において、もっとも真実の意味で、成就していたからである。

第八章

ダイモニオン

1 否定の力としての超越者

ソクラテスはしばしばしば自分にはなにかダイモン的なものが現れる、と言っていた。たとえば、『弁明』篇では次のように言われている。「諸君は、私が方々で話しているのをしばしば聞いたことでしょうが、私にはなにか神的なもの、ダイモン的なもの（theion ti kai daimonion）が現れるのです。それは、メレトスが訴状の中で揶揄しつつ書きつけたものです。これは、私の子供時代から始まり、ある種の声として現れ、それが現れるときには、つねに私が為そうとしていることを妨げ、けして勧めることはないのです[1]」。これは、ソクラテスが裁判員たちを前にして、なぜかれが生涯を善の探究に捧げながら、市井の一私人にとどまり、けして政治に参加しなかったか、を説明する時に語られた言葉である。すなわち、なにかダイモン的なものがソクラテスに政治への参加を禁止し、この故にかれは生涯を一私人として過ごしたというのである。

この一文から二つのことが明らかになる。第一に、「神的なもの」もしくは「ダイモン的なもの」がソクラテスに生涯ついてまわったということ、第二に、その声はつねに禁止命令として現れたということである。そもそも、to daimonion という中性の語形のうちにはなにか不定の捉え難いものが表現されているであろう。この語は、「ダイモン的な」(daimonios) という形容詞の中性形に冠詞を付して成立したもので、端的に「ダイモン」(daimôn) という表現よりは、「なにかダイモンのようなもの」という実体の不明性のニュアンスを表している。上掲引用文では、この語はさらに「なにか神的なもの」(theion ti) と言い換えられているが、この表現もまた、端的に「神」(theos) と言わずに形容詞の中性形を名詞化している点で、同趣旨の内容を暗示しているであろう。すなわち、このような表現によって、ソクラテスは、人生の重大な岐路でかれを襲う、かれの自由にならないこの超越的な力が、どこから来てどこへかれを導くのか、その実体が何であるのか、それを正確には知らない、と言っているものと思われる。

ダイモニオンの声がつねに禁止的であったこともこの不明性と本質的な連関をもってい

る。すなわち、禁止的であったということは、この声が積極的に「……を為せ」という具体的内容をもった命令を発することがなかったことを意味している。換言すれば、具体的な行為の状況において、ソクラテスはつねに全き自由と自己責任のもとにおのが行為を発意し、その妥当性を理性的に考察し、それを実行に移したのであり、そこには外部から特定の行為の実行を迫る命令的（権威的）強制などは存在しなかった、ということだ。実際、ソクラテスほどの理性主義者、自由人が、いかにして「為すべきこと」について一々外部から命令を受け取るような他律的人間でありうるだろうか。

だが、しかし、ソクラテスのこの自律には時折ダイモニオンからの否定的な制御がかかったのである。これは何を意味するか。それは、ソクラテスの自律が、その理性主義が、その反駁的対話による倫理の基礎付けが、無制限の内在的自立性をもたないこと、逆に言えば、どこまで進んでもソクラテスの理性的基礎付けが「ソクラテスの単なるドクサの限界内」を超越できないこと、それ故に、そのドクサが底の見えない深淵の上に宙吊りになっていること、を、思い知らされるということであろう。だが、それなら、どんな風に思い知らされるのか。なにか巫女の託宣のような言葉が幻聴のように聞こえてくるのだろうか。あるいは、夢でも見るのだろうか。ソクラテスは、そういうことは一切言っていない。また、仮にそうであれば、そのような怪しげな言葉や夢はたちどころにソクラテスの理性によって吟味され、その内容を白日の下に曝して、その分際を明らかにしたことであろう。

だが、そういうことが起こったのではない。

そうではなくて、恐らくは、なにも具体的な声は聞こえてはこないのだ。この意味で、ダイモニオンの制御とは（ソクラテスにおける）経験であると同時に経験ではない、というパラドクス的性格をもっている、と言わなければならないだろう。経験であるとは、ソクラテスが時々そういう制御を受けると言うからであり、経験でないとは、それには所謂具体的な経験内容がないからである。

この文脈で、ハイデガーの「良心の呼び声（Ruf des Gewissens）」を想起することは、ダイモニオンの哲学的意味の了解のためには、なにほどかのヒントになるかもしれない。ハイデガーは、平均的日常性の中に頽落している人間に「本来的自己へ立ち戻れ」という良心の呼びかけがある、と言う。しかし、その呼び声は、実は「沈黙（Schweigen, der Ruf sagt nichts aus）」である。すなわち、常識的な意味では、なんの声も聞こえてはこないのだ。かれの言う「呼びかけ」とは、「本来的自己」が己へと呼ぶことである。あるいは、「本来的自己」の底にある「無」としての「存在」が呼ぶことである。それは、いわば、人間が人間であることを自覚する時、感情としてではなく自己の本性の自覚としてわれわれに襲いかかる「無性の意識」とでも言うべきものである。しかし、この意識を人が持とうが持つまいが、「良心の呼び声」が指し示している事態とは、人間のこの「裸の事実（nacktes Dass）」、その被投性（Geworfenheit）、「根拠なき存在者として深淵のうちに投げこまれてあること」を言うのであり、この事態を、われわれは世間のあれやこれやの楽しみや心配事に紛れて大抵は忘れている、ということに他ならない。「良心」はこの人間の真相を直視せよ、とわれわれに呼びかけているのである。しかし、実は、ハイデガーの語る意味では、ここに、普通人々の言う「良心」というようなものがあるわけでもない。かれの言う「良心」とは、本来的自己としての人間の事実のことなのであり[2]、この事実が、己自身を直視せよと言っているのである。それは、人間の存在構造の問題であって、なにか特別の霊妙な経験の問題ではないということだ。ソクラテスにおける、「ダイモニオンの囁き」についても、それをなにかソクラテスにのみ固有の霊妙不可解な、したがって他者には無意味な出来事としてではなく、人間の本来的自己――「汝自身を知れ」の汝――に通ずる出来事として理解する道はないものだろうか。

さて、ダイモニオンの囁きはただ否定するのみで、なんの具体的内容も与えない、と言われている。「それは、私がなにかをしようとする時に、いつも私を引き止めるものなのです[3]」。それ故、この囁きが起こったとは、具体的には、いわばソクラテスが突如として自分のドクサを（あるいは、自分の行為を）否定しなければならないと自覚した、という出来事に他ならないであろう。では、ダイモニオンはどこにいるのか。それはソクラテスの外にいるのか、ソクラテスの内にいるのか。それは、ソクラテスの自由にならない禁止の力としてソクラテスに襲いかかるという意味では、ソクラテスの外にいるのであり、しかし、ソクラテス自身の言葉として表白されるより他には具体的内容をもたないという意味では、ソクラテスの内にいる、と言わなければならないだろう。それだから、ダイモニオンの禁止に襲われた時、その意味は常に再びソクラテスの理性によって考察され根拠付け直されなければならなかったのであり、こうして、ダイモニオンの力の影の下に営まれたソクラテスの哲学は、理性による根拠付けと、まさにその営みの絶え間なき挫折――ダイモニオンの禁止によって顕わになる自己の理性的確信の頼りなさの自覚――の、徒労とも見える繰り返しである他はなかったのである。ダイモニオンの禁止がソクラテスに啓示するもの、それはソクラテスの哲学がどこまで歩みつづけても、あるいは、歩みつづければ歩みつづけるほど、ドクサの流砂から脱出できないということである。かれはそのことを知り抜いていた。だから、かれは死ぬまで無知を語り続けたのであり、人間にとっての知とはこのことを自覚すること、すなわち、「人間の知恵は無（ouden）に等しい」ということを自覚することだ[4]、と言い続けて死んだのである。

　ここで、ソクラテスのダイモニオンの特徴をさらに明確に際立たせるために、クセノフォンのダイモニオン理解を対比的に見ておこう。クセノフォンでは、ダイモニオンはソクラテスを通して人々に為すべきことを積極的に勧告した、と説明されている。[5] この場合、クセノフォンの理解するダイモニオンの勧告とは、鳥占いとか臓物占いとか前兆などによる神意の解読のことであり、これは、すでに度々述べたように、かれがソクラテスの精神的次元からいかに遠く隔たったところにいたかを示す更なる事例にすぎない。つまり、例によってクセノフォンは、ソクラテスのダイモニオンとは普通の人々が理解している「神のお告げ」すなわち「鳥占いや臓物占い」と同種のものなのだから、庶民の信仰心を脅かすような不気味なものではなく、したがって、告発されねばならぬような危険なものでもなかった、と言って、ソクラテスを弁護した積もりになっているのである。だが、実際には、ダイモニオンはギリシアの多神教に強烈な打撃を与えうる潜在力を秘めた「神性」であったのであり、ソクラテスはオリムポスの神々とは非常に異なる或る新しい「神性」の観念を導入していたのである。[6] オリムポスの神々とは、戦争をしたり、騙し合いをしたり、姦通したり、百頭牛の犠牲によって怒りを和らげたりするような、超人間的な能力はもつが非倫理的な人格であったが、ソクラテスは、「神の本性は善であるが故にそのような存在者は神ではない」と批判していたのであり、その批判の延長線上に倫理的な原理の根源としての「神性」――行為にせよ想いにせよ、倫理的な事象において人間を人間自身の内部から制御する原理としての「神性」、ソクラテス自身の言葉によれば「私がなにか正しくないことをしようとする時には、つねに私に反対する」[7] 力としての「神性」――が予感されているのであり、その予感の具体的な姿が「ダイモニオンの囁き」であった、と言うことができるだろう。

2 ギリシア人の伝統におけるダイモン

ところで、ソクラテスのダイモニオンの背後には、言うまでもなくギリシア人の伝統的なダイモン信仰があるのだから、両者の連続性と差異性を浮かび上らせるためには、ダイモン信仰についてここで一言しておかなければならない。先ず、ホメロスにおいては、登場人物たちは非常に多くの出来事を無名不定のダイモンに帰しているのが見られる。(8) それは、誰かが特別に素晴らしい考えを抱いたり、あるいは特別に愚かしい考えを抱いた時、突然ある人が誰であるかを確認したり、あるいは一瞬のうちに予言の意味を理解した時、当然忘れてしまっている筈のことを思い出したり、あるいは覚えている筈のことを忘れる時、あるいは平素臆病な男が強者に対して大胆不敵な発言をしたり、いつもは賢い人間が非合理な考えに固執するような時、などである。このような時に、かれらはダイモンという無名の超自然的存在がかれらの行為に介入した、と語ったのだ。それは、平常の人間行動からのなんらかの逸脱が生じた場合、とくにその原因が当人自身の意識によるにせよ他人の観察によるにせよ、これを確認できないような場合である。このような時、「ダイモン」と叫ぶことによって、かれらは「自分を超越した力が自分に働きかけた」という事態を朧げに表現したのである。(9) ギリシアには、明確な姿形を持ちそれぞれに固有の能力を備えたオリムポスの神々が存在するが、ダイモンはこれらの擬人神よりも遥かに古層に属する「神性一般」としての超自然的存在を表していた、と言えるだろう。

アルカイク時代に入ると、ダイモンは不吉な色彩を色濃く帯びてくる。もともと、ホメロスにおいても、アガメムノンの狂気（アーテー）の物語から明らかなように、(10) 狂気破滅と神々の干渉とは密接に結びついていた。人々が平常の分別心を失い狂気に堕ちて身の破滅をひき起こす時、かれらを動かしているのは不気味な超自然力、ダイモン、モイラ、エリーニュスなどである。『イリアス』の第九巻では、アガメムノンは自分の狂気破滅をゼウスの企みに帰しているが、(11) ここには「神は滅ぼさんと欲する者を先ず狂気におとす」という残酷なアルカイク的信仰が顔を覗かせている。このような悪霊としてのダイモンはアルカイク時代に真実恐れられていた。アイスキュロスの諸作品は、悪霊の跳梁するこの重苦しいアルカイク的雰囲気をよく伝えているが、そこでは、悲劇におちてゆく人々の激情的な惨行の背後に必ずこれを操っている魔物が存在するのであり、人々は魔に憑かれて行為しているのである。ギリシア人は、愛欲（エロース）、嫉妬（フトノス）、狂気（アーテー）、怒り（テユーモス）などをダイモンの仕業であると語ったが、それは、このような力が当人の意志を超えて襲いかかり、人を破滅へと駆り立てるからであった。このような魔物は、現代人にとっては、あるいはリビドーであり、あるいは憎悪であり、あるいは権力欲であって、一言でいえば、理性のコントロールを蹂躪して人間を引きずり回す様々の無意識的な暗い衝動力であるだろう。しかし、ギリシア人はこのような内的な衝動力をもまた、それがわれわれ自身の制御を超える圧倒的な力であるかぎり、外部から人を襲うものと感じとったのであり、病気、不運、天災、死などの真実外部から襲いかかる不幸の諸力と一括してダイモンの仕業と呼んだのであった。(12) こうして、アルカイク時代にダイモンは別して不幸と結びつき悪霊という色彩を帯びた。

アルカイク時代に現れるダイモンのもう一つの意味は「運命」である。これは、死をはじめとする諸々の不幸が運命と受け取られるところから、当然の意味の発展であろう。すでにヘシオドスにおいてこのような用法が見られるが、(13) それはホメロスにおける「分け前」としてのモイラ（運命）とほとんど同じ意味である。テオグニスは、悪しき心のもち主でもダイモンが良ければ成功するし、勝れた心のもち主でもダイモンが悪ければ、その行為は実らない、と言っているが、(14) このダイモンは文字通り「運命」ととる他はない。また、ヘラクレイトスは「人間にとってダイモンとは性格である」と言っているが、(15) この断片に表された思想は「人間の一生を支配する性格はその人の倫理的自己責任に帰着する」という点にあるから、(16) 右に述べたテオグニスの運命論的思想とはほぼ対極の位置にあるにもかかわらず、ダイモンの用法においては全く一致している。こうして、プラトンの『国家』篇などに現れる、一個人に終生つきまとい、その運命を決定する守護霊としてのダイモンという観念が成立してくる地盤が整えられた、と言うことができよう。

さて、以上、伝統的なダイモン信仰の瞥見により、ダイモンがもともと正体不明の超自然力を表し、決定的な瞬間に一個人の人生に介入してくる抗い難い力であることを確かめえた。そして、ダイモンのこの基本的性格はそのままソクラテスのダイモニオンの基本的性格でもあるのだから、ソクラテスのダイモニオンはきわめて古い、オリムポスの神々よりもさらに古い伝統的信仰を継承している、と言ってよいであろう。しかし、他方、ソクラテスのダイモニオンにおいて特徴的なことは、それが伝統的なダイモンのもっていた悪霊的性格を払拭し、徹底的に善なる力として捉え直されていること、また、その働きが否定作用という、いわば人間行為の自発性（自律性）に対する制御機能としてのみ理解されていること、の二点である。そこで、この二つの特徴、とくに否定作用に焦点を合わせて、ソクラテスのダイモニオンの本質にさらに一歩の接近を試みたい

3 神秘の解釈者ソクラテス

ダイモニオンが現れるもう一つの有名なくだりに『パイドロス』篇の次の箇所がある。「善き友よ、私が川を渡ろうとしていた時に、ダイモニオンが、私をよく訪れる例の印が、現れたのだ。それは、私がなにかをしようとする時に、いつも私を引き止めるものなのだが。そして、そこから私はなにか声を聞いたように思った。それは、私が神的なもの（to theion）に対してなにか罪を犯しているので、それを浄める前にはここを立ち去ってはならぬ、と告げているように思われた。ところで、私は占い師でもある。あまりよい腕ではないが。しかし、ちょうど字の下手な人々と同じで、自分一人のためだけならば充分間に合っている。だから、もう私は私の罪をはっきりと認識しているのである。たしかに、友よ、なんと魂はある種の占いの力をもつのであろうか(17)」。

この一文は、ソクラテスがイリソス川のほとりでエロスについて一場の演説を試みたのち、そこを立ち去ろうとした時の出来事を述べている。その時、ソクラテスはダイモニオンの制止に出会った。その制止をソクラテスはどう理解したか。それを、かれは、「自分はなにか神的なものに対して罪を犯しているので、その罪を償わなければならない」という事態への指示と解したのだ。ここから、ダイモニオンの制止がソクラテスにとっては神的なものの啓示であったことがはっきりと確かめられ得る。もちろん、ダイモニオンの制止はつねに現下の場合のように直接神的なもの（ここでは、エロス）との関わりとして意識されるとはかぎらない。それは、ソクラテスに政治への参加を禁止したこともあるし(18)、人との交わりにおいて、ある人との接触は許すが、他の人との接触は禁止したこともある(19)。しかし、これらはいずれも「いかに生きるべきか」という問題に関わっており、ソクラテスにおいては人間の倫理性が神的なものに繋がっているかぎりにおいて、やはり神的なものの啓示の場面でもあったのだ。

上述の『パイドロス』篇の一文のうちに現れているもう一つの重要な点は、ソクラテスが自分を占い師と呼び、魂が占いの力をもつ、と言っている点である。占い師とはなんらかの印もしくは痕跡のうちに神の意図を読み取る者のことである。そのように、いまの場合、ソクラテスは演説の直後にただならぬ胸騒ぎを感じ、この不安の根を、人の世の誉れを得るために自分はエロスに対して不敬虔の罪を犯した、と読み解いたのである(20)。つまり、ソクラテスは自分を神のしるしの解釈者と位置付けているのである。そして、この「しるしの解釈者」という性格のうちに、ソクラテスにおける神秘性と合理性の基礎がある。すなわち、ソクラテスの思索の底にはつねにダイモニオンの制止があったという点では、かれはつねに超越的なものに接触している神秘家であったのであり、同時に、占い師としてこの制止の意味をどこまでも解釈し抜こうとするかれの止むことのない合理化的活動のうちに、理性主義者としてのソクラテスが現れている、と言える。しかし、インスピレーションを受けた解釈者というこの重層的性格は、実は、たんにソクラテスだけの特徴ではなく、はるかに広くかつ深い土壌に根ざす、ギリシアにおける知者の本質的なあり方と連続していたのである。

この点を確かめるために、ヘラクレイトスを見てみよう。かれは断片九三でこう言っている。「デルフォイの神託の主は、語らず、隠さず、ただ示す（sêmainein）のみ」[21]。デルフォイの神殿は神託所としては全ギリシア世界の中心地であり、個人であれ国家であれ、運命の重大な岐路にさしかかった時には、ギリシア人はたいていここへ神意を訊ねに赴いた。この神殿の主神はアポロンであるが、アポロンの神意は巫女ピューティアーの口を通して語られた。ピューティアーは、予言をする際には、所定の泉で斎戒沐浴の後、神殿の至聖所に参籠して脱魂状態に落ち入り、アポロンと合体してアポロンの言葉を語るのである。したがって、この場合、ピューティアーの語る言葉は本来人語ではないわけだが、事実、かの女の口から洩れる音声は不明瞭な何語とも判別し難いひびきであった、と言われている[22]。そこで、当然、巫女の発する音声を解読し、これを了解可能なギリシア語に翻訳する解釈者が必要となってくる。この役目を担ったのがデルフォイの神殿に仕える神官たちであった。

そして、実は、哲学者も、あるいは人の心のうちに、あるいは自然のうちに現れる神の言葉を解読する者として、この神官と同じ位置にいる、とギリシア人は伝統的に理解していたのである。[23] 先のヘラクレイトスの断片は、神が明瞭には語らないこと、しかし隠しもしないこと、そして、ただ「しるし」のみを与えていることを語っている。この「しるし」は、見うる者のみが見ることができ、聞きうる者のみが聞くことができる。そして、ヘラクレイトスは、多くの人々を聞く耳をもたざる者として、これに対して、自分自身を聞く耳をもつ者として、位置づけているのである。「このロゴスが現に存在しているのに、人々はいつまでもそれを了解できない。ロゴスを聞く以前においても、聞いた即刻後においても。なぜなら、万物はこのロゴスにしたがって生起しているのに、人々はこのロゴスを経験したことがないもののようであるからだ」。[24] 万物がそれにしたがって生起するこのロゴスは、断片三一では「万物を支配する神」とも言い換えられているから、伝統的宗教の神が存在者の存在原理へと変身したものであることは、明らかだろう。

さて、ヘラクレイトスが万物の存在原理を「一」もしくは「ロゴス」と呼び、これをデルフォイの主神アポロンになぞらえていることは、以上から明らかであろう。そして、アポロンがその神意をあからさまには語らず、謎として人々に示したように、ロゴスもまた本来人間がその指示を解き明かさなければならない謎なのであり、哲学者はこの謎解きの役目を担って存在しているのである。ロゴスがもし完全に、人造品、人間の創作と化して、その謎めいた奥行き、その超越的性格を失えば、それと同時に哲学者もまたその役割と存在意義を失って、枯死する他はないだろう。[25]

こうして、われわれは、ダイモニオンを手掛かりとして、ソクラテスの思索がたえず超越的なものと接触していたこと、この超越的なものの「しるし」の解読がかれの哲学の営みであったこと、しかし、この哲学の姿勢はヘラクレイトスなどに見られるようにソクラテス以前の哲学の一つの伝統でもあったこと、そして、この伝統の根源にはアポロンの啓示とそれを読み解く神官が存在したことを確かめえた。そこで、当然、ソクラテスとアポロンとの間には深いつながりが予想されるが、事実、ソクラテスは重大な場面においてしばしば自分をアポロンの使徒と位置づけていた。今、そのような場面のうちで決定的なものをいくつか取り上げてみると、次のようになる。先ず、『弁明』篇では、ソクラテスは終始一貫自分の生涯をこの神への奉仕として特徴づけている。そもそも、ソクラテスが人々に憎まれ死刑にまで追いつめられる反駁的対話の活動を開始したのも、「ソクラテス以上の賢者なし」というアポロンの与えた神託の謎を解読するためだったのであり、[26]ソクラテスの言語に絶する貧窮は「この神への奉仕のために（tou theou latreia）」公私の一切をなげうったためだった。[27]それだから、「対話吟味の活動を放棄すれば無罪放免にする」との条件が出されても、この活動が神の命令としてソクラテスに課されたものである以上は、かれは神の命令よりも人間の命令を優先させることは出来ないのであり、[28]したがって、

「何度死ぬことになっても、対話吟味の活動以外のことは一切しない」と語ったのだ。[29]

そして、ソクラテスの最後を描く対話篇『パイドン』において、プラトンは再びソクラテスとアポロンとの密接な関係に言及する。ソクラテスはここで自分を白鳥になぞらえ、次のように言う。白鳥は、まさに死なんとするや、それ以前の時にはなかったような際立った仕方で悦びの歌をうたう。それは、かれらがアポロンの霊鳥であるが故に予言の力をもち、「ハデスの国での善きことを予見して（proeidotes ta en Haidou agatha）」歌うからである。それと同じように、私（ソクラテス）も白鳥と同じ神に仕える者として、今日こそ過ぎ去った生涯のいかなる日にも決してなかったような、際立った悦びの歌をうたうのだ。すなわち、この死刑執行の日に、ソクラテスの周りに集まった弟子たちと交わされた霊魂不滅に関する対話とそこに披瀝されたソクラテスの信念は、「アポロンに捧げられた聖なる奴隷（doulos hieros）[30]」としてのソクラテスに神から与えられた予言の力によって歌われているのである、と。

第九章　死と希望

1 「善きもの」としての死

さて、それでは、人生の最期の時にあたり、ソクラテスはどのような白鳥の歌をうたったのであろうか。人間は、「死すべき者」であり、死の壁に遮られて有限の人生を生き抜かなければならない以上、死をどう理解するかは、人間にとって「生をどう生き抜くか」ということの究極の土台であり、その意味で、人間の最大の関心事であるだろう。そして、まさにこの点について、ダイモニオンは最期の時にあたりソクラテスに「しるし」を送ったのであり、それに応えてソクラテスは白鳥の歌をうたったのであった。

「だから、私は恐るべきことを仕出かしたことになるだろう。アテナイ人諸君、もしも、私が、諸君が選んだ上官によって命ぜられた場所に、ポテイダイアでも、アンピポリスでも、デーリオンでも、踏み止まって、他の人々と同様に死の危険を冒しておきながら、私が信じ理解したところでは、神の命令によって私は哲学し自分自身と他人とを吟味しながら生きてゆかねばならないのに、そこで、死とかなにか他のことを恐れて持ち場を棄てたとしたならば。……なぜなら、諸君、死を恐れることは、賢くもないのに賢いと思い込むことに他ならないからだ。すなわち、それは知らないことを知っていると思い込むことなのである。なぜなら、死を知る者は一人もいないのだから。もしかして、死は人間にとってあらゆる善きもののうちで最大のものであるかもしれないのに、それが最大の悪であることは充分に知っているかのように、かれらは死を恐れているのである。だが、どうしてこれが非難さるべき無知（amathia）でないことがありえようか。知らないことを知っていると思い込んでいるのだから」(1)。

これは、ソクラテスが裁判員たちを前にして、判決が下される以前に、いかなる条件が出されても哲学活動は決して止めない、と語った際の言葉である。なぜなら、一方では、この活動は神の命令であり、神の命令に従わないことが悪であることは明確に知っているのに(2)、他方では、その結果惹起されるかもしれない死を恐れることは、知らないことを知れりとする「非難さるべき無知」に他ならないからである。それ故、ソクラテスは、認識という観点においては、死について基本的に「知らない」という立場をとっているのである。

そうであれば、死に対してわれわれの採りうる態度は、認識ではなくて決断でしかありえないだろう、そして、その決断は、大きく言って、次の二者択一の一方でしかありえないだろう。すなわち、死がわれわれの存在の絶滅である、と決断するか、それとも、死後もなおわれわれはなんらかの形で存続する、と決断するか、そのどちらかである。そして、ソクラテスは裁判員たちを前にしてまさにこの二者択一を語ったのであり、しかも、そのいずれの場合でも、死は善いものだ、と言ったのであった。(3)

ソクラテスは、先ず、死は善いものに違いない、それには大きな証拠がある、と言う。その証拠とは、ソクラテスの生涯についてまわった例のダイモニオンの声がこの事件に関してはまったくの沈黙をまもったことである。「裁判員諸君、私には驚くべきことが起こったのです。というのは、私によく起こる例のダイモニオンのお告げは、これまでの全生涯においていつもたいへん頻繁に現れ、私がなにか正しくないことを為そうとしている場合には、ごく些細なことにも反対したのです。ところが、今度、諸君自身もまた直接見ているように、悪のうちでも究極のものと人が考えそうなこと、そして、一般にもそのように認められていることが、私の身にふりかかったのです。だが、その私に対して、「例の神のしるし（to tou theou sêmeion）」は、私が朝家を出るときにも反対しなかったし、ここへ来て裁判所に入るときにも、弁論のなかで私がなにか言おうとしたときにも、一度も反対しなかったのです。ところが、他の言論においてはいたるところで、それは話の途中で私を引き止めたのです。……それでは、なにがその原因だと私が考えているか、それを諸君に話そう。おそらく、今度の出来事は私にとって善いことであったのです。そして、死ぬことは悪であるとわれわれが考えているならば、その考えが正しいことはありえない。今度の出来事は私にとってこのことの大きな証拠（mega tekmērion）となったのです。なぜなら、私がなにか善くないことを為そうとしていたのであれば、例のしるしが私に反対しないことはあり得なかったからなのです(4)」。

この一文は、ソクラテスの信念の逆説性を示すと同時に、かれの信念がいかに深くダイモニオンの「しるし」にかかわっていたかをも示している。先ず、死が常識的人間にとっては最大の悪と見なされていることは、否定すべくもないだろう。それだから、クセノフォンの伝えるところによれば、「ソクラテスはダイモニオンが自分に為すべきことと為すべからざることとを予め示してくれると言いながら、裁判員によって死刑の判決を受けたのだから、かれがダイモニオンについて語ったことは虚偽であり、かれは反駁されている(5)」という常識の立場からの批判が存在したわけである。つまり、死刑という究極の悪を防ぎえなかった「ソクラテスの所謂ダイモニオンのしるし」は、善悪の指針としては当てにならないものであり、したがって、神的なものではありえないか、それとも、ソクラテスは「有りもしない神的なもの」について虚偽を語っているか、そのいずれかだ、という批判である。この批判に対して、クセノフォンは、ソクラテスがすでに非常な高齢にあって間もなく自然死を迎える境涯にあったこと、この死刑によってむしろ老年の様々の苦痛から解放されたこと、その代わりに魂の力を示して名声を獲得したこと、などを挙げて、この出来事がソクラテスにとって善いものであったことを説明できた積もりになっている。勿論、この説明もまたクセノフォンの理解の次元がいかにソクラテスの精神から遠いかを示す一例にすぎない。

だが、ソクラテスが裁判員たちを前にして語ったことは、こういう卑俗な説明を一切うけつけない正真正銘の逆説である。すなわち、人々は死を究極の悪と思い込んでいるが、「死は善である」という信念に他ならない。そして、この常識に逆行する信念の根拠がダイモニオンの「しるし」なのだ。すなわち、このソクラテスの信念には、先ず、なにか哲学的論証が先行しているわけではない。そうではなくて、死刑へ向かっていわば必然的に歩みつづけるこのプロセスのどこにおいてもダイモニオンの阻止がなかったという一事が、この信念の決定的な保証なのである。ちょうど、「ソクラテス以上の賢者なし」というデルフォイの神託をいかに解読するかという一事から、ソクラテスの全哲学活動が始まったように、ダイモニオンの「しるし」の不在によって啓示された死の肯定によって、ソクラテスの全哲学活動は終結した。この意味で、かれの思索の根底にはつねになにか超越的なものの「しるし」があったのであり、かれの哲学はその「しるし」の解釈に他ならなかった、と言えるであろう。

では、ソクラテスはこの「しるし」をどのように解釈したか。ここで、前述の二者択一が登場するのである。先ず第一の選択肢はどうか。かりに死がわれわれの存在の絶滅、無、夢も見ない眠りのようなものであるとしたならば、どうであろうか。それなら、「死とは驚くべき儲けもの」ではないか。(6) なぜなら、もしひとが夢も見ないくらいに熟睡した夜を選びだし、それに並べて、その全生涯の中から、この夜よりももっと楽しく幸せな昼と夜がどれだけあったかを言わねばならないとしたならば、凡俗のわれわれは言うまでもないこと、ペルシア大王といえどもそれが僅かしかないことを発見するであろうから、と。しかし、この選択肢は人によって自分自身の人生の評価が異なるであろうから、あまり説得力がないのではないか、と言われる向きもあるかもしれない。世の中には、生きているよりは死んだほうがましだと自分自身が思うくらい、苦痛に満ちた不幸せな人生を送っている人もいるだろうが、毎日が楽しくて仕方がない極楽トンボもいるであろうから、と。だが、ソクラテスが右のように言うときには、ある特別の意味が込められていることも忘れてはならない。すなわち、かれが不幸せな人生と言うときには、当事者の主観的思惑のいかんにかかわらず、すなわち、当事者がどれほど楽しく幸せな思いをしている積もりでも、悪を為しつつ暮らしているのであれば、そういう人生を指しているのであり、本当の意味での幸せな人生とは善を為す人生でしかありえない、と考えているからである。[7] そうだとすれば、われわれが悪を為さない昼と夜がどれだけあるのだろうか。死んで虚無に帰してしまえば、もう悪を為すことも他人に迷惑をかけることも出来なくなるのだから、大部分の普通の半善半悪人間の場合には、自分自身にとっても他人にとっても、それは大きな善ではなかろうか。[8] これは、「虚無に没することでさえ、この世の生よりはましだ」というソクラテスの発言について、かれの考え方の原則から試みたわれわれの解釈であって、かれが文字通りこう言っているわけではない。だから、この解釈を穿ちすぎの読み込みとしてもよいが、しかし、ソクラテスはもともとこの第一の選択肢をただの論理的な可能性として提示しただけであって、本気で信じてはいなかった。それは、おそらくは、辛口のイロニーなのだ。かれが信じていたのは第二の選択肢、すなわち、魂の存続であり、それだから、それを物語る神話を「美しきロゴス、真実のロゴス」とも言っているのである。[9]

2 詩人の言葉

さて、ソクラテスは第二の選択肢を「言い伝えによれば」という言葉で導入している。[10] 言い伝えとは、簡単に言えば、「死がこの世からあの世への移住であり、あの世では生前の行為に対する裁きが待ちうけている」、という神話である。この神話は、ホメロスを始めとする多くのギリシアの詩人たちによって、また、オルフェウス教の伝説などによって、語り伝えられているものである。では、なぜ、ソクラテスはこのような言い伝えに、すなわち、いにしえの詩人たちの言葉に、それほどの信をおくのであろうか。この点を理解するためには、ソクラテスの詩人観に触れる必要がある。『イオン』篇によれば、優れた詩人とは「神がかりの人――その中に神が内在する人――entheoi」である。(11)ちょうど、磁石に引きつけられた鉄片が他の鉄片を引きつけて長い鉄の鎖ができるとき、その引きつける力が最初の磁石から来るように、詩人たちが真実の美しい詩句を歌うとき、それらの詩句はかれら自身の理性や技術によって産み出されたのではなく、神から霊感を吹き込まれて歌われているのである、と。つまり、詩人たちは「神から理性を奪われて(12)」、「平常心を超越し(13)」、「神の召使となって(14)」、「人間のものとは言えないような美しき調べ(15)」を語りだすのである。詩人の言葉は軽やかで翼があり聖なる息吹きに包まれているが、それは、かれの中ではもはや人間的能力としての理性が働いてはいないからなのだ。こうして、詩人が真実の美しき言葉を語るとき、人間としての詩人自身が語っているのではなくて、「神から授けられた狂気(mania ek theou)(16)」の中で、神自らが詩人を通してわれわれに語りかけているのである、と。

このソクラテスの説明において、「理性や技術に頼っているようでは本物の詩人にはなれない」と言われている点が重要である。[17] なぜなら、ここで再びハイデガーを援用してソクラテスのこの詩人論に側面から光を投げかけるとすれば、理性や技術の働き、総じて学問的科学的な営みは、存在者をその全体的な真実において問題にする働きではなく、存在者を対象化し、抽象化し、一定の方法によって処理できるように切り刻んで、人間が処分可能な物財にしてしまう働きであるからである。このような営みに没頭している人間に存在そのものから贈られてくる言葉が聞こえるはずがない。これに対して、「言葉とは本質的な意味においては詩作（Dichtung）である。言葉とは、人間にとってそもそも初めて存在者が存在者として己を開示する、その出来事なのである」[18]。それ故、存在者を存在者として初めて明るみにもたらす「言葉」としての「詩作」は、存在者の真理（非秘匿性Unverborgenheit）を生起せしめるのであり、そこで世界内存在としての人間の真理が開示される究極の場に他ならない。すなわち、真実の詩人の言葉が、全体としての存在者の存在の意味を、とりわけ、世界内存在としての人間の根本的情態性としての真理を、存在の喜びと悲しみ、不安と絶望、深淵と無、戯れと恩寵を、語り示してくれるのである。ハイデガーは真理の開示される状況として「脱存」（人間が自己から歩み出て存在の開け（真理）の中に立つこと、Ex-sistenz）を語り、その真理は詩人の言葉——たとえば、ヘルダーリンの言葉——によってもたらされる、と言うが、[19] そのとき、かれの示唆することは、理性や技術の営みとしての人間の主我性への固執からの脱出であり、その脱出による存在の真理への開けなのである。

さて、ハイデガーの詩人論への脱線がやや長くなったが、かれの語る「脱存」はここでソクラテスの語る「神的な狂気」から基本的構造においてそれほど遠くないであろう。そして、啓示とは「人間が自己を超越したものに接すること」だとすれば、ここには啓示の基本的性格が現れてもいる。すなわち、人間が自己の主体的能力である理性に固執するかぎり、換言すれば、「単なる理性の限界内で」真理を追求し続ける限り、人間は自己の内部を堂々めぐりしているだけで、自己性の壁を突き抜けることができず、決して超越的なものに出会えないだろう。ソクラテスはそのような自己性が破られる場を、一方では、ダイモニオンの「しるし」によって与えられていたが、他方では、詩人たちを媒体としながら記憶を絶する遥かなる過去から由来も知れずに語り伝えられてきた「美しきあの世の物語」のうちにも見出していたのである。それは、ソクラテスの考え出した作り話ではない。エンペドクレスのでもなく、ピタゴラスのでもなく、どこまで遡っても誰も確かめることのできない過去の闇から、多くの物語や詩歌の中で本質的な点においては驚くべき整合性をもって語り伝えられてきた神話であり、ソクラテスはこの神話の開く展望の中に自己の生き方としての哲学を賭けた、と言えるであろう。

しかし、詩人についての話がこれで終わりになるわけではない。なぜなら、ソクラテスはある意味では詩人に失望してもいるからである。すなわち、『弁明』篇ではこう言われているのである。ソクラテスは知者を求めて先ず政治家と対話して失望し、次に詩人のもとへと赴いた。今度こそ本当の知者に会えるだろうと思って。「だが、諸君、私は本当のことを言うのを恥じる。しかし、言わなければならない。……詩人たちについて僅かの間に私が知ったことは、かれらは知恵（sophia）によって詩作しているのではなく、……神がかりの熱狂状態においてなのだ、ということです。なぜなら、かれらもまた、多くの美しき事柄を語りはするが、自分が語っていることをなにも知らないからなのです[20]」。真実の美しき言葉を語る詩人たちは、自分の語る言葉を理解していない、というのである。このソクラテスの言葉は、かれの詩人に対する畏敬の念からみれば、少し意外であり、また、厳しすぎるかもしれない。なぜなら、詩人とは超越的なものが人間に現れる場であって、しかも、ソクラテスは自分には詩的な能力がないと常々言っていたからである[21]。しかし、ヘルダーリンの詩から存在の真理を説き明かすのはヘルダーリン自身ではなく、哲学者ハイデガーであるように、詩人は存在から贈られた美しき言葉を語る者ではあっても、その意味を説き明かす者ではない。しかし、そうであれば、真実の美しき言葉は、空しく野垂れ死にしないために、その意味を了解しうる者を呼び求めているであろう。神秘の解釈者を必要とするであろう。そこに、どこまでも理性の人であるソクラテスの存在意義がある。それが哲学者ソクラテスの使命であった。

3 あの世の物語

それでは、「あの世の物語」はソクラテスによってどのように解釈されたであろうか。この点については、『弁明』篇の終結部から理解の鍵が得られるように思われる。そこでは、こう言われていた。「他方、もしも、死がここから他の場所への旅路のようなものであり、人は死ねばみなそこへ行くという言い伝えが真実であるならば、裁判官諸君、これより大きないかなる善があるだろうか。なぜなら、人はハデスの館に到着し、この世の自称裁判官たちから解放されて、真実の裁判官に出会えるというのであれば、すなわち、ミノス、ラダマンテュス、アイアコス、トリプトレモスなど、その他、この世の生涯において正義の士であった半神たちがあの世では裁判していると言われているが、そのような人々に出会えるのであれば、この旅路がつまらぬものでありえようか[22]」。すなわち、ソクラテスはこの世の裁きが不真実であるから、真実の裁きが行われる場所として「あの世」を理解しているのである。

それは、不正の判決を受けて殺されることになった自分自身の体験から語られている言葉ではあるが、しかし、それだけに止まるものではない。似たような運命に見舞われて、不正な裁きの下に殺された人々はソクラテスの他にも沢山いたのであって、[23]このような人々の運命もまた真実を求めて叫んでいる。すなわち、人間の生が正義の実現という前提の上で初めて成り立つ構造をもちながら、この世においてその実現が真実には期待できないとするならば、真実の眼でありのままの魂を裁く場がどこかに存在しなければならない、ということに他ならぬ。換言すれば、倫理法則の絶対性が、その絶対性を貫徹しうる場を要請しているということだ。『ゴルギアス』篇の末尾の神話は端的にこのことを語るものである。

そこでは、こう語られている。人を生きている間に裁くと、しばしば間違った判決が下され、その結果、相応しくない者が死後ときどき幸福者の島にやって来たり、地獄に堕ちたりする。地獄の主のプルートンと幸福者の島の管理人からこの苦情を聞いた最高神ゼウスは、「それは、裁判のやり方がまずいからだ。やり方を変えよう[24]」、と言う。というのは、地上ではみなが衣服を着たまま裁判を受けているからだ。すなわち、邪悪な魂を持ちながら、美しい肉体とか、家柄とか、財産とか、権力とかを身にまとい、それに加えて、さらには多くの仲間を偽証者として動員しながら裁判を受けることになると、裁判官は度胆を抜かれて慄え上がってしまい、真実を見ることが出来なくなってしまうからである。だから、「人間たちは、これらのすべてを奪い取られて、まる裸になって裁判を受けねばならない。すなわち、死んでから裁かれねばならない。また、裁判官もまる裸でなければならない。つまり、死んでいなければならないのである」[25]。すなわち、人はあらゆる飾りを地上に残し、あらゆる親族からも離れてたった独りになり、死ぬとすぐに、裸の魂となって裸の魂によって裁かれるために、裁きの場に出なければならない。

この神話が「裸の魂」を強調するのは、無一物になって、ただ魂の有り様だけが明白になる状況が裁かれる方にも裁く方にも要求される条件だからであり、「たった独りで」という強調は、倫理が無限の自己責任を要求するからである。そして、さらに、「人間に死を予知させてはならない」[26]という条件も付加されている。これは、おそらくは、いつも「ありのままの姿で」裁かれねばならないこと、換言すれば、人間は本来「自分が左右できる時間」を持ってはおらず、瞬間毎に死に襲われる可能性の下に完結的に生きねばならないこと、すなわち、人間の生の根本的無根拠性を言うものであろう。

そのとき、裸の魂は人の正体をはっきりと現す。地獄の裁判官ラダマンテュスは、一人一人の魂を摑まえて観察するのであるが、ペルシア大王とか暴君アルケラオスのような大きな権力をもっていた者たちの魂を見ると「その魂には健やかなところがまったく無く(ouden hygies)、嘘や不正によって鞭打たれた傷痕がいっぱいに付いている。その傷痕はかれらの行為の一つ一つがかれらの魂に切り付けたものなのだ。そして、かれらの魂は嘘と自惚れのためにすっかりねじ曲がり、真実を欠いて(aneu alêtheias)育てられたために真直ぐなところがなく、なんでも思いのままに出来る権力と、豪奢な生活と、傲慢と、無抑制のために、無秩序と醜悪さに溢れかえっている」[27]。こうして、かれらは地獄の責め場へ逐いやられることになる。

ところで、この神話によると、地獄における処罰はすべて善のために行われるのだが、それには二つの場合がある。そのうちの一つは、治癒可能な過誤（iasima hamartêmata）を犯した者の場合である。かれらが処罰されるのは、癒されて善き者になるためである。およそ肉体の病に罹った者で健康体へ戻ろうと望まぬ者は存在しない。しかし、健康体へ戻るためには、病患部を切ったり焼いたりして健康な状態へと復元しなければならぬ。もし、治療を受けないままに過ごすならば、その者の病勢はますます募って遂には癒し難きものとなり、挙げ句の果てには死んでしまう。同様に、悪や不正が魂の病気であり、処罰が魂の病気の治療であるからには——なぜなら、この世においても、あの世においても、苦痛と苦悩による以外には不正から解放される道はありえないからである[28]——不正を犯して処罰されないままに人生を渡る者は、魂の健康すなわち幸福へ到達する可能性を失った者として、不幸の極限にいる者に他ならない。

それ故、不正を犯した者は進んで処罰を受けねばならない。それは、本人自身のためである。犯した不正が鞭打ちの刑に値するものならば、身を鞭打ちに委ね、投獄の刑に相応しいものならば、投獄され、死刑に値するものならば、死刑に処せられることが、本人が幸福になりうる唯一の道である[29]。このように、処罰は、病める者が健やかな者へ、悪しき者が善き者へと癒されるための不可欠の道程であるのだから、不幸にして生前に処罰を受けそこなった者は、死後それを受けなければならない、それが地獄の責苦である、というのである。換言すれば、善や正義が絶対性を要求するかぎり、そして、人間の心の奥底に善への希求があり、それの実現のうちにのみ真実の幸福があるのだとするかぎり、この事態は死後の裁きとその結果としての償いの実現の場を要請している、ということに他ならない。

さて、処罰の第二のカテゴリーは癒し難き悪人の場合である。かれらは極限の不正（ta eschata adikêmata）を犯したために不治となった者たちだが、かれらの処罰はかれら自身にとってはもはや益のないものであるが、かれらの永劫にわたる恐るべき苦しみが見せしめ（paradeigma）となって、他の人々を益するのである。[30] これらの見せしめとなる者たちの大部分は、独裁者、帝王、権力者、国家公共の事業に携わった者たちの中から生ずる。[31] なぜなら、このような人々は大きな自由と力をもっているので、もっとも大きな、もっとも不敬虔な、もっとも極端な悪を犯しうるからである。実に、極悪非道な人間の大部分は権力者から生まれるのであり、権力者でありながら悪人とならない人はほとんどいない、とさえ言われている。[32]

こうして、「あの世の物語」は、ソクラテスによって、正義と不正が最後的に明らかになる裁きの場所として解釈され、信じられた、[33] と言ってよいだろう。『国家』篇第一〇巻のエールの神話はもはやプラトンの思想であるが、ソクラテスの精神に鼓吹され、それを継承発展させたものであるから、ここから「あの世の物語」の意味含蓄を二三取り出して、本章の締め括りとしてもよいだろう。先ず、魂の不滅であるが、これは倫理的責任の絶対性に呼応して要請されている、と言ってよい。すなわち、『国家』篇においては、「もしも、不正がそれを犯した魂に死をもたらすものであったなら、不正はそれほど恐ろしいものではないだろう。なぜなら、それによって人はいろいろの禍いから解放されることになるだろうから[34]」と言われているが、この言葉はもしかしたら人間の心の奥底に潜んでいる、とくに現代人のニヒリズム的心性の奥底に潜んでいる、或る深い、倒錯的願望を言い当てているかもしれない。すなわち、「存在すること」があまりの悪にまみれてもはや善への喜びと望みを失った人間にとって、まさにその悪が当人を消滅させてくれるとすれば、それこそはかれにとって救済になりうるだろう。

しかし、そうは問屋が卸さない、とプラトンは言う。なぜなら、魂は否でも応でも不死であるからだ、と。その理由は、『国家』篇においては、こう言われている。一般に「存在者を腐敗滅亡させるもの」が悪であると言えるだろうが——たとえば、目にとっては眼炎、身体全体にとっては病気、食物にとっては黴、木材にとっては腐朽、銅や鉄にとっては錆などがそれらを解体滅亡させるが故に、各々のものに対して悪であるのだが——この原則は魂だけには通用しないからである。すなわち、魂の悪である不正、放埒、怯懦、無知などが魂に巣食っても、それらは魂を滅ぼしはしないからである(35)。滅ぼさないどころか、不正は時としてその所有者に非常な生命力と不眠不休の活力を与えることもあるのが見られるだろう(36)。そして、それぞれの存在者は己に固有の悪によって滅亡し、決して別種の存在者の悪によっては滅びないのだから、魂が己に固有の悪をもちながらその悪によって滅びないとすれば、もはや魂を滅ぼしうるものはどこにも存在しえない、ということになるからである。だが、それは何のためか。それは、魂には消滅による救済がないためである。換言すれば、魂は初めから善へと向けられて創られているのであって、善き魂となる以外には、魂には幸福がありえないためなのである。こうして、死後、魂は生前に犯した所業のすべてを書きしるした札を背中に付けて、天と地のあいだに広がる牧場に裁きを受けるために集まらねばならない(37)。そこで、各々の魂は犯した罪科の一〇倍の罰を言い渡され、それをすっかり浄めるまでは輪廻をくりかえさねばならない、と言われている(38)。つまり、あの世での裁きと処罰は魂を善きものへと浄めるための業火であり、それは、真に善き魂となる以外には人間にとって救済がありえないためであり、そして、そのために魂は不死であるべく定められていたということである。

もちろん、ソクラテスがこのような神話を文字通りに信じていた筈はない。「これらのことが私が述べた通りになっている、と断言することは、理性を持つ人に相応しいことではない。しかし、魂が不死であることが明白なかぎり、われわれの魂とその住処についてなにかこの種のことが存在する、と思う（dokein）のは適切なことであり、そう思う危険に身を委ねることには価値がある。なぜなら、この危険は美しいのだから」[39]。そして、ソクラテスはこの危険に賭けてこの世の大海原を渡ったのであった。

第十章

幸福

1 人間の行為の動機

善とは人を益するものであり、悪とは人を害するものである。あるいは、逆に、人を益するものが善であり、人を害するものが悪である、と言ってもよいだろう。このことは自明の事実であって、誰もこの事実を論理的にせよ何にせよ証明したり根拠付けたりすることはできない。これが、ソクラテスならびにプラトンの基本的な立場である(1)。それ故、人間は善を求めて行為する。なぜなら、人間が自分に益になることを求め、害になることを避けようとするのは、自明の根源的な事実であるからだ。このように、「善きものを得たい」という願望は人間にとって本性的かつ普遍的であり、この事実は、有徳な人においても無抑制者においても悪人においても、等しく妥当しているのである。だが、現実の世界を見れば、意図的に悪事を行う者がいるではないか、と言う人がいるかもしれない。このことをどのように説明するのか。この点について、ソクラテスは『メノン』篇のなかで次のような議論を展開している。

「ソクラテス――つまり君の考えでは、メノン、悪（災い、害悪）を悪と知りながら、しかもなおそれを欲するような者が誰かいるというわけなのだね。メノン――そのとおりです。ソ――その者はなにを欲しているのかね。メ――自分のものになるのだと、君は言うのかね。その悪が自分のものになることを欲しているのかね。メ――自分のものになることをです。ソ――その場合、その人は、悪が誰のものになるにしても、その当人の利益になると考えているのだろうか。それとも、悪は、誰のものであっても、その者を害するということを知っているのだろうか。メ――悪が有益であると思っている人々もいるし、害をなすと知っている人々もいるでしょう。ソ――いったいその場合、悪が利益になると思っている人々は、その悪が悪であることを知っていると、君には思えるかね。メ――その点については、どうも、そうは思えません。ソ――すると明らかに、その人たちは、悪（災い、害悪）を欲しているのではないことになりはしないか。悪であることを知らないのだからね。むしろ、かれらが善であると思って求めていたものが、実際には悪であったというだけのことではないか。したがって、悪であることを知らずに、それを善だと思っている人々は、明らかに善（善いもの、有益なもの）を欲しているのだということになる。そうではないか。メ——おそらくそうなるのかもしれません。ソ——では、どうだろう。君の主張によれば、悪は誰のものになっても、その当人を害すると考えながら、なお悪を欲する人たちがいるということだが、かれらは、自分がやがてその悪によって害されることを、きっと知っているのだろうね。メ——知っていなければならない筈です。ソ——しかし、かれらは、そうして害をうける者が、害をうけているかぎりにおいて、悲惨な目にあうのだとは思わないのだろうか。メ——その点もやはり、そう思わなければならぬ筈です。ソ——悲惨な者は不幸ではないのか。メ——その通りです。ソ——では悲惨な目にあい、不幸になることを望む者が、誰かいるか。メ——ソクラテス、そんな者がいるとは、私には思えません。ソ——それなら、メノン、誰一人悪を望む者はいないのだ。誰も悲惨な者であることを望まない以上は。なぜなら、悲惨であるということは、悪を欲してそれを手に入れること以外のなんであろうか。メ——ソクラテス、多分あなたは真実を語っているでしょう。そして、誰一人悪を欲する者はいないでしょう[2]」。

　ここはソクラテスの基本的立場を極めて明確に語っている箇所なので長さを厭わず引用したが、ここでソクラテスが主張していることは、悪（災い、害悪、ta kaka）は人を害するものであり、害されれば人は悲惨になり、悲惨な者は不幸であるのだから、そして、不幸を望む者は一人もいないのだから、悪を欲する者は一人もいない、ということである。それ故、悪事を働く者は、その悪事によって自分自身に害を加えようと思っているのではなく、むしろ、利益を得ようと思っているのだから、実は、善（善いこと、利益になること、ta agatha）を欲してそのような行為に及んでいるのであり、ただ、悪を善と取り違えているだけなのである。ここから、直ちに、「悪事を働く者はみな心ならずもそのような行為に陥っている」という有名なソクラテスのパラドクスが帰結する。なぜなら、悪事を働く者は、それが悪事（自分自身に害を加えること）であることを認識せず、むしろ、善（自分自身の為になること）である、と誤認しているのであり、そして、認識上の誤認に基づく行為は、アリストテレスが言うように、「後で後悔する」という条件がついてはいるが、[3]非随意的な行為であるのだから、「悪業はすべて意図に反している」というパラドクスが必然的に帰結するのである。このことを逆に言えば、もしも、われわれが善（善きこと、利益になること）を本当に認識すれば、われわれは必ず善き行為を為すということに他ならない。なぜなら、人間は本性的に善を欲するという根源的事実があるのだから、誰かが善を正しく認識したとしたならば、その人は善き行為を為す他はないからである。

こうして、あらゆる行為の動機は善であることが明らかになった、と思う。ソクラテスはこのことを証明したのではなく、事実として明示したのである。同じ事実は『ゴルギアス』篇では、次のように説明されている。「ソクラテス――さて、およそ世に存在するもの中で、善いものか、悪いものか、もしくは両者の中間の、善くも悪くもないものか、これらのうちのどれかでないようなものが、果たして何かあるだろうか。ポーロス――それはどうしても、そのうちのどれかでなければなりませんよ、ソクラテス。ソ――では、善いものとは、知恵、健康、富、その他のそのようなものであり、悪いものとはこれらとは反対のものである、と君は言うのかね。ポ――そうです。ソ――では、善くも悪くもないものとは次のようなものを言うのかね。つまり、時には善い性質のものになるが、時には悪い性質のものになり、また時にはそのどちらの性質にもならないもの、たとえば、座るとか、歩くとか、走るとか、航海するとかいうようなこと、更にはまた、石とか、木材とか、その他のそのようなもの、こういうもののことを言うのではないのか。それとも、君が善くも悪くもないものと呼ぶのは、それらとは違ったなにか別のもののことなのか。ポ――いいえ、それらのことです。ソ――では、人々がなにかを為す場合、善いことのためにこれらの中間的なことを為すのだろうか、それとも、中間的なことのために善いことを為すのだろうか。ポ――勿論、善いことのために中間的なことを為すのです。ソ――してみると、われわれは、歩く場合には、善を求めて歩くのであり、つまり、歩くほうが善いと思うから歩くのであり、その反対に、立ち止まる場合には、同じ理由によって、つまり善のために立ち止まるのだ。そうではないか。ポ――そうです(4)」。

ここでは、善いものとして、知恵、健康、富が挙げられ、悪いものとして、それらとは反対のもの、無知、病気、貧乏が挙げられている。そして、勿論、人々が前者を求め、後者を避けることは、『メノン』篇におけるのと同様に、自明の事実として前提されている。ここで新しく指摘されたことは、そのどちらでもない中間的なもの、すなわち、われわれの為す大部分の日常的な行為が、それ自体のために行われているのではなく、善（より上位の目的）のために行われている、という事実である。われわれは歩くために歩くということはない。健康のために、あるいは、学校へゆくために歩くのである。それ故、悪を望む者は一人もおらず、価値的に無色の中間的なものもそれ自体としては端的に望まれるのではなく、ただ善のために望まれるのだとすれば、人間のすべての行為は善の追求を動機としている、と結論してよいであろう。

さて、しかし、善は多種多様であるから、これらの多種多様な諸善の間にどのような相互関係があるかを考えておかなければ、人間の行為の真の動機は明らかにならないだろう。この点に関して、アリストテレスは『ニコマコス倫理学』の中で見事な論述を展開しているが、これはこの点に関するソクラテスの思想を論理的に代弁していると受け取れるから、しばらくアリストテレスの言うことに耳を傾けてみたい。

「われわれが求めている善とはいったい何か。なぜなら、異なる行為や異なる技術において、善が異なることは明らかであるからだ。すなわち、医術における善と統帥術における善とは異なり、その他の諸技術においても同様である。では、それぞれの技術における善とはなにか。それは、それのためにその他の物事が為《な》される、その当のものではないか。それは、医術においては健康、統帥術においては勝利、建築術においては家、その他の技術においてはその他のものであり、すべての行為と選択においてそれぞれの目的（telos）である。なぜなら、すべての人は目的のためにその他のことを為すからである。したがって、もしもあらゆる行為の目的がなにかあるとすれば、それがわれわれの行為が目指す善であるだろう(5)」。ここで、アリストテレスは、善とは行為や技術の目的であるが、行為や技術は多種多様であるから、善も多種多様であることを先ず確認し、しかし、もしもあらゆる行為や技術の目指す目的がなにかあるとすれば、すべての異なる諸善は一つの善のためにという秩序の中で収斂する、と言っているのである。

「さて、目的は多数あり、これらのうちの或るものを他のもののためにわれわれは選ぶのであるから、……すべての目的が終極的ではないことは明白である。ところで、最高善（to ariston）が終極的な何かであることは明らかである。したがって、もしも何か一つのものだけが終極的であるならば、それがわれわれの求める善であるだろう(6)」。アリストテレスは更に論理を詰めて、多種多様な諸目的はただ相互に無関係に散乱しているのではなく、目的・手段連関という階層的構造の中に位置づけられていることを確認し、したがって、その頂点に立つ究極目的が最高善である、と駄目を押している。では、その究極目的とはなにか。「ところで、それ自体のために追求されるものは、他のもののために追求されるものよりもより究極的であり、……常にそれ自体のために選ばれ決して他のもののために選ばれないものは無条件的に究極的である、とわれわれは言う。そして、なにものにもまして、幸福がそのようなものである、と思われるのである」(7)。われわれは、名誉や地位や富を幸福になろうとして追求するが、幸福を名誉や地位や富のために追求するということはありえない。誰もなにか他のもののために幸福を選ぶ人はいないのだ。こうして、われわれは人間の行為の究極の動機に行き当たった、といえる。それは幸福である。このことをソクラテスはディオティマの口を借りて次のように述べたのであった。「ディオティマ——では、善が身に備わった人には何が生ずるのでしょうか。ソクラテス——幸福になることです。デ——つまり、善の所有によって幸福な人は幸福なのですね。そして、幸福になりたいと望む人はなんのために幸福になりたいと望むのか、とその上訊ねる必要は最早ありません。この答えは究極に達している、と思われます。ソ——あなたの語ることは真実です」(8)。

2 徳に関する三つの立場

人間の行為はすべて善を目指し、善を動機としている。ところで、善は多種多様であるが、これらの諸善はただ関連もなく散乱しているのではなく、一つの目的秩序連関を形成しており、その頂点に立つ究極目的がわれわれの求めている最高善である。そして、その最高善とは幸福である。以上が前節の結論であった。そこで、「幸福とは何か」が次に問わるべき問題であるが、幸福の候補としては「徳」、「快楽」、「外的な諸善（富、地位、名誉など）」など種々のものが挙げられるであろう。この場合、アリストテレスであれば、先ず、「善」という言葉がいかなる事象を指しているかという現象の分析から「善とは存在者の本質の活動である」という原理を定立し、それ故に、「人間の本質とは何か」、したがって、「人間の幸福とは何か」というように論理的体系的に考察を進めてゆくが、ソクラテスはそのような考察の仕方は採っていない。しかし、一見散発的に見えるかれの考察も、全体的に考えると、徳を中核にした一定の構造をもっている、と判断できる。そこで、幸福の諸候補に関して「徳」との関連で三つの可能的な立場を考察し、それから次節でソクラテスの思想がそれらのどれに該当するかを考察することにしよう。

（1）快楽主義

快楽主義者にとっては、快楽と徳はまったく目的・手段の関係にある。かれらにとって、徳はそれ自体のために望まれるのではなく、ただ、かれらが幸福と見なす快楽の獲得のための手段として、望まれるにすぎない。

では、快楽主義とはどのようなものであろうか。かれらの代表としてここではエピクロスをとりあげてみよう。かれは快楽を人生の目的とする。すべてのものが快楽を追求する。快楽のうちに幸福がある。「それ故に、快楽が幸福に生きることの始め（archê）にして終わり（telos）である、とわれわれは言う。……快楽はわれわれのすべての選択と忌避の原理である」[9]。だが、エピクロスにとって、快楽とは、激しい肉体的快楽の充足のことではなく、むしろ、苦痛の欠如のことである。それは特に「魂の惑いなき状態（ataraxia）」のうちにある。「これらのことを明確に見透した者は、すべての選択と忌避を「肉体の健康」と「魂の惑いなき状態」へと向けることを知っている。なぜなら、これが幸福に生きることの究極点であるからである」[10]。それ故、すべての快楽はそれ自体において善きものであるが、すべての快楽が追求に値するものではない。エピクロスによれば、飲酒と放蕩が人生を楽しいものにするのではなく——なぜなら、それらは後に大きな苦痛を惹起するであろうから——肉体が苦痛から解放され、魂が惑乱から解放されることのうちに幸福が存するのである。だから、エピクロスの快楽主義とは放蕩主義ではない。賢者は欲望を可能な限り縮小する。欲望の増大は苦痛の源の増大であるからだ。こうして、エピクロスの倫理とは快楽主義とは言いながら、実質的には、逆説的に、温和な禁欲主義と言ってよいだろう。

それでは、この倫理において、徳はどのような役割を果たしているであろうか。徳は

「魂の惑いなき状態（アタラクシアー）」の条件として要請される。単純、温和、抑制、上機嫌などの諸徳は、無抑制な享楽や熱狂的野心よりも、人を静かな快楽へと、すなわち、幸福へと導くのである。「知恵に従って（phronimôs）、美しく、正しく生きることなしに、快く（hêdeôs）生きることは出来ない[11]」。「正しき人は心の惑いから最高度に自由な人である[12]」。不正はそれ自体において悪なのではない。それが悪の性格を帯びるのは、ただ、処罰されるという恐怖と結びつくからである。正義もまたそれ自体において善なのではない。それが社会関係と人間の交わりに有用である限りにおいて、正義は善であるが、その有用性を失えば、もはや善ではない。

こうして、最高度に有用な徳は「知恵（洞察力 phronêsis）」である。人は眼前に現れる快楽を手当たり次第に追いかけてはならないのであるから、快楽と苦痛の正しい測定の技術（symmetrêsis）が幸福の追求において極めて重要な能力となるのは明らかだ。それは、現在と未来の快楽と苦痛を相互に比較し、評価し、判定する能力に他ならない。もし、人が本当に幸福な生を送ろうと思うならば、かれはこの能力すなわちフロネーシスを持たねばならないのである。これが、快楽と徳との関係についてのエピクロス派の根本の考え方であった。

さて、ソクラテスは快楽主義者では全くない。ソクラテスの快楽主義否定の姿勢は『ゴルギアス』篇においてもっとも明確に表明されている。だが、ここで攻撃の標的となる快楽主義はエピクロスの場合のような温和な快楽主義ではなく、カリクレスの猛烈な欲望至上主義である。そこで、快楽主義に対する検討を二段構えとし、先ず、カリクレスの立場に対するソクラテスの批判を検討し、それから、エピクロス的な思想に対してソクラテスがいかなる立場を採りえたか、を考察することにしよう。

カリクレスによれば、人は、何者であるにせよ誰かの奴隷であれば、幸福ではありえない。だから、人は自由でなければならない。自由とは自分の欲することを無制限に行う力である。「正しく生きようとする者は、自分自身の欲望を最大になるように放置し、決してこれを懲らしめたりしてはならない。そして、最大となった欲望に勇気と思慮をもって仕えることができる者とならねばならぬ。さらに、欲望が生ずれば、いつでも、何についてでも、これを満たさなければならぬ[13]」。しかも、最大の快楽は非常識な欲望を開発することによって成就される。それが大きな満足を生み出すのである[14]。それ故、徳は、もしもそれが欲望の無制限な解放を妨げるものであるならば、醜く有害なものである。「始めから王子の身分に生まれついた者たちとか、自分自身が生まれつき、独裁にせよ王権にせよ、なんらかの支配的地位を手に入れるほどの力を持った者たちとか、そういう人々にとって節度（sôphrosynê）や正義（dikaiosynê）よりもより醜くより悪しきものが本当にあるだろうか[15]」。

このカリクレスの主張に対するソクラテスの批判は、三つの論点から行われるが、第二論点はあまり説得力がないので省略し、ここでは、第一論点と第三論点を取り上げることにしよう。第一論点とはこういうものである。もしも、あらゆる欲望の充足が無制限に善だとすれば、疥癬にかかった人が掻くのが快くて、一生身体を掻き通して過ごした場合、その生は幸福な生ということになるだろう。[16] つまり、病人が病的な欲望をいだき、その充足に大きな快楽を覚えた場合、これを否定する理由がなくなる、ということである。この論点のうちには、麻薬中毒患者が麻薬に溺れてその生を滅ぼした場合、この生をも幸福な生としなければならない、という主張も含まれているだろう。ソクラテスは、このような病的快楽の極点に男娼の生を挙げ、それは恐ろしく醜悪で悲惨な生ではないか、と言っているが、[17] この点については現代では異なる意見を持つ人々がいるかもしれない。しかし、この論点の問題とする点は、もしも、快楽以外になにも善の尺度がないとすれば、原理的に病的な快楽と健康な快楽との区別が消失するのであり、これは現実の人々の判断とは大きくかけ離れている、という点にある。これは、人々の現実的な倫理感覚に訴えた批判である。

これに対して、第三論点とは次のようなものである。われわれが「善い」と「悪い」を区別する時、両者にはそれぞれ固有の特徴が備わっている。たとえば、思慮深く勇敢な人は善く、無思慮で臆病な人は悪い。これが逆になることは決してない。ところが、愉快を感じたり苦痛を感じたりする点では、両者の間にほとんどなんの区別もないのである[18]。たとえば、戦場において、敵が退却してゆく時に、無思慮で臆病な連中は大いに愉快がるだろうが、勇敢な人々も愉快を感ずるだろう。反対に、敵が攻め寄せてくる時には、臆病な連中だけが苦痛を感ずるのではなく、勇気のある人々も同じく苦痛を覚えるだろう。すると、どういうことになるか。快を感じている人が善い人なのであるから、善い人も悪い人も同じ程度に善い人であることになり、苦痛を感じている人が悪い人なのであるから、善い人も悪い人も同じ程度に悪い人ということになるだろう。あるいは、敵が逃げてゆく場合には、臆病者の方が多分より大きな快を感ずるであろうから、より悪しき者の方がより善き者である、ということになるだろう[19]。

さて、この論点でソクラテスは何を言っているのか。それは、形式的にはカリクレスを自己矛盾に追い詰めたかのような議論であるが、実質的には快苦が倫理的善悪とは関係がない、ということを言っているのである。確かに、人間は快楽を求め苦痛を避けるが、それによって倫理的善悪の問題が解決されるわけではない、ということに他ならない。かえって、快苦は倫理的に無記であるが故に、快楽も苦痛も倫理的に規制されなければならないのである。すなわち、善い快楽と悪い快楽があり、善い苦痛と悪い苦痛がある、ということだ[20]。たとえば、勇敢な人が、強敵に直面して逃亡したいという欲望を感じながら踏み止まる時、かれは苦痛を感じているにもかかわらず、倫理的責任感から勇敢な行為へと進むのである。

そして、ここまで考察が進めば、カリクレスの主張のうちにはある種の自己矛盾があることが見えてくる。すなわち、カリクレスの超人とは、独裁者となって天下を牛耳ろうと欲する人であるが、その欲望の実現にあたっては思慮と勇気をもって行為せねばならぬ、と言われていたからだ。[21] しかし、これは当たり前のことだろう。もしも、手当たり次第の欲望に身を委ねていたならば、独裁者になろうというような大志はおろか、どれほど僅かな仕事でも、これを為し遂げることはできないだろう。そういう人間は自己を形作ることができずに、混沌の中へと解体する他はないだろう。それだから、人間として形を成すためには普通の人間にとってさえ必須である欲望の制御は、超人にとってはその目的が巨大であるだけにますます要請されるだろう。かれが思慮と勇気のある人でなければならないのは、そのためだ。思慮と勇気とは欲望を抑制する力に他ならないのである。ところが、他方、カリクレスは「自分自身の欲望を出来るだけ大きくなるように放置し、決してこれを懲らしめてはならぬ。そして、最大となった欲望に勇気と思慮をもって仕える力をもち、欲望が生ずる時には、いつでも、何についてでも、これを満たさなければならぬ[22]」と言うのである。この言葉のうちにはすでに自己矛盾が現れているのだが、要するに、カリクレスは勇気と思慮による抑制を必要とする超人の生を擁護しながら、同時に、欲望の無制限の解放を主張するという不整合を、無自覚なままに犯している、ということである。

さて、ソクラテスによる以上のカリクレス反駁は、快楽主義についていかなる立場を表明しているか。先ず、快楽は倫理的には無記である、つまり、善悪とは無関係である、ということだ。したがって、善い快楽もあれば、悪い快楽もある。その善さ悪さは、当の快楽を生み出す行為の倫理的価値によって決まる。すなわち、善い行為の生み出す快楽が善い快楽であり、悪い行為の生み出す快楽が悪い快楽なのである。次に、結局は同じことになるのだが、快楽は無形の混沌とした力であるから、形を与えられなければ、生を形成する積極的な力には成りえない、という点がある。その形とは、倫理的価値が与える秩序に他ならない[23]。形は、いかなる目的合理性のもとに与えられることもできるであろうが、それが善き形であるためには、倫理的な善がそれを規制していなければならないのである。

では、凶暴なカリクレスの欲望至上主義ではなく、エピクロスの温和な快楽主義に対しては、ソクラテスは何が言えたであろうか。エピクロスはソクラテスの死後五〇年以上も経ってこの世に到来した人であるから、この反論は想像によって語る他はない。多分、ソクラテスはこう言うだろう。エピクロスが求めているものは快楽ではなくて、実は、徳である。欲望の制御としての節制、心の惑いなき状態としてのアタラクシアー、友情などは、エピクロスが人間の幸福の構成要素としてもっとも高く評価するものであるが、これらは徳であるが故に快いのであって、快楽の大きさの比較によって評価されているわけではない。なぜなら、快楽や苦痛の大きさの比較というようなことは、実は、出来ないことだからである。というのは、仮に快楽が相互に比較されうるとすれば、それらの快楽は等質でなければならない。しかし、異なった行為が生み出す異なった快楽を等質である、と強弁することは出来ないだろう。

たとえば、学問研究（真理の探究）に従事するときに味わう喜び（快楽）、病人へ奉仕する行為において味わう喜び（快楽）、美味しい寿司で飢えを満たす喜び（快楽）などを、どうして比較できようか。仮に、これらの行為が可能性として目前にあったとすれば、それらのうちのどれを選択するかは快楽の量の比較などによって決まるのではなく、快楽の質によって、換言すれば、それらの快楽を生み出した行為の倫理的価値によってである[24]。エピクロスは快楽の量を測定する知恵としての測定術[25]を幸福の要諦としたが、異なった行為からは異なった快楽が生ずるのだとすれば、もともと測定術というようなものは成立しないのである。だから、快楽は量においても質においても相互に異なるであろう。その時、一つの快楽を他の快楽よりも善しと判断して選択する根拠は、快楽の外部にある他の価値判断すなわちその快楽の土台となる行為の倫理性にある他はないのである。エピクロスの哲学は図らずもこのことを語っている、と言ってよいであろう。

(2) アリストテレスの立場

「幸福とは徳(アレテー)を伴った繁栄としよう。あるいは、生の自足、あるいは、安定したもっとも快い生活としよう。……もしも、幸福がそのようなものであるならば、幸福の構成要素とは以下のようなものでなければならない。すなわち、良き生まれ、多くの友人、良き友人、富、子供の良さ、子供の多さ、良き老年である。さらに、肉体のアレテー(たとえば、健康、美、力、大きさ、競争力)、名声、名誉、幸運、徳などである」[26]。これは一般大衆向けの書物である『弁論術』からの引用であるが、それに相応しく多くの人々が幸福の部分と見なすものをほとんど網羅的に挙げている。しかし、これは単なる大衆へのサーヴィスではなく、アリストテレス自身の見解が、実は、多くの人々の常識的な見方に非常に近いのである。しかし、そうは言っても、アリストテレスの場合、これらの諸部分がただ渾然と収集されているわけではない。すなわち、これらの諸部分の間には、より本質的な部分とそうでない部分との区別があり、全体が一つの階層的な体系的構造を成しているのである。では、それはどのような構造か。

「もし人間の働き(ergon)が把握されれば、幸福が何であるかは恐らく明らかになるだろう。なぜなら、笛吹きや彫像制作師やすべての技術者にとって、また一般になにか働きや行為をもつ者にとって、その善と良さが働きの中にあると思われるように、人間にとってもまた、いやしくも人間になにか働きがある以上は、事情は同様であると思われるからである」[27]。アリストテレスの根本的な立場は、「善は存在に根付いており、或る存在者の存在はそのものの働きとして現れてくる」という思想である。「生物にとって存在するとは生きることである」[28]という有名な一文は、この思想をもっとも明らかに示す一つの箇所である。そこで、当然、善とは存在者の働きであり、したがって、笛吹きの善は笛を吹くことであり、彫刻師の善は像を彫ることであり、目の善は見ることであり、足の善は歩くことなのである。

では、職業によって機能が限定された人間の働きではなく、目や手足のような器官としての人間の働きでもなく、全体としての一般的な人間の働きとは何であろうか。それは、人間の霊魂（生命）の構造をみれば、明らかになる。すなわち、人間の霊魂は、アリストテレスによれば、階層的構造を成す三つの部分から成っている。これらのうち、もっとも下位の植物霊魂は個体の存在維持を図る栄養、成長、生殖を司る部分で、あらゆる生物に共通のもっとも自然的な部分である。だから、この部分の働きは人間にとってもっとも基底的ではあるが、しかし、この部分は人間に固有の部分ではないから、その働きは人間に本来的な働きであるとは言えない。栄養補給によって存在を維持するだけになった人間が十全な人間と見なされないのは、このためである。

この植物霊魂の上に、第二の欲望的もしくは聴従的部分がある。この部分はいわゆるもろもろの動物的諸能力の機能する場所で、感覚、欲望、情動などの座である。その限り、これはとくに優れて人間的な部分とは見えないが、しかし、人間における動物的諸能力は、決して単なる動物におけるが如くただ本能的に機能するのではなく、常に理性の統制との関わり合いにおいて機能している。すなわち、ここにおいて非理性的な部分と理性的な部分とが遭遇し、前者が後者に反抗したり聴従したりしているのである。その限り、つまり、人間が理性と非理性の両世界にまたがる存在者である限り、これは極めて人間的な部分であると言われうるのであり、ここここそが倫理徳の成立する場所に他ならない。換言すれば、人間の善である幸福とは、この部分の十全な活動、すなわち理性の統御下におけるパトス的衝動の発動充足という事態である、と言うことができるだろう。

最後に、階層的構造の最上位に、第三の部分としての純粋理性がある。その活動は純粋な認識活動としての観想（theôria）であり、その徳は知性的徳（dianoêtikê aretê）と呼ばれる。ところで、この世界では、この部分は人間にのみ固有であるところから、この活動こそが人間にもっとも本来的な活動であり、したがって、究極の幸福である、という理解も成立しうるように見えるかもしれない。しかし、この点についての詳細な議論は別著に委ね[29]、今ここでは次の二点を指摘しておきたい。すなわち、第一には、本来の人間は決して純粋理性者ではなくむしろ非理性的理性者であるということ、第二には、アリストテレス自身が観想的生活を「超人間的生活」と呼んでいるということである。

かくして、霊魂の構造の素描による人間本質の解明は、人間の善としての幸福を「魂の欲望的もしくは聴従的部分」の十全な活動のうちに定位した。換言すれば、倫理徳の十全な活動が人間の幸福である、というのがアリストテレスの幸福に関する思想の中核であった。

では、健康、富、名誉などの外的諸善はどのように位置付けられているであろうか。「幸福は外的な善（ta ektos agatha）をも明らかに併せ必要とする。なぜなら、外的な善の準備なしに美しい行為を為《な》すことは不可能であるか容易ならぬことであるからである。すなわち、一方において、友人や富や政治的権力を、いわば道具のように用いて為される多くのことがあり、他方において、それが奪われれば幸福に汚点がつくいくつかのものがあるからである。たとえば、生まれの良さ、子宝の恵み、美しい容姿などがそれである。……したがって、いま語った通り、幸福はこのような外面的な繁栄をも併せ必要とするように思われるのである[30]」。

アリストテレスにとり、幸福の本質的な部分は「徳に則した魂の活動」である。これは幸福のもっとも重要な不動の核である。しかし、幸福は、さらに、いわばこの核の周囲に身体の善である健康と外的な諸善をも必要とする。それは、これらの善が有徳な行為の実現にとって条件としてもしくは手段として必要であるからである。先ず、身体の善である健康が幸福のほとんど必要条件であることについては、贅言を要しまい。もしも、ひどく虚弱であったり身体的に不利な状態にあったりすれば、その志があっても有徳な行為を実行することが非常に難しいだろう。——勿論、世の中には健康上の弱点を背負いながら、かえって常人を凌ぐ立派な人生を送っている善き人々もかなりいる。しかし、それは偉大な人の場合である。——だから、有徳な生が成り立つためには、それを支える健康な身体が必要なことは言うをまたない。しかし、留意すべきは、健康は有徳な行為の条件ではあっても、それ自体が善であり、幸福なのではない、という点である。なぜなら、もしも健康な身体に悪徳の魂が宿っていたならば、健康は悪の奉仕者となるからである。その他の外的諸善、富、政治的権力、生まれの良さ、美しさ、などについても事情は同様である。たとえば、あまりに貧乏であれば、他人に迷惑をかけるばかりで、美しい行為を世にもたらすことが出来ないだろう。だから、質素な生を営むだけの僅かな富は必要だろう。しかし、富はそれ自体が善なのではない。富は悪徳の人の手に入れば巨大な悪を生み出す凶器に変ずることは、われわれが日々目にしていることだ。それ故、これらはすべて善きものではあるが、その善さは有徳な魂に支えられて初めて成立するのであり、この意味で、これらは依存的な善、二次的な善と言われなければならないのである。

こうして、アリストテレスの幸福論では、幸福の中心核に「徳に則した魂の活動」があり、その周囲に身体の善としての健康があり、更に、その外周に富、地位、美などの外的諸善がある。それ故、アリストテレスは多くの人々が幸福の要素と考えるあらゆる善をその幸福論の中に取り入れた、と言ってよいだろう。しかも、それらのうちには、容姿の美、子宝の恵み、富などの偶然的な要素も入っている。しかし、これは当然のことだ。なぜなら、人間は様々の外的な力によって左右される有限的存在者であるから、その生から偶然的要素を排除することは決して出来ないからである。だが、アリストテレスはこのように幸福についてのあらゆるエンドクサを受容しながら、それらをただ無秩序に混在させたのではなく、それらの諸要素のそれぞれに明確な意味付けを与え、その全体に体系的な秩序を与えたのである。すなわち、幸福の本質は有徳な活動であり、その他のもろもろの善きものは有徳な活動に依存して初めてその善さが肯定されうるものとして、付帯的な意味で幸福の要素である、というのがアリストテレスの立場であった。

(3) ストイシズム

これまで、われわれは幸福との関連で徳をいかに評価するかという観点から三つの立場を区別し、そのうちの二つを快楽主義とアリストテレス主義として考察した。すなわち、快楽主義は、快楽の享受を幸福と見なし、徳は目的自体としてではなく快楽獲得のための手段として尊重する、という立場であった。これに対して、アリストテレスの倫理は、徳そのものを幸福の本質を形成するものと見なすが、しかし、もろもろの外的な善をも幸福から排除せず、それらを幸福の付帯的な要素として肯定的に取り込む、という立場であった。然らば、残る第三の立場は、徳のみが幸福の唯一の構成要素であり、それ以外の一切のものは無用である、という思想であるだろう。それが、ここで取り上げるストア哲学である。

ストア派によれば、人生の目的である幸福は、ただ徳のうちにのみ存する。その徳とは自然に従って生きることであり、その自然とは宇宙を支配している神的な理性のことであり、また、その神的な理性の一片であるわれわれ自身のうちにある理性のことでもある。それ故、理性の命令に従って生きることが有徳な生であり、幸福な生なのである。[31]「徳とは「自然もしくは理性と」一致している状態である。そして、徳はそれ自体の故に選ばれるべきものであり、なんらかの恐怖や希望、あるいは外的なものによって選ばれてはならない。この徳のうちに幸福が存する。なぜなら、その時、魂は生涯を通して「自然もしくは理性と」一致するようにされているからである[32]」。「恐怖や希望によって有徳な生を選んではならない」という言葉は、たとえば、プラトンの神話で語られているような来世での賞罰が根拠になって徳が選ばれてはならないということであり、それは、そのような基礎付けが徳の自足性を損なうからである。このように、徳のみが唯一の善であれば、徳でも悪徳でもないものは、善でも悪でもなく、「どうでもよいもの（adiaphoron）」に過ぎない。「さて、もろもろの徳、思慮、正義、勇気、節制などは善きものである。これらの徳とは反対のもの、無思慮、不正などは悪しきものである。これら両者以外のものは益することも害することもないものである。たとえば、生命、健康、快楽、美貌、強健、富、名声、良き生まれなどがそうであり、それらとは反対のもの、死、病気、苦痛、醜さ、虚弱、貧乏、悪名、卑しい生まれ、その他これらに類するものもそうである。……なぜなら、これらは「どうでもよいもの（アディアポラ）」であるからである[33]」。

これは崇高にして剛直な思想であるが、普通の人間にとっては非常識に崇高であるかもしれない。なぜなら、われわれ普通の平凡な人間は、「理性に従った生としての徳」が根本的な善であることを了解したとしても、それのみが唯一の善であり、これに対して、健康、美、富、その反対物である、病気、醜さ、貧乏などは善悪いずれにも属さぬ付属物として無視する、というような生き方をどうして実行できようか。しかし、ストア派の哲学者のうちには事実このような生き方を実践した人々がいるのであり、かれらの考え方は次のエピクテートスの言葉に躍如として現れている。

「もしも暴君が私を脅迫し喚問するならば、「かれはだれを脅迫しているのか」と私は言う。「おまえを縛るぞ」とかれが言うならば、「かれは私の手足を脅迫しているのだ」と私は言う。「おまえの喉を切るぞ」とかれが言うならば、「かれは喉を脅かしているのだ」と私は言う。「おまえを牢屋にぶち込むぞ」とかれが言うのなら、「私のこの小さな体を脅かしている」のであり、追放で脅かしても同じことである。――では、暴君は君をまったく脅迫していない、ということになるのか。もしもこれらのことが私にとって何ものでもない、と私が感ずるのならば、脅迫していない。もしも私がこれらのことをなにか恐れるのならば、かれは私を脅迫しているのである。……私のけちな体を取り去れ。財産を没収せよ。名誉を剝奪せよ。私の身のまわりにあるものを奪い取れ。もしも私がだれかにこれらのものを求めよ、と説得するのならば、私は本当に告発されなければならない。「なるほど。しかし、予はおまえの考えを支配したいのだ。」いったい誰があなたにそのような権力を与えたのですか。あなたは他人の考えをどこで支配できるのですか。「かれに恐怖を与えて、予はかれを支配するのだ」と専制君主は言う。だが、考えは自分で自分を征服するるのであって、他人によって征服されることは決してない、ということをあなたは知らないのです(34)」。

このストア派の剛直な倫理は、人間の真の自己は自分自身の心、意志、理性のみであり、その他の付属物、名誉、財産、地位などの外的付加物は言うに及ばず、身体でさえも自分自身とは関わりのないものである、という思想から来ている。なぜなら、人間が真に支配できるのは自分自身の心だけであり、それ以外の一切のものは運命の気まぐれな力に翻弄される不安定な、自分自身にとっては恒常性のないものに過ぎないからである。

では、幸福に関するこれら三つの思想のうちで、そのどれにソクラテスの考えはもっとも近いであろうか。というのは、これら三つの思想はいずれもなんらかの意味でソクラテス哲学から流れ出てきた末流であり、したがって、そのどれがソクラテス哲学の真髄を正当に受け継いでこれに形を与えたかの了解に、ソクラテス哲学を理解する鍵もまた存するからである。

3 徳の至高性

ソクラテスの根本的な立場は「徳の至高性」である。徳の至高性とは、徳が究極の価値であり、実践における最高原理である、という立場を意味する。これについては三つの決定的なテキストがある。これらは、みな『弁明』篇と『クリトン』篇から引用されたものであるが、この二つの対話篇のうちにわれわれは、未だプラトンによる理論化を受けることの少ない、もっとも歴史的なソクラテスを見出しうる、と言ってよいだろう。

〔一〕「君の言うことは感心できないよ、君。もしも、少しでも価値のある人間が、行為するに際して、正しいことをするのか不正なことをするのか、善き人の行いか悪しき人の行いか、だけを考えるのではなくて、生死の危険をも勘定に入れなければならない、と君が思っているのだとしたならばね(35)」。

〔二〕「アテナイ人諸君、ことの真実は次の通りだからです。人がどこかの場所に、それが最善であると信じて自分自身を配置するか、あるいは、支配者からの命令によって配置された場合、私の信ずるところでは、そこに踏み留まって危険を冒さなければなりません。

死とかその他のなにかを一切勘定に入れずに。ただ、醜悪なことを避けることのみを念頭に置いて(36)」。

〔三〕「言論がこのように証明しているのだから、われわれにとって考慮すべき唯一のことは、……われわれが正しい行為をすることになるのか、……それとも、本当に不正をすることになるのか、だけである。そして、もしもそれを為すことが不正であることが明らかになるならば、私がここに留まり大人しくしていることによって、私は死ななければならないとか何か他のことを蒙らなければならないとか、そういうことを一切勘定に入れてはならない。不正を犯さぬことだけを考えなければならぬ(37)」。

これら三つのテキストにおいて、ソクラテスは「正しいことをするのか不正(醜悪)なことをするのか」という選択肢に対して、「生きるか死ぬか」という人間にとって究極の関心事と思われる選択肢を対立させ、たとえ生命を失うことになっても不正を犯してはならぬ、と言っている。すなわち、「正しい行為」が至高の価値であり、「生命の存続」でさえもそれには匹敵しないのである。これがソクラテスの基本的立場であるということは、決して忘れないようにしよう。

だが、ソクラテスは善を倫理的な徳にだけ限っていたわけではない。たとえば『エウテュデーモス』篇では次のように述べられている。「われわれは幸福になる(eu prattein)ことを望むのだから、どうしたら幸福になれるのだろうか。もしわれわれに多くの善いもの（polla agatha）があれば、幸福になれるのだろうか。だが、この問いは先ほどのよりももっと愚かな問いだろう。なぜなら、その通りだということは明白であるからだ。──かれは同意した。──さあ、では、存在するもののうちでどのようなものが、われわれにとって善いものなのか。だが、この問いにうまく答えることも、難しいことではないし、立派な人の仕事であるわけでもない。なぜなら、すべての人がわれわれに、富んでいることは善だ、と言うだろう。そうではないか。──まったくです、とかれは言った。──それから、健康であることも、美しくあることも、また、その他身体に関して申し分なく整えられていることも、そうではないか。──かれにもそう思われた。──だが、さらに、生まれがよいことも、自分自身の国で権力や名誉があることも、明らかに善いことだ。──かれは同意した。──では、と私は言った、善いもののうちで未だ何がわれわれに残っているか。思慮深くあること、正しくあること、勇敢であることなどは、いったい何か。クレイニアスよ、ゼウスにかけて、もしもこれらのものを善いものとして定めるならば、われわれは正しく定めるだろう、と君は思うかね。それとも定めない方がかね。おそらく、われわれに異議を申し立てる者がいるかもしれないからね。君にはどう思われるのか。──善いものです、とクレイニアスは言った。──よろしい、と私は言った。では、知恵はこのグループのどこに配置しようか。善いもののうちにか、それとも君はどう言うのか。──善いもののうちにです[38]」。

この引用文において、ソクラテスは善を大きく三つの種類に分類して挙げている。すなわち、先ず、健康、容姿の美、力などの身体的な善である。これらが人間の善であることはあまりにも自明のことであり、このような問い自体が愚かな問いであるとさえ言われている。ギリシアの民衆は「健康は最上の善、容姿の美は第二の善」と歌っていたのであり[39]、この民衆の知恵をソクラテスもまた或る限定付きで容認している、と言ってよいだろう。それから、かれは富、権力、名声などの社会的な善、アリストテレスの言う外的な善をも挙げている。これらのものもまた人間の生にとってある限度内では基本的に必要なものであり、その限り善として容認されうるだろう。ソクラテスがこれらのものそれ自体を悪であると言ったことは、決してない。そして、最後に、思慮、正義、勇気、知恵などの倫理徳が挙げられている。この四者に敬虔を加えるとソクラテスが語った倫理徳のすべてになるが、これらの諸徳はソクラテスにとって結局は一つのものであった。というのは、すべての個別的な徳は善悪の知識を或る特定の行為領域へと適用しうる能力であるからである。たとえば、何を恐れるべきか、何を恐れてはならないか、という問題についてならば、その解決に善悪の知識を適用しうることが「勇気」であり、どのような快楽を享受しどのような苦痛を忌避すべきか、という問題についてならば、その解決に善悪の知識を適用しうることが「節制」である。それ故、すべての個別的な諸徳はその根本の土台である「善悪の知識」において連結しているのであり、ただ適用領域が異なるだけで実質では同一のものである、と言ってよいだろう。それ故、節度のある人は必ず勇気のある人であり、正義の人であり、敬虔な人である。すべての徳は共に立ち、ともに倒れるのである。(40)

さて、ソクラテスは、上述の『エウテゥデーモス』篇の引用から明らかなように、このような意味で実質的に一体である倫理徳の他に、身体の善も外的な善も人間の幸福の要素として認めていた。しかし、徳の至高性という立場は、この場合、非倫理的な諸善すなわち身体の善や外的な善は束になっても倫理徳には匹敵しない、という思想を語るものである。もしも、今、ここで、われわれが、正義の行為をするか、不正に加担して巨万の富を入手するか、という選択肢の前に立たされたとすれば、躊躇《ためら》うことなく巨万の富を棄て正義に就かなければならない、という立場を語るものなのである。非倫理的な善がどれほど巨大であっても、富、社会的地位、名誉、美、健康などは言うに及ばず、命でさえも、倫理的な善の喪失を償うことは出来ないからである。

それ故、ここで、ソクラテスの倫理が常識倫理を越えてゆく局面が現れてくる。すでに、第七章「正義」で論じたように、ソクラテスは「復讐の禁止」という革命的な倫理を述べ始めていたが、かれは自分自身の倫理と同時代の人々の倫理との間に架橋しがたい断絶があることを意識したであろう。「そうすると、どんな人に対しても、仕返しに不正を加えたり、害悪を為してはならない。たとえ、かれらから何事を蒙っても、だ。そして、気をつけてもらいたい、クリトンよ、君がこれらのことに同意しながら自分自身の考えから逸現在これらのことは、僕は知っているのだ。これらのことは、このように信じられて同意することがないように。なぜなら、僕は知っているのだ。これらのことは、現在でも、将来でも、僅かな人々の同意しか得られないだろう、と。だから、このように信じている人々とそうは信じていない人々との間には、共通の意見はありえないのであり、かれらは相互に相手の思案を見て軽蔑し合う他はないのだよ」[41]。だが、この革命的な倫理はいかなる倫理的原則の帰結であったのか。「いかなる人からいかなる害悪を蒙っても、仕返しに害悪を返してはならない」というこの倫理は、「いかなる仕方においてでも決して意図的に不正を為してはならない」[42]という根本原則からの直接の帰結であり、「それは何故か」と、さらに問えば、それは「徳が至高の価値である」からなのである。『クリトン』篇では、この前提はもう一つ次のようにも表現されている。「ソクラテス——生きることではなくて、善く生きることを最高の価値とせねばならない、というこのロゴスは、われわれにとって未だ不動なのか、そうではないのか。クリトン——不動だよ。ソ——そして、「善く」と「美しく」と「正しく」とは同一である、というロゴスは、不動なのか、そうではないのか。ク——不動だ」[43]。この「正しく生きることが最高の価値である」という根本思想から、ソクラテスは『クリトン』篇での「復讐の禁止」という思想を導出し、『ゴルギアス』篇での「害悪を為すよりは、害悪を蒙る方が善い」という思想を導出し、そうして、脱獄逃亡を拒否し、不正な裁判の結果を受容して、処刑されたのであった[44]。

4 徳と諸他の善との関係

さて、前節の「徳の至高性」という思想は、一見すると「徳が幸福の唯一の構成要素」である、と主張しているように見える。この立場を、ヴラストスに従って、「徳の同一性理論（the identity thesis）」と呼ぼう。[45] この思想はストア派の立場であるが、それに立てば、もちろん、われわれは常に正しい行為を求め、決して不正な行為に振り向いてはならない。しかし、決して不正行為をしないためには、このように強い原理を保持する必要は必ずしもないのである。この原理は、二者択一の選択肢が正しい行為か不正な行為かという場合にのみ、選択に一義的な決定を与えうる。たとえば、公正な入札を実行するか、賄賂を受け取って或る業者に有利な取り計らいをするか、というジレンマに立った場合には、「公正な入札をすべし」という命令を一義的に与えうる。だが、もしも、二者択一の選択肢が両方とも倫理的に是認されうる場合には、この原理は行為の決定においてなにも機能しないのである。たとえば、職業の選択に際して、銀行員になろうか公務員になろうかというジレンマに立たされた時、「徳の至高性」という行為の大原則はなにも機能しない。なぜなら、これらの両方の選択肢はともに道徳的に是認されうるものであるから、倫理的にはどちらを選択しても構わないからである。それ故、この場合の選択の原理は「徳の至高性」とは別種のもの、たとえば、どちらの職業がより金が儲かるかとか安定性があるかとか、そういうものになるだろう。そして、人間の選択行為は大体はこのような次元で行われているのである。だから、有徳さの点では甲乙つけがたいが、他の点では実質的に相違をもたらすような二つの行為のプロセスを前にして、それに理性的な選択根拠を与えるような立場が必要なのであり、同一性理論はこれに応えることができないのである。すなわち、ストア派の倫理は非現実的であり、人間は実際はストイシズムの原理で生きてはいないということだ。

それ故、徳を至高の価値として保ち、幸福の本質的構成要素として維持しつつ、より低次元の諸々の善を幸福の非本質的構成要素として容認する立場が求められるのである。この場合、これらの低次元の諸善は、徳を離れれば、まったく無価値である。健康も富も地位も悪徳の人の所有物になれば、すべて悪の道具へと転化する。しかし、有徳な人の所有物になれば、小さな程度においてではあってもかれの幸福に輝きを与え、それを高揚させるであろう。——もちろん、有徳な人は、これらの低次元の諸善を欠いても、幸福ではあるだろう。たとえば、ソクラテスのように貧乏であっても。しかし、病気であるよりは健康である方が、貧乏であるよりは質素な暮らしに足りるだけの蓄えがあった方が、普通の人間にとっては、幸福は増大する。[46]——この立場を、先の同一性理論に対して、幸福の多元性理論と仮に呼ぶことにしよう。これは、体系的理論としてはアリストテレスの立場であるが、実は、それに先立って、萌芽的にソクラテスの立場でもあったことを以下において明らかにしたい。

「恐らく、かれは私を殺すことが出来るだろう。私を国外追放に処したり、私から市民権を剝奪することが出来るだろう。かれメレトスやその他の人々は、恐らく、これらのことを巨大な悪（megala kaka）である、と考えているだろう。だが、私はそうは思わないのだ。それよりも、この男がいま為そうとしていること、すなわち、一人の男を不正な仕方で殺そうと試みることの方が、遥かに巨大な悪なのだ(47)」。この演説で、ソクラテスが言っていることは、ソクラテスの告発者たちがかれら自身に加えようとしている害悪（不正な判決）の途方もない巨大さに比べれば、かれらがソクラテスに加える害悪（死刑、追放など）は些末なものだ、ということである。だから、ソクラテスはかれらがなんの害悪もソクラテスに加ええない、と言っているのではなく、なんの大きな害悪も加ええない、と言っているのである。すなわち、真実の巨大な害悪とは魂に不正を加えることでしかないが、これについては、かれらはソクラテスに対して何事をも為しえない。しかし、死とか国外追放とか市民権剝奪などの（魂が不正になることに比べれば）小さな害悪については、かれらはこれをソクラテスに加えうるのである。

このことを逆に言えば、真実の善とは「正しい魂であること」だけであるが、生命や財産や名誉もまた小さな善である、ということに他ならない。そのことをはっきりと示すのは次の言葉である。「そして、もしも、かれが徳をもっていると言いながら、もってはいないと私に思われたならば、私はかれを非難して、こう言うだろう。君はもっとも価値のあるものを軽んじて、より劣ったものをより大切にしている、と。……つまり、私が歩きまわってしていることといえば、ただ次のことだけなのだ。諸君のうちの若者にも年配者にも、魂が最善になるようにと先ず出来るだけ心がけよ、と説得することです。そして、身体や金銭をそのことよりも先に配慮してはならない、と。というのは、金銭から徳が生ずるのではなく、むしろ、金銭やその他のすべてのものが人間にとって善いものになるのは、公私いずれにおいても、徳によってだからなのです（ex aretês chrêmata kai ta alla agatha tois anthrôpois）」(48)。

この最後の文章は、「徳から金銭やその他の善が生まれる」と訳されることもあるが、ヴラストスの言うように、これは、徳を金儲けの手段と誤解させかねない、全く筋違いな読み方である(49)。ソクラテスが以上の引用文で語っていることは、金銭や名誉などの非倫理的善が無価値である、ということではなく、その価値は、人生においてもっとも大切なものすなわち魂の徳に比べれば、比較にならないくらい劣るということに他ならない。そして、その理由は、徳がその他のあらゆるものを善きものにするからだ、という点にある。

徳が善の光源である。徳があれば、すべてのものが善きものになる。健康も財産も名誉も、食べることも、歩くことも、将棋を指すことも、酒を飲むことも善きものになる。その反対に、悪徳が魂に巣くえば、すべてのものが悪しきものに転化する。悪しき魂を抱いた人にとっては、生きることそれ自体が悪へと転化するからである(50)。

さて、「ソクラテスの幸福」について最後のまとめに入ろう。先ず、ソクラテスの根本的な立場は「徳の至高性」である。われわれは、有徳な行為を行為選択の究極の基礎にしなければならない。もしも、われわれが、行為の選択に際して、有徳な行為か悪徳の行為かのジレンマに立たされたならば、迷うことなく有徳な行為を選択しなければならない。しかし、われわれの日常生活においては、このように深刻な倫理的決断に迫られる場合はそう多くはない。われわれの選択は、大抵は、健康管理だとか、資産運用だとか、職業選択だとか、更に細かくなれば、毎日の食事の献立だとか、暇つぶしの思案だとか、に係わっているであろう。「徳と幸福の同一性理論」は、このような日常の非倫理的な選択場面においては、なんの指示も与えることができない、というところに問題がある。そこで、ストア派のように、「徳だけが善であり、それ以外のものは、健康も病気も、富も貧乏も、名誉も悪名も、一切合切、どうでもよいもの（adiaphoron）だ」――この立場は、唯一の善は徳だけだと言うのであるから、その他のすべてを無視するという点においては、論理的には首尾一貫しているのである——とは考えずに、「徳の至高性」を基本に据えながら、しかもなお、非倫理的な諸善をも幸福の小さな付属的構成要素として容認することが、人間の現実に適合しており、それがソクラテスの立場でもあった、とわれわれは論じてきたのである。そこで、最後に、『ゴルギアス』篇の中から二つの箇所を引用してこの論点を補強し、本章を締めくくることにしよう。

一つは、すでに度々言及した「すべての存在者を善きもの、悪しきもの、そのいずれでもないもの、へ三区分する」箇所である。(51) ここで、ソクラテスは善きものの例として、倫理的な善、知恵の他に、健康と富の二つの非倫理的な善を挙げている。もしも、ソクラテスが「徳のみが唯一の善である」と考えていたとすれば、このような例は理解できないこととなろう。「魂の正しさ」をひたすらに追求する『ゴルギアス』篇のこの文脈において、二つの非倫理的善が善として挙げられていることは意味深いことであって、それは、ソクラテスが幸福の構成要素を徳のみに限ってはいなかったことを、示している。すでに、度々強調したように、ソクラテスは「徳の至高性」という根本原理を固く保持しているが、それに下属する位置においてこれらの非倫理的な諸善にも自体的な価値を与えているのである。

もう一つは次の箇所である。「ポーロス——すると、あなたは不正を行なうよりはむしろ不正を蒙る方を望まれるのでしょうか。ソクラテス——少なくとも僕はそのどちらも望まないだろう。しかし、もしも、不正を行なうか不正を蒙るか、そのどちらかが必然であるならば、不正を行なうよりはむしろ不正を蒙ることを僕は選ぶだろう」[52]。ソクラテスは根本的には不正を行なうことも不正を蒙ることも望まない、と言っているのである。ソクラテスはマゾヒストではない。無意味な禁欲や苦しみを望みはしない。だから、たとえば、生命や財産を守るために、「不正を蒙るか不正を蒙らないか(生命や財産を損なわれるか否か)」という選択肢の前に立たされれば、不正を蒙らない方を選ぶのである。それは、当たり前のことだ。誰でもそうするに決まっている。そうしなければ、多分、正常な人間ではない。だが、もしも、生命や財産を守るために、「自分自身が不正を犯すか——たとえば、独裁者の悪しき命令の共犯者となって、身を保全するか——あるいは、不正を蒙るか——たとえば、投獄されるか」という選択肢の前に立たされれば、断固として「不正を蒙る」方を選ぶ、とソクラテスは言っているのである。これが、幸福に関するソクラテスの結論である。

あとがき

現代のわが国には、優れたソクラテス学者が多数おられ、個別的な問題に関する優れた論文は数々公表されているが、不思議なことに、邦語で書かれたソクラテスについての然るべき全体的な書物は田中美知太郎先生の『ソクラテス』（岩波新書）一冊しかない。その他には、ジャン・ブランの好小著『ソクラテス』（文庫クセジュ、白水社）が邦訳されているだけである。こういう状況であるから、ソクラテスの思想について私自身の考えをまとめることは、わが国の思想界におけるソクラテス理解の前進のために、踏み越えられるべき一里塚を築くことにはなろうかと思い、ここに本書を大方の御批判に委ねることにした。

ところで、本書執筆のきっかけは、私が東北大学に来て間もない頃、勁草書房の富岡勝さんが仙台に来られて――それは、三陸海岸に釣りに来られたついでに仙台に寄られた折りのことだった、と憶えているが――「ソクラテス」についての執筆を勧めてくださったことにある。私は、もともと学生時代からソクラテスには深い関心をもっていて、私なりに研究もつづけていたから、この申出は非常に嬉しかった。しかし、ソクラテスについて考えをまとめようとしてみると、これが容易ならぬ難事業であることが次第に解ってきた。それは、そもそも、ソクラテスという人がどのような思想を語った人なのか、容易には理解しがたいからであった。それを正確に把握しようとすればするほど、かれはわれわれの理解をくつがえす謎めいた人物であった。更に、その頃から、欧米におけるソクラテス研究が一種のブーム状態に入り、次々に優れた論文が公表されて、私はそれに追いつくのがやっとという状態がつづいたからでもある。こうして、富岡さんと約束してから二〇年以上の年月が経ってしまったのである。

こんな風に私が考えあぐねていた頃、ちょうどケンブリッジ大学に留学中であった東京都立大学の神崎繁君から、ヴラストスの「エレンコス（反駁的対話）に関する講義」のコピーが送られてきた。これを一読した時、私は視野が開けたと感じた。ソクラテスを理解する視点がなかなか定まらなかった私は、この講義録によって、捉えどころのないソクラテスの哲学が一つの焦点を結びうる、という予感をいだいた。ソクラテスの哲学が反駁的対話の遂行であることは大昔から誰でも知っていたことであり、また、反駁的対話に関する優れた研究も数々ありはしたのだが、ヴラストスのこの研究こそが反駁的対話の論理構造とその哲学的内実（意味）について初めて徹底的な分析を行い、その内容を明晰に概念化した、と言ってよいだろう。それ以後の、世界中のソクラテス研究は、すべて、このヴラストスの「エレンコス研究」を軸にして動いているのである。それ故、私のこの書物は、ヴラストスのエレンコスに関する研究を私なりに咀嚼同化し、私自身の哲学的立場からこれに改良を加え、この視点からソクラテスの全思想を分節化し、可能なかぎり整合的な体系として理解しようとした試みである。

私の書物のもう一つの特色は、ソクラテス哲学を理解する際に、その宗教性という視角を重視した点である。不思議なことに、わが国では、ソクラテス哲学のこの面はほとんど誰にも注目されたことがなく、それに関する研究も無きに等しかった。ソクラテスは、ただ、ニーチェの受け売りによって、抽象的思考の怪物、論理を振りまわすだけの理性主義者の元祖としてのみ理解されてきた。しかし、ソクラテス哲学の核心にはいろいろな意味で超越的なものとの関わりがある。この点の理解を欠けば、ソクラテス哲学の本質にはまったく触れることができない、と言っても過言ではないだろう。

ソクラテスは単純な理解を許さない。逆説のヴェールに包まれている。その謎を私に可能なかぎり少しでも明らかにしようとすることが、私の努力目標であった。しかし、私は謎の大岩に真剣勝負をいどんで、刀折れ矢尽きた感じである。私は、ソクラテスを書こうとして、おそらくは私自身の正体を暴露してしまったに違いない。しかし、私にはこれ以上のことはできない。このようなソクラテス像に対して、ソクラテス自身はどのようなイロニーを浴びせるであろうか。

最後に、二三御礼の言葉を述べておきたい。本書で研究の土台となっているギリシア語原典は、私自身の研究による責任のもとに引用され叙述されているが、その際、岩波版『プラトン全集』および『アリストテレス全集』の翻訳を参照し、非常に裨益されるところが多かった。ここに記して、翻訳者諸氏に厚く御礼を申しあげたい。また、本書の第七章「正義」は、すでに、「ソクラテスの正義——『クリトン』篇の根底にあるもの——」という表題のもとに自然法研究会の機関誌『自然法と実践知』(一九九四年、創文社)のうちに、第八章「ダイモニオン」と第九章「死と希望」は、「ソクラテスにおける超越的なもの」という表題のもとに『倫理の復権』(一九九四年、岩波書店)のうちに、公表されているが、この度本書への収録を許容していただいた。いろいろな意味で、かかわりのある三社に厚く御礼を申しあげたい。また、長年月仕事の完成をお待ちいただいた富岡勝さんにはとくに心からの御礼を申しあげたい。索引は、東北大学大学院学生の今泉智之君と松浦明宏君の手になるものである。両君にも厚く御礼を申しあげたい。

一九九五年五月

東北大学文学部哲学研究室にて

岩田靖夫

学芸文庫版へのエピローグ

本書の初版年は一九九五年であるから、約二〇年前に遡る。その間、ソクラテス研究の隆盛もあり、また、筆者自身の思索の展開もあるから、今、ここに、新版を出すにあたり、本書のソクラテス理解の核心を、筆者の現在の哲学的地点から、一言、再説するのが本書全体に対する適切なエピローグとなるであろう。

言うまでもなく、本書のソクラテス解釈の基本的立場について、筆者にはなんの変更もない。ただ、この二〇年の間、同学の諸氏から学会でのシンポジウム(1)その他において、種々の問題提起がなされ、それによって事柄がより明確になった点もあるので、それらを参考にして、以下、二つの問題について、筆者の現下の理解を述べることにする。二つの問題とはこうである。Iソクラテス哲学の方法である「反駁的対話（エレンコス）」において、反駁の梃子としてソクラテスの提出する「自明の命題（ソクラテスの信念）」をいかに理解するか。Ⅱソクラテスの語る「無知の自覚」とはいかなる事態を意味するか。この二つの問題である。

1 反駁的対話におけるソクラテスの信念

ソクラテスが、そもそも、公に哲学活動（反駁的対話）に乗り出したのは、お節介屋の弟子カイレフォンがもたらしたデルフォイの神託の故であった。すなわち、神アポロンは「ソクラテス以上の賢者なし」との神託を与えたのである。(2) 自分の無知を深く自覚していたソクラテスは、これを聞いて非常に驚いた。「自分の無知を自覚している者を最高の賢者である」と言うこの神託は、一体なにを意味しているのか。そこで、ソクラテスは、この神託の謎を解くことが、自分に与えられた神からの使命であると、理解し、対話活動に乗り出したのである。すなわち、知恵の誉れ高き人々、政治家、詩人、技術者などを訪ね、かれらから知恵を学ぶことができれば、それによって神託を反駁できるだろう、との心づもりからであった、とソクラテスは言っている。(3)

この場合、先ず、二つ注意しておかなければならない点がある。一つは、ソクラテスが問題とする知恵とは「善美についての無知（ouden kalon kagathon eidenai）」である[4]、という点である。ソクラテスが「自分は無知である」と言うとき、かれが何も知らない、ということではない。もともと石工であったのだから、建築や彫刻の仕事には多分相当の知識をもっていたであろう。あるいは、『パイドン』やその他の諸対話篇からも窺われるように、自然学や詩文についても相当の知識をもっていたであろう。しかし、このような知識は、もし人が善についての知をもたなければ、なんの役にも立たないのだ、とソクラテスは言うのである[5]。善についての知は、自己についての知と言い換えられることもある。「僕には、そんなことに関わる暇はまったくないのだ。その訳は、友よ、こうだ。僕は、未だに、あのデルフォイの銘の命じている、自分自身を知らないのだ（gnônai emauton）。それなのに、このことを知らずに、他のことを考察するなど嗤《わら》うべきこととは思われないかね」[6]。原子力についての精密な知識をどれほどもっていても、「人はなんのために生きるのか」についてなにも知らなければ、そのような知識はなんの足しにもならないのである。そこで、ソクラテスは、他のことは一切放擲して、善の探求に生涯を捧げたのである。

もう一つの注意点は、ここで「神託を反駁できるならば（eiper pou elegxôn to manteion）」という言い方がなされている点である。これを真に受けて、ソクラテスが神託の反駁を意図した、と理解したならば、それは誤解である。ソクラテスは神を信ずることの篤い極めて敬虔な人であった。それゆえ、「神が嘘を吐くことはありえないのだから(ou pseudetai ge)」[7]、「無知を自覚する者ソクラテスをもっとも賢い」というこの大逆説にはなにか怖しい謎が秘められているに違いないとソクラテスは直感し、その謎を解くために反駁的対話を開始したのである。「神託を反駁できるならば」という表現は、神の贈った謎を解くために、この世の知者たちと反駁的対話活動を開始するという行動へのレトリカルな「まくら」なのである。

さて、反駁的対話の論理構造については、本書の第四章で詳説したから、ここでは繰り返さない。討論会で質問が集中した点は、反駁的対話を遂行する際に、ソクラテスが対話相手に承認させた「自明の命題」を筆者が「エンドクサ」と記述して、論証構造を説明した点である。そこで、この点に的を絞って問題の解明に迫りたい。

先ず、アリストテレスの言う通り、対話的論証(dialektikê)は対話に関わる人々の「思い込み(ドクサ)」から始まる他はない[8]。それが、知識に近いほどのものか、単なる憶測か、世間の噂程度のものか、あるいは、対話者本人が自負しているだけのただの独断か、それらのいずれかを問わず、対話は「私はこう思う」から出発する他はないのである。この意味で、反駁的対話とはドクサとドクサの衝突から出発し、より普遍的なドクサへの上昇を目指すものである、と筆者は言うのである。ここからすでに言えることは、反駁的対話とは確実な知識からの演繹ではない、という点である。人間の知識に、そもそも不可謬な知がありうるのか、という点はここでは不問に付すが、いずれにしても、反駁的対話が可謬的・相対的なものである、という本質的性格をもつことは、その出発点と構造からして自明のことである。

そこで、本題のエンドクサに戻るが、細かい点を端折ると、アリストテレスはこれを「すべての人々に良しと思われているもの（ta dokounta pasin）か、大多数の人々に（tois pleistois）良しと思われているものか、賢い人々に（tois sophois）良しと思われているものか、のいずれかである」と言っている。[9] 反駁的対話において、ソクラテスが対話相手に承認を求める「自明の命題」はこれら三つのエンドクサのいずれかに該当する、と筆者は考えている。だから、エンドクサという段階での知が問題ならば、ソクラテスはすでに自らその知を身につけているのであり、それゆえに、ソクラテスの言う「無知の自覚」はその段階での知とは別次元の問題であり、対話相手はすでにエンドクサの段階においてソクラテスに打ち倒されているのである。

以上に述べたことは、話を少し具体的にしなければ、分かりにくいと思われるので、一つ二つ、反駁的対話の具体的展開を見てみよう。『ゴルギアス』篇は、ゴルギアス、ポーロス、カリクレスという超弩級のソフィストが連続的に登場し、弁論術の本質について反駁的対話が連続的に展開してゆく有様を典型的に描く対話篇である。

先ず、ゴルギアスが最初の対話者としてソクラテスに問われる。「弁論術とはなにをする術か」(10)。ゴルギアスの答えは大凡こうである。弁論術とは、言論に関わる術であり、すべての技術は言論を通じて行われるから、すべての技術を支配する技術であり、事柄の是非善悪を問わず、自分の思い通りに相手を説得する術であるから、最高の技術である、と。それゆえ、この技術を身につければ、医術を知らなくても、医者以上に患者を説得して嫌がる手術を受けさせることができるし、正不正を知らなくても、法廷では裁判員を説得できるし、民会では民衆を説得できるのである。すなわち、すべてを自分の有利に導くことができるのである、と。

ところで、とソクラテスは問いかける。弁論術の教師たる者は、正不正、善悪、美醜などについて、自分は知らないのだけれども、無知な大衆に対しては知っている者であるかの如くに、対話相手を説得できる技術を教えているのか、それとも、本当は知っていて、説得の技術を教えているのか、どちらなのか、と(11)。この問いに対してゴルギアスは「勿論、正義を知っていて、説得の技術を教えているのだ(12)」と答える。すなわち、「弁論術の教師たる者は正義を知っている」という命題を承認させられたのである。

ここから、どういう帰結が出てくるか。普通の技術ならば、その技術をどう使うかは、技術者の意図次第である。たとえば、医者はその知識によって患者を癒すこともできるし、気に食わない相手を病気にすることもできる。自動車修理工は故障車を修理することもできるし、悪意があれば、更に別の箇所をも機能不全にして一層重度の故障車にすることも出来る。しかし、「正しく行為する」「正義を知っている」ということであり、正しく行為しない者が正義を知っているということは、ありえない。すなわち、正義の知識とは、単なる知識ではなく、それを知る者をして正しくあらしめる力でもあるのだ。

しかし、そうであれば、ゴルギアスが最初に語ったように、弁論術は、事柄の是非善悪を問わず、自分の思い通りに相手を説得する技術ではありえなくなる。弁論術の教師は意図的に不正を行うことができない者なのである。[13] こうして、ゴルギアスは反駁された。

さて、ここで、ソクラテスが反駁の梃子に提出した自明の命題とは、「正しいことを学んだ人は正しい人になり、正しい人は必ず正しいことをする」という命題である。[14] この命題は、「万人に」とは言えないとしても「多くの人々に」是認されている命題であり、その意味で「エンドクサ」と呼んでよいだろう。人間は正しいことを知っていても、意志の弱さの故に正しいことを行わないことはあるにしても、正義を知る者が意図的に悪事を行うことはないだろう。もし、そういうことが起これば、その人は本当は正義を知らないのである。

では、ゴルギアスは自分の立場を自己矛盾に落とし込むこのような命題をなぜ認めてしまったのか。それは、弁論術の教師をやりながら、もし「自分は正義を知らない」と言ったとすれば、おそらくは、弟子がいなくなってしまうからである。弁論術とは、古代ギリシア・ローマの世界では、政治の世界で成功するための技術である。そこで、上手に相手を説得するためには、単に権謀術数についての技術知だけではなく、少なくとも建前上は、正邪善悪についての真実の知をもっていなければならない。弁論術の教師を標榜する者が、もし、「私は正邪善悪について実は何も本当のことは知りません」と言ったとすれば、政治の世界で成功を志す若者たちは、かれのもとを去ってゆくであろう。

さて、ここから反駁的対話は第二段階に入る。ゴルギアスがソクラテスによって反駁される有様を見ていたポーロスは、なにがこの議論のポイントであったかを理解した。すなわち、「私は正義を知っている」とゴルギアスが承認させせられたことが、自己矛盾への墜落の致命的な落とし穴であったのだ。そこで、ポーロスは陣容を立て直す。すなわち、弁論術の教師は正義などは知らない、というより獰猛な立場を表明するのである。

ポーロスは言う。弁論術は、正不正などに関心はない。ただ、説得の力にのみ関心をもつのである。この力によって、財産を没収したい者からは財産を没収し、国外追放にしたい者を国外追放し、殺したい者を殺すのである。この恐るべき力は、独裁者が暴力によってしていることを、言論の力によってする点にある。(15) 人間の幸福は、したい放題のことをすることである。弁論術はそれを可能にする術なのだ、と。ポーロスの考えでは、独裁者のアルケラオスは奴隷身分から身を起こし、親族殺し、その他の不正の限りを尽くして独裁者の地位に立ち、その宮廷は栄耀栄華を極めているが、このアルケラオスを羨ましがらない者がどこにいるだろうか。幸福は、正義によってではなく、力によって得られるものなのだ、と。

ポーロスとソクラテスの間で交わされる討論の委細については、紙幅の関係で省略せざるをえない。要点は、次の点にある。不正や悪事を犯すことなどポーロスにとっては問題ではない。かれにとっては、力によってしたい放題のことをすることが幸福である。それを言論の力によって成就するのが弁論術なのである。

このポーロスの主張にたいするソクラテスの反論は、二つの点から行われている。一つは、人間の行為の目的は善である、という論点である。すべての事柄は、善いものと、悪いものと、善くも悪くもないものの三種に分かたれるが、悪いもの（自分にとって害になるもの）を行為の目的にする人間はいない。では、善くも悪くもないものはどうか。それは、歩くとか、座るとか、航海するとか、木材や石を使うとかいうことであるが、こういう中間的なものは目的となる善のために行われるのである。そうすると、すべての行為は善のために行われる、ということになる。[16] 以上は、なんの異議もなくポーロスによって認められている。それがエンドクサ（大多数の人々が是認する命題）だからである、と言ってよいだろう。

では、この命題を認めるとどうなるか。かりに、われわれが人を斬り殺したり、国外追放に処したり、財産を没収したりした場合、それは、これらの行為がわれわれにとって善いことだと思うから、そうするのである。悪いことであったなら、そういうことをしようと望むはずがない。そうであるならば、独裁者が自分の思い通りのことをしている場合、そのことが悪いことであったならば、かれは自分の望んでいることをしてもいないし、その意味で大きな力をもっているとも言えないのである、と。なぜなら、人間の行為の目的は善であったからであり、独裁者は善を求めながら悪を犯している、という自己矛盾に落ち込んでいるからである、と。

これは、ポーロスに対する第一段の反論である。ポーロスはこの反論を聞いて嗤った。ソクラテスの反論は世間の誰をも説得しえないだろう。それが正であるか不正であるかなどとは関係なしに、自分のしたい放題のことをして、罰せられない者を羨ましがらない人があろうか、と。たとえば、独裁者が誰かを死刑に処したとき、その行為が正義に適《かな》っていたか不正であったか、などということは問題ではない。いずれにしても、かれはしたいことをしたのだ。それが、力があり、幸福である、ということなのだ、と。このポーロスの主張についても長い議論の応酬が続くが、一切を省く。

ソクラテスの再反論のポイントはこうである。「ところで、不正を行うこと（adikein）と不正を蒙ること（adikeisthai）で、どちらがより醜いか（aischron）」[17]。「それは不正を行う方だ」、とポーロスは認めざるをえない。それは、ソクラテスによれば、ソクラテスだけではなく、世の中の誰でもが認めていることだからである[18]。つまり、エンドクサであるからである。すると、どういう帰結が出てくるか。すべて美しいものは快さ（hêdonê）と有益さ（ôphelia）によって定義され、醜いものは苦痛（lypê）と害悪（kakon）によって定義される。それゆえ、今、「不正を行う」ことが「不正を蒙る」ことよりも「より醜い」ことが合意されたのだから、前者は後者よりも、苦痛の点でか、害悪の点でか、あるいは、両方の点で勝っていなければならない。ところで、苦痛の点で勝っていると言えないことは自明である。それゆえ、「不正を行うこと」は「不正を蒙ること」よりも害悪の点で勝っているのである。すなわち、独裁者や弁論家は、不正行為をすることによって、自分の利益を得ているつもりになっているのだが、実は、自分自身に害悪を加えているのである。こうして、ポーロスへの反論は完成する。

ところで、独裁者や弁論家が不正行為によってどういう意味で自分自身に害悪を加えているのか、と問われるであろう。ソクラテスの答えは、「かれらは不正行為によって自分自身の魂（psychê）に傷を負わせているのであり、これが人間にとって最悪の事態である」[19]というものである。この議論を追跡するには、長い紙幅を要するので、ここでは、そういう結末が最後の結論である、と言うに止める。

さて、問題は、以上に例示した反駁的対話において、ソクラテスが反駁の要所で対話相手に認めさせた自明の命題がどういう性格のものか、という点である。それは、「大多数の人々が是認している」と言う意味で「自明」なのであり、その意味で「エンドクサ」なのである。「人間の行為はすべて善を目指す」という命題も、「不正行為は醜い」という命題も、現実の世界では文字通りには実行されていないとしても、人々は心の奥底においてはこれらの命題の真理性を疚しさの意識として自覚しているのであり、不正擁護の論陣を張ろうとしたポーロスでさえ、この心の深層の真実までを否定できなかったのである。ソクラテスの反駁的対話は、あまりに自明であるが故に建前上の話として片付けられてしまうけれども、実は、心の深層で人間を動かしている倫理的真実に訴えかけることによって、遂行されているのである。それが、ソクラテスにおけるエンドクサの意味である。

2 無知の自覚とはなにか

さて、以上に述べたように、ソクラテスは、倫理的真実について、自分自身も他の大勢の人々も否認できない信念を持っている。この信念を後のアリストテレスの用語に従って「エンドクサ」と呼んでよいであろう。この信念に基づいて、ソクラテスは対話相手の理論を反駁しているのであり、その意味で、この信念はソクラテスにとって信頼しうる妥当性を持っているはずである。すなわち、ソクラテスはある種の倫理的知を持っているのである。

実際、このような知について、ソクラテスは知っているという言葉を使っている。「不正を為すこと、そして、神にせよ人にせよ、より善い者に従わないこと、これが悪であり醜であることを、私は知っている（oida）」[20]。これは、死刑になるか反駁的対話活動を止めるか、の二者択一に迫られたなら、反駁的対話活動は絶対に止めない、とソクラテスが語ったときの言葉である。なぜなら、反駁的対話活動は神託を通してソクラテスに神から課せられた使命であるからである。その神の命令に背くことが悪であることを、ソクラテスは「知っている」と言っているのである。

さて、「不正を為すことが悪である」とか「神の命令に背くことが悪である」とかいう命題は、言葉の定義の如きものであるから、この場合、問題点ではない。問題点は、反駁的対話活動を神の命令として受け取った点である。それは、神の投げかけた謎を解くために、ソクラテス自身が長い苦悩の末に発明した「神の謎の探求方法（epi zêtêsin autou toiautên tina etrapomên)」なのであり、[21] そこにこの活動への従事のいかにしても拭いきれない主観性が潜むのである。換言すれば、この活動はソクラテスの信念（エンドクサ）に基づく神の投げた謎の解明である、ということである。そこには、あらゆる人間知に必然的に付きまとう主観性が潜んでいる。

こうして、ソクラテスの言う「無知の自覚」は、いわゆるエンドクサの次元での知と矛盾するものではないことが、明らかになったと思う。では、かれの言う「無知」とはなにか。

本書では、第五章「無知」において、筆者はこう記した。「ソクラテスの無知とは、かれが、倫理的真理について、真実ではあるが、断片的な基礎知識しかもっていなかったことである。……ソクラテスは、これらの断片的知識をしっかりと纏めて組織化できる、原理的な一般理論をもっていなかったのである」[22]。この説明は、依然として正しい。しかし、「無知の自覚」の深みに達していない、という点で不十分であった。注（1）で言及した討論会で諸家の指摘したように、「知識の断片性が無知の印」ならば、それはあらゆる知識について言えることで、特に、ソクラテスの倫理的探求に固有なことではないからである。

そこで、ここからは、「無知の自覚」についての筆者の哲学的思索である。先ず、プラトンの「善のイデア」がその機微を窺う基礎になるであろう。プラトンでは、ソクラテスのエレンコス（elenchos）から発展した仮説演繹法（hypothesis）が真理探究の方法として導入される。『パイドン』篇での説明によれば、その次第はこうである。自然学に失望したソクラテスは、善の探求への新たな道として、ロゴスによる探求の道をとった、と言う。「そこで、言論（ロゴス）の中に逃れて、その中で存在するものの真理を考察しなければならない、と僕は思った。……すなわち、それぞれの場合に、僕がもっとも強力であると判断するロゴスを前提として立てたうえで（hypothemenos）、このロゴスと調和する（整合的である）と思われるものを真と定め、調和しないと思われるものを真ではないと定めるのだ」[23]。すなわち、仮説演繹法とは、先ず、自分がもっとも強力であると確信する仮説を前提として立て、そこから自分が立証したいと思う事柄を演繹的に基礎付ける、という方法である。この時、もし、仮説自体に疑問が生ずれば、より上位の諸前提の中から別の仮説を立てて（allēn hypothesin hypothemenos）、なにか充分なものに至るまで同じ手続きを繰り返す、とプラトンは言っている[24]。「より上位の仮説を立てる」とは、現代人としては、「より説明力の大きな仮説を立て直す」と理解すればよいだろう。

さて、このようにして、仮説的認識を積み上げていって、その行く末はどうなるであろうか。「真実在（to on）をいくぶんかは捉えている、とわれわれが語った他の学問、幾何学やそれに関連した学問は、仮説（hypothesis）を用いながら、その仮説を不動のものとなし、仮説の根拠付けをなしえない限り、真実在について夢見ているのであり、醒めた目で見ることができないのである」[25]。すなわち、『国家』篇に至って、プラトンは仮説演繹法では真実在には到達しえない、という立場に至ったのである。なぜなら、この方法は、仮説そのものの根拠付けをしないまま、その仮説から出てくる帰結を容認しているからである。それは、エレンコスがどこまで上昇してもドクサの圏内を脱出できないのに対応した事態である。

そこで、プラトンはこう言う。「だが、ディアレクティケーの方法だけは、仮説を廃棄しながら（tas hypotheseis anairousa）、原理そのものへと（ep'autên tên archên）進む[26]」。しかし、仮説を次々に廃棄（anairein）しながら、より良い仮説へ上昇するとして、どこで、どのようにして、原理そのものに到達しうるのかについては、プラトンは一言の説明もしていない。プラトンが、ここで「原理そのもの」と言うものは、万物の存在根拠であり、認識根拠であり、善性の根拠である「善のイデア（idea tou agathou）」であるが、仮説演繹法という理論的方法で進んだ果てに、究極原理との間に、理論的方法では架橋できない断絶が現れるのである。ディアレクティケーはエレンコスから発展した方法であるが、探究のプロセスとしてエレンコスの論理構造を仮説演繹法として精密化したが、最後の究極原理（善のイデア）に至る場面で、論理では架橋できない深淵に直面する。そこで、ディアレクティケーはエレンコスの流砂構造を露呈するのである。この深淵への直面が「無知の自覚」である。

この断絶を跳躍する機微が、第七書簡で次のように述べられている。「これらの人々がこの事柄について（peri tou pragmatos）理解していることは、私の考えでは、ありえない。実際、この事柄について、私の書物は存在しないし、また、存在することもないだろう。なぜなら、もろもろの他の学問のように、それは語られることが決して出来ず（rhêton gar oudamôs）、長い年月の間事柄そのものと交わり、それと共に生きることにより（ek tou syzên）、突然、跳ねる炎から点火された光（phôs）のように魂の中に生まれ（en têi psychêi gignomenon）、己自身を養うからである[27]」。プラトンはシシリー島に渡ったとき、哲人王による理想国家を念頭に置きながら、当地の支配者たちに哲学の教授をした。かれの話を聞いた人々のうちから、「善のイデア」を理解したとか、それについて本を書いたとか、言う人がいることを聞いて、プラトンが語った言葉である。なんという愚かな人々か。私自身、善のイデアについて書物など書いたこともないし、これからも書くことはないだろう。なぜなら、それは、語ることができず、ましてや、書くことなどできるはずがないからである。それは、長い年月、善の探求に身を捧げ修行し続けていくうちに、突然、魂のうちに点火される光のような体験なのである。「善のイデア」についてのプラトンのこの言葉は、師ソクラテスの「無知の自覚」について、なんらかの示唆を与えるのではないだろうか。

もう一つ現代哲学から、ソクラテスの「無知の自覚」を仄かに理解するための手がかりとなるかもしれない、考え方を提示してみよう。それは、レヴィナスの倫理思想における、傷つき易さ（vulnérabilité）と無限（infini）との関係である。レヴィナスにおいて、善とは、人間が己の自由意志に基づいて他者に施すいわゆる慈善ではない。そういう行為は、レヴィナスにおいては、およそ、善の名に値しない。そうではなくて、苦しむ他者に偶然出会った時、その他者の助けを呼ぶ声なき声に応答することなのである。その応答が責任（responsabilité）の引き受けである。すべての人間が苦しむ者であり、死すべき者であるかぎり、われわれは常に他者への責任の下にある。

ところで、この他者の苦しみの感受（sensibilité）がレヴィナスの言う「傷つき易さ」である。われわれは他者から傷を受けるのである。この受傷は受動性（passivité）とも言われる。『ルカ福音書』の喩えを用いれば、それは、強盗に襲われて半死状態で路傍にうち棄てられていたユダヤ人に偶然遭遇したサマリアの商人が、衝撃を受けて我知らず傍らに駆け寄って介抱に没頭する、あの衝撃である。

では、この衝撃はどこから来るか。詳しい哲学的基礎付けは一切省略して、ここでは結論だけを言う。「他者の苦しみを共に（sympathie）背負え」「他者の身代わり

(substitution)になれ」というこの命令は、「無始源(anarchie)のかなた」から来たのである。[28]「無始源のかなた」とは、われわれを襲うこの命令とその出所との間には、時間の連続がない、すなわち、空白の無しかない、ということを意味する。この時間で架橋できない闇の間隙を、レヴィナスは「ディアクロニー(diachronie)」という独特の意味を籠めた術語で表している。レヴィナスは「神」という言葉をあまり使わないが、その代わりに「無限(Infini)」という言葉を使う。この言葉を「無限者」と訳すのは適切ではない。なぜなら、そうすると、神が現象世界と連続してどこかに存在する存在者であるかの如き錯覚を生むからである。「無限」は、その存在証明がなされた途端に、その超越性を失い、自己自身を消去することになるだろう。[29]

こうして、無限の栄光は現象世界に直接的に現れることはできない。なぜなら、現れることはそれを事物として確定し、それに始点を与えることになるからである。それゆえ、無限は存在するのではなく、無限化する(infinition de l'infini)のである。人間が、どこから来るのか分からない衝撃に襲われて、他者の苦しみに駆け寄る時、「無限」がその栄光を輝かすのである。この「無限」の「無始源性(anarchie)」がソクラテスの言う「無知」になんらかの示唆を与えないだろうか。

最後に、時折ソクラテスを襲う「ダイモニオン」の否定の制御が、無知の自覚と深い関係を持つだろう。ソクラテスは、「無神の者」として告発された。すなわち、「国家の信ずる神々を信ぜず、別の新しいダイモンのようなもの(hetera daimonia kaina)を信じている[30]」、として告発されたのである。ギリシア人の宗教とは、国家宗教であり、同時に祭儀宗教であった。人々は、定められた祭日に、国家行事として行われる祭礼や宗教行事に参加することによって、神々を崇める敬虔な人間として認められた。ソクラテスが、特に、このような社会的慣行に意図的に反発した節は認められないが、しかし、真実の神を探求していたソクラテスがギリシア神話の神々を本気で信仰してはいなかったことは、『エウテュフロン』篇を始めとする諸対話篇から明らかである。

これに対して、ソクラテス自身の告白によれば、「なにかダイモンのようなもの(to daimonion)」がソクラテスの生涯についてまわった。それは、しばしばソクラテスを襲い、かれがなにか正しくないことをしようとする時、かれに反対したのである[31]。それは、なにか姿形をもった特定の存在者として確認されることのできない無名不定の力で、ソクラテスに特定の行為を命令することは決してなく、ただ、ソクラテスの意図的行為(思考)を制止する力として現れたのである。「ダイモン(daimôn)」ではなく、「なにかダイモンのようなもの(to daimonion)」というこの呼び方自体が、この力の無名不定性を表している。

ところで、ソクラテスは徹底的な理性主義者であった。ソクラテスという人物は、行為に際して、「よく論議して最善と思われるロゴス以外の何ものにも従わない[32]」ような人間であり、たとえば、死刑の直前に脱獄を勧めに来たクリトンを相手に脱獄の是非を哲学的に論証しようとするような人間なのである。その論証とは反駁的対話であり、かれの行為を支えていたのは、よく反駁的対話に耐え抜いたロゴスであった。すなわち、ソクラテスは、生き、考え、行動しているとき、常にロゴスによる基礎付けによって、換言すれば、反駁的対話による自己の（あるいは、他者の）信念の正当化によって、己の生を基礎付けようとしていたのである。

しかし、この理性的活動は、時折、とくに生涯の重大な岐路で、ダイモニオンの制止に襲われた。それは、ソクラテスを引き止める。そこで、ソクラテスは再び自己の信念を再検討する。この時、ソクラテスは自己の信念（ドクサ）に絶対的確実性のないことを自覚したであろう。ロゴスによる基礎付け（反駁的対話）の止むことのない営みがドクサの流砂を決して脱出できないことを、自覚したであろう。

然るに、ソクラテスの生涯における最高にして最後の時、すなわち、かれが「無神の者(atheos)」として告発され、裁判にかけられ、死刑の宣告を受けるプロセスのすべてにおいて、このダイモニオンの制止が全くなかったのである[33]。このことを、ソクラテス自身が驚異の眼をもって見つめたに違いない。かれは、その刑死において、無知の自覚がそのまま神の是認であったことを悟ったのではあるまいか。生涯にわたり、自分を善の探究へと押しやる衝撃の根源を「知らない」ということこそが、神に対する人間のあるべき姿勢であったことを、劇的に知らされたのではあるまいか。

二〇一三年一二月九日　　亘理にて

岩田靖夫

†注

第一章

（1）O. Gigon, Sokrates—Sein Bild in Dichtung und Geschichte, 1947, Bern., S. 16.
（2）プロテウスはギリシア神話の海神。あらゆるものの姿形をとることが出来た、と言われる。
（3）Plato, Phaedrus, 276a8-9.『パイドロス』藤沢令夫訳（岩波版プラトン全集〔以下、全集と略〕第五巻）二五八頁。
（4）Xenophon, Apologia Socratis 5-6.（Xenophon, IV, Loeb Classical Library, no. 168, pp. 644-5.）
（5）Plato, Apologia Socratis, 21a5-7.『ソクラテスの弁明』田中美知太郎訳、全集第一巻、六〇頁。
（6）Xenophon, Apologia, 14-6.
（7）Plato, Apologia Socratis, 24b8-c1.『ソクラテスの弁明』全集第一巻、六八頁。
（8）Xenophon, Apologia, 11-13; Memorabilia, A, 1, 3-5.『ソークラテースの思い出』佐々木理訳、岩波文庫、二三―四頁。
（9）S. Kierkegaard, Über den Begriff der Ironie mit ständiger Rücksicht auf Sokrates, übersetzt von E. Hirsch (Suhrkamp Taschenbuch Wissenschaft 127), S. 19-22.『イロニーの概念』飯島宗享・福島保夫訳（白水社版キルケゴール全集第二〇巻）三五―六頁。
（10）Plato, Apologia Socratis, 18a7-c3.『ソクラテスの弁明』全集第一巻、五二頁。
（11）Ibid., 18d7-e1.『ソクラテスの弁明』全集第一巻、五四頁。

(12) Ibid., 19b2–c5.『ソクラテスの弁明』全集第一巻、五五頁。

(13) E. Zeller, Die Philosophie der Griechen, II Teil 1 Abt. S. 213–5.

(14) Plato, Gorgias, 456a8.『ゴルギアス』加来彰俊訳、全集第九巻、三四頁。

(15) Aristophanes, Nubes, 111–8. アリストファネス『雲』田中美知太郎訳（人文書院版ギリシア喜劇全集第一巻）二二五頁。

(16) Ibid., 228–30.『雲』全集第一巻、二二九頁。

(17) Ibid., 826–8.『雲』全集第一巻、二五六頁。

(18) Ibid., 316–8.『雲』全集第一巻、二三三頁。

(19) たとえば、エルプゼは「ソクラテスが教えていることは、言語や文法のことで、人を騙す方法ではない」と言っている（H. Erbse, 'Sokrates im Schatten der aristophanischen Wolken,' Hermes, 1954, S. 385–420.）。そして、特に、劇の末尾のコロスの言葉、「これらのことの責任はお前自身にある。お前が自分自身を悪事の方へ向けたのだから。……誰かが悪事に夢中になっているのを知るときには、その者を不幸の中へ投げ込むまでは、われわれはいつもこのようにするのだ。神々を恐れることを知るように」（一四五四―六〇）という言葉を重視している（S. 402）。だが、このような態度の豹変こそむしろソフィスト的弁論の無責任さの一つの表現として理解した方が当たっているであろう。また、雲の女神たちは、詭弁論理を差配する女王たちで、各種のインチキ占い師や藪医者やソフィスト連中の守護者なのであるから、それに仕えるソクラテスが詭弁から免罪されているわけがない。

(20) W. K. C. Guthrie, A History of Greek Philosophy, vol. 3, Cambidge UP. 1969, p. 366.

(21) Aristophanes, Nubes, 899–908.『雲』全集第一巻、二六〇頁。

(22) Ibid., 961–1082.『雲』全集第一巻、二六二頁。

（23）Plato, Gorgias, 483a-c ; 492a-c.『ゴルギアス』全集第九巻、一一二―七頁、一三七―九頁。
（24）Aristophanes, Nubes, 1113-4.『雲』全集第一巻、二六八頁。
（25）Ibid., 1174-5.『雲』全集第一巻、二七〇頁。
（26）Ibid., 1399-1405. 全集第一巻、二八〇頁。
（27）Plato, Crito, 48b5.『クリトン』田中美知太郎訳、全集第一巻、一三三頁。
（28）Aristoteles, Metaphysica, A6, 987b2.『形而上学』出隆訳（岩波版アリストテレス全集第一二巻）二七頁。
（29）Ibid., 987a32-b9.『形而上学』全集第九巻、二七頁。
（30）Plato, Epistula 2, 314c2-4.『第二書簡』長坂公一訳、全集第一四巻、八二頁。
（31）『国家』篇では「善のイデア」がそう呼ばれている。Plato, Respublica, 505a2,『国家』藤沢令夫訳、全集第一一巻、四七〇頁。
（32）Epistula 2, 314a3. 全集第一四巻、八一頁。
（33）Epistula 7, 341c5-d1. 全集第一四巻、一四七頁。
（34）Ibid., 344d2-8. 全集第一四巻、一五五頁。
（35）J. Burnet, Plato's Phaedo, Oxford UP. 1953, Introduction p. xii.

第二章

（1）Plato, Gorgias, 495d6, 全集第九巻、一四八頁。
（2）Plato, Laches, 180d7, 181a1. 全集第七巻、一一四頁。

(3) Plato, Theaetetus, 149a2. 全集第二巻、一九八頁。

(4) Ap.,（Apologia の略記）17d2-3. 全集第一巻、五一頁。Diodorus Siculus, XIV 37 (Loeb C. L. vol. 6, p. 117), Diogenes Laertius II 44.

(5) Plato, Euthyphro, 11c1. 全集第一巻三一頁。ダイダロスはギリシアの伝説的な工人で、かれの作品は自ら動いた、と言われている。ギリシアの医者がアスクレピオスにまで自らの系譜を遡らせたがったように、彫刻家はダイダロスを自らの先祖と称したがったのである。

(6) Pausanias, Description of Greece I, 22, 8 (Loeb Class. Lib. vol. 1, p. 112).

(7) Ap., 23b6-c1. 全集第一巻、六六頁。

(8) Theaetetus, 149a3. 全集第二巻、一九八頁。

(9) Ap., 31d-32a. 全集第一巻、八八—九頁。

(10) Ibid., 28e1-3. 全集第一巻、八一頁。

(11) Symposium, 220a-21d. 全集第五巻、一一七—二〇頁。

(12) Laches, 181b. 全集第七巻、一一五頁。

(13) Ap., 32b5-c3. 全集第一巻、八九—九〇頁。

(14) Ibid., 32c7-d7. 全集第一巻、九〇—一頁。

(15) I. F. Stone, The Trial of Socrates, Little, Brown & Company, 1988.
本書は数年前にアメリカでベスト・セラーになった本である。著者のストーン氏は政治問題関係の著名なジャーナリストで、晩年になってからソクラテスに興味を持ち、一〇年の原典研究の後に本書を書いた、と記されている。かれは、ギリシア人の最大の文化的功業の一つに民主主義の創造があることを論じ、ソクラテスはその反民主主義的言動の故に処刑された、とソクラテス問題を専ら政治的背景から解明しようとしている。もちろん、この解明は、一面の真実をついてはいるが、ソクラテスにおいてもっとも重要な問題は倫理的価値の基礎づけという哲学的問題であり、それと関連して、神観念の神学的精錬という宗教的問題であることを、理解していない。著者はソクラテス対話篇を読むにあたり、哲学的思索の追跡をほとんどしておらず、したがって、本書は哲学的にはあまり価値のない本である、と言わざるをえない。

(16) Epistula 7, 325a. 全集第一四巻、一一〇頁。
(17) Ap., 24b8-c1. 全集第一巻、六八頁。
(18) Euthyphro, 2b7. 全集第一巻、四頁。
(19) Plato, Meno, 94e3-5a1. 全集第九巻、三一六—七頁。
(20) S. Kierkegaard, Über den Begriff der Ironie mit ständiger Rücksicht auf Sokrates, übersetzt von E. Hirsch (Suhrkamp Taschenbuch Wissenschaft 127), S. 210. 『イロニーの概念（下）』（全集第二一巻）九九頁。
(21) Ap., 24a1. 全集第一巻、六七頁。
(22) Ibid., 29c1-3. 全集第一巻、八三頁。
(23) Crito, 45d-e. 全集第一巻、一二五—六頁。
(24) Ibid., 52c3-6. 全集第一巻、一四四—五頁。Cf. Ap., 29c.
(25) Ap., 28d10-29a4. 全集第一巻、八一—二頁。
(26) Ibid., 21b-22c. 全集第一巻、六三—四頁。
(27) Ibid., 21e3-4. 全集第一巻、六二頁。
(28) Ibid., 30a5-7. 全集第一巻、八四頁。
(29) Ibid., 36c-d. 全集第一巻、一〇一—二頁。

第三章

(1) Plato, Protagoras, 333c7-9. 全集第八巻、一六五—六頁。

(2) Laches, 187e6-8a3. 全集第七巻、一三二頁。

(3) Ap., 29d4-30a2. 全集第一巻、八三—四頁。

(4) Ibid., 36c5-d1. 全集第一巻、一〇一頁。

(5) Ibid., 38a2-3. 全集第一巻、一〇五頁。

(6) 本節は下記の論文から学ぶところが多い。C. H. Kahn, 'Drama and Dialectic in Plato's Gorgias' (Oxford Studies in Ancient Philosophy, vol. I, 1983, p. 75-121).

(7) Gorgias, 458a2-7. 全集第九巻、三七頁。

(8) Ibid., 459b7-c8. 全集第九巻、四一頁。

(9) Ibid., 460a3-4. 全集第九巻、四三頁。

(10) Ibid., 460a5-7. 全集第九巻、同上頁。

(11) Ibid., 461b3-c4. 全集第九巻、四七頁。

(12) Ibid., 482c7-d5. 全集第九巻、一一一—二頁。

(13) 多くのソフィストは徳の教師を自称していたが、ゴルギアスはそう主張する者をからかっていた節がある。「ゴルギアスは他のソフィストたちが徳の教師であると約束しているのを聞くと、嘲笑しています。かれが自分の仕事と考えているのは、語ることにおいて恐るべき者にする、ということなのです」(Meno, 95c2-4)。全集第九巻、三一八頁。

(14) Gorgias, 456e-7c. 全集第九巻、二三五―六頁。

(15) プロタゴラスは大略次のようなことを言っている。外国人のソフィストとしてアテナイというこの大きな国へやって来て、もっとも優秀な青年たちを集めてかれらに影響力を振るうことは、人々の嫉妬や敵意を招き易く、極めて危険な仕事である、と (Plato, Protagoras, 316c-d. 全集第八巻、一二七頁)。この場合、プロタゴラスの約束は、青年たちに徳を教えかれらを善き市民に育て上げるということであったが、この約束は風当たりを和らげる効果を持ったかもしれない。これに対して、ゴルギアスの約束は、弁論における純粋に手段的な怜悧さの教授であったから、かれはもう少し危険度の高い位置にいたかもしれない。

(16) すべて技術というものは特定の専門領域を持つものだが、弁論術はなにも専門領域を持たない全能の術であるというゴルギアスの自慢は、実は、ソクラテスの目から見れば、弁論術とは知識でもなく技術でさえもない、という事態を意味しているのである。Gorgias, 459a-b. 全集第九巻、四〇―一頁。

(17) Ibid., 455a. 全集第九巻、三〇頁。

(18) Plato, Io, 537d-8a. 全集第一〇巻、一三九―四一頁。

(19) Gorgias, 464d1-3. 全集第九巻、五六頁。

(20) Ibid., 470a9-12. 全集第九巻、七二―三頁。

(21) 反駁的対話において、ソクラテスは自分自身が引き受けていない信念によって相手を反駁している場合がある。ここの反駁がその一例である。すなわち、ポーロスが「力があるとはなんでも好きなことが出来ることである」と言ったとき、「力があるとは善いことである」と認めさせた上で、「もし、好きなことをして処罰されれば、力がないことになるではないか」と反駁する。しかし、後に展開されるソクラテス自身の立場からすれば、「悪事を犯した者が処罰されるのは当人にとって善である」のだから、この反駁は本当は成り立たないのである。しかし、この反駁的対話においては、ソクラテスは、ポーロスの立場そのもののうちに——ポーロスの力の観念そのもののうちに——自己矛盾が内在していることを指摘して相手を反駁している、と理解すれば、これはこれで正当な反駁として成立しているであろう。ソクラテスは時にはこういう反駁をすることもあるのである。

もちろん、この場合、ソクラテスの善の理解とポーロスのそれとの間にはズレがある。というよりは、「力があるとは善いことである」という命題に対するポーロスの合意のうちには本来の自分自身の思想とは調和しない内容が潜んでいる。このことを次第に抉り出してゆくことが、以下の反駁的対話の歩みとなるのである。

(22) アリストテレスは『ニコマコス倫理学』において「人間のすべての行為はなんらかの善を希求する」という事実の確認から出発し、「善とは行為の究極目的である」という思想をその倫理学の土台に据えたが (1094a18-22)、この思想はいま論じているソクラテスの考えの延長線上にあり、それを構造的に明確化したものに他ならない (第一〇章第一節を参照)。
(23) Gorgias, 470c4-5. 全集第九巻、七三頁。
(24) Ibid., 470e9-11. 全集第九巻、七五頁。
(25) Ibid., 472e4-7. 全集第九巻、八一頁。
(26) Ibid., 469b, 479b-c, 480d, etc.
(27) Ibid., 508e7-9a2.
(28) Ibid., 474c4-7. 全集第九巻、八六頁。以下に論ずる議論の形式的構造の分析では、整理の形式についてカーンの前掲論文の整理を利用した。(Cf. Kahn, op. cit., p. 87-8.)
(29) Ibid., 482d-e. 全集第九巻、一一二頁。
(30) ポーロスがここで「不正を行なうことは不正を蒙ることよりもより醜い」という命題を容認せざるを

えなかったのは、かれが「法と慣習」を受容せねばならない立場に立っていたからだ、という解釈がある。すなわち、ポーロスは弁論家として身を立てようとしていたから、「法と慣習」を尊重することにより大衆の支持を得なければならなかったからである、と（田中伸司「ソクラテスの対話による論駁法と生き方の原理」北海道哲学会編『哲学』二三号、四六―七頁、五二頁、一九八七年）。この理解はカーンの解釈と同様である。Cf. Kahn, op. cit., p. 94.「ポーロスは世論の奴隷である。……なぜ、ポーロスはこの譲歩をするのか。なぜなら、それは皆の言うことであるからだ。……かれは世論の忠実な鏡である。」

この解釈は、ポーロスに対する反駁を、その本質において、ゴルギアスに対する反駁と同一のものにしてしまう、という点で不十分である。大衆を恐れ大衆に媚びて自己矛盾に陥ったのはゴルギアスであり、これを見て、少なくとも意図としては「法と慣習」を踏み越え「不正行為擁護」というより徹底した立場を採ろうとしたのがポーロスなのだ。それ故、ポーロスに対する反駁的対話はゴルギアスに対するそれの問題次元をもう一つ掘り下げている、と考えなければならないだろう。すなわち、「不正を行なうことは不正を蒙ることよりもより醜い」という判断が「法と慣習」に調和した立場であることは言うまでもないが、その理由は、この判断が、「法と慣習」よりもより深い、それらを成立させているような、人間の根源的な倫理的現実を現しているからであり、その現実までをもポーロスは否定できなかったということなのである。ポーロスがこれを承認したとき、ソクラテスは、これが単にソクラテス個人の或いはポーロス個人の主観的確信ではなく、いわゆるエンドクサ（公共的現実）でもあることを指摘して（四七五D二）、この倫理的直覚の根源性普遍性に言及しているのである。

さて、それでは、ポーロスに向かって提示されたこのエンドクサは、いったい如何なる倫理的現実を指示しているのであろうか。加害行為とは、言うまでもなく、他者の人格の尊厳を踏みにじる行為である。他者が自由意志をもつ自律的な存在者であり、その意味で、キリスト教の成立以降、「かけがえのない人格（ペルソナ）」と呼ばれる存在者であるならば、このような者に不正行為を加えるということは、この者の自由意志を踏みにじり、この者から自律性を奪い、この者を自分の道具として利用し、搾取し、遂には抹殺してしまおう、という態度であることは、言うまでもない。それ故、「加害行為は醜い」と直観するエンドクサは、後にカントが「理性の事実（Faktum der Vernunft）」という術語で表そうとした倫理の根源的現実を、遥かに指示しているであろう。周知のように、「理性の事実」とは、「自分の行為の原則は常に普遍的でなければならない」という行為の根本原則（道徳法則）がわれわれにアプリオリに与えられているという事実のことである。すなわち、この道徳法則はなんらかの能力から演繹されうるものでもなく、経験からアポステリオリに汲み取られうるものでもなく、したがって、だれひとりこの法則を厳密にまもる者がいなかったとしても、「人間が理性的存在者として行為する者である」という事実から、換言すれば、理性的存在者という人間の本性によってすでに与えられている、ということに他ならないいる。……それ故、道徳法則の客観的実在性はいかなる演繹によっても証明されえない。理論的な、思弁的な、もしくは、経験的な支持をえた理性のどんな努力によっても、証明されえない。……それにもかかわらず、道徳法則はそれ自身だけで確実なのである」（Kant, Kritik der praktischen Vernunft, PhB, S. 36-9）。「道徳法則はいわば理性の事実として与えられては自明の事実だ、と言っているのである」（Ibid. S. 56）。それ故、カントは、道徳法則の存在は自明の事実だ、と言っているのである。それには基礎付けも証明もありえない。なぜなら、それは根源的現実だから。すなわち、人間が理性的存在者であり、つまり、自由意志であり、つまり、自律的行為者である、ということの事実には基礎付けも証明もありえないのであり、このことが道徳法則に迫られているということなのである。カントの定言命法は、また、「他者を単なる道具として使用してはならぬ」とも言い換えられるが、この命題もまた、自己も他者もともに自律的（自己目的的）存在者であるという根源的現実の一種の言い換えであることは誰の目にも明らかである（Kant, Grundlegung zur Metaphysik der

Sitten, Suhrkamp Taschenbuch 56, S. 59-60)。そして、これが、ソクラテスがポーロスに承認を迫ったあの命題の遥かに指し示していたことである、と言ってよいであろう。

このように、倫理的な問題関連においては、エンドクサは人間にとって自明の普遍的な根源的現実を指し示している。その意味で、これは対話的言論のしっかりとした基礎になりうるものである。だが、それでは、なぜ、対話の基礎を、カントのように「事実」と言わないで、エンドクサと言うのか。それは、対話的言論をどこまでも開放しておくためである。たとえば、「人間が理性的存在者であり、したがって、自律的行為者であることは自明の事実だ」とカントが言っても、必ずしもすべての人がそれに同意するとは限らないだろう。時には、人間が理性的存在者であることを否定し、人間は単なる欲望の塊だ、と言う人もあるだろう。その時に、どうするか。ソクラテスならば、その時にエレンコスを始めるのである。そして、エレンコスは、すでに論じたように、対話者双方の同意した前提なしには一歩も前進できない。この場合、この共有の前提は、対話者のどちらから発議されたものでもかまわないが、さしあたりは討論の当事者間の同意だけでも有効であろう。しかし、もしその前提が当代において大方の人々により承認受容されている信念や常識の集成であるならば、すなわち、その前提が当代の公共的理性に基づいたものであるならば、それはより大きな説得力をもつであろう。それがエンドクサである。ソクラテスは自分自身の信念にエピステーメーの位置を与えたことはなかった。どれほど固い信念であっても、かれはそれにドクサ以上の位置は与えなかった。それがソクラテス個人の信念よりも遥かに大きな普遍性をもっていれば、それは、ポーロスに対して言ったように、「多くの人々によって同意されていること」(エンドクサ)であるが、しかし、エンドクサ以上のものではない。ドクサないしはエンドクサという術語は、「われわれの知には避けようもなくわれわれ自身の思い込みが付きまとう」という事態を指しているが、このような思い込みを完全に拭い去った危うさのない「絶対の知」なるものは人間の及びうるものではない、という意識がソクラテスにはあったのである（Ap., 23a5–b4.「恐らくは、神が本当の知者であり、人間の知はほとんどなにものにも値しないのです」）。

他方、また、「加害行為は被害行為よりもより醜悪である」という同意によって、ポーロスはゴルギアスと同じ羽目に陥ったが、それは、ポーロスが「法の定め」に従ったからだ、と言っているのは、カリクレスであってポーロスではないことに注意すべきである（四八二E五）。カリクレスにとって倫理的現実とは人間の約束事すなわち「法の定め」にすぎず、ポーロスはそういう実体のないものに同意して自己矛盾に陥った、と嘲笑しているのである。この二か所以外に、「ポーロスの同意が法と慣習に合致している」と言われている行は、ポーロスに対する反駁的対話の中にはない。

更に、ポーロスはこの同意においてソクラテスの掛けた罠に嵌まった、という議論の妥当性に対する批判がある（E. R. Dodds, Plato Gorgias, A Revised Text with Introduction and Commentary, Oxford UP., 1959, p. 249.）。すなわち、ポーロスがこの命題に同意したときには、「社会にとって醜悪である」という観点からであるが、ソクラテスの観点では「行為者自身にとって醜悪である」という意味であるから、この議論には「醜悪」という語の二義性による論過がある、と。しかし、なぜ、このような区別をする必要があるのだろうか。「加害行為が被害行為よりもより醜悪である」という倫理的現実は、社会にとっても、個人にとっても、加害者にとっても、被害者にとっても、普遍的に成立しているのであり、それだからこそ、この普遍的現実がポーロスに対する反駁の基礎となりうるのである。

（31）Ibid., 474d3–e4. 全集第九巻、八六―七頁。
（32）Ibid., 475b5–8. 全集第九巻、八八―九頁。
（33）『ニコマコス倫理学』第五巻、第四章参照。

（34） G. Vlastos, 'Was Polus Refuted', American Journal of Philology, LXXXVIII, 1967, p. 454-60.
（35） Gorgias, 454d8-9.「もしも、眺められる（theôreisthai）際に眺める者を喜ばせるならば」。全集第九巻、八七頁。
（36） この点については、カーンも田中伸司も同意見である。「（だれだれに対する）快さという省略表現は、関与者の快も観察者の快も含みうるように、空欄になっている。どこにも曖昧さはない。ただそれぞれの場合に自由に適切な行為者を空欄に充当すればよいのだ」。Kahn, op. cit. p. 91. 田中前掲論文、四八―九頁参照。
（37） Gorgias, 475c7-9. 全集第九巻、九〇頁。
（38） 先に言及した通り、第二部ではソクラテスの世界観に裏打ちされた極限的逆説が語られるが、これは第一部の系にすぎない。
（39） Gorgias, 477b2-c5. 全集第九巻、九五頁。
（40） Ap., 39a6-7. 全集第一巻、一〇七頁。
（41） Gorgias, 471a-2d. 全集第九巻、七五―八〇頁。
（42） Ibid., 470c-d, 473b. 全集第九巻、七三―四頁、八二頁。
（43） Ibid., 476b5-6, d3-4. 全集第九巻、九二―三頁。
（44） Ibid., 476e3-477a4. 全集第九巻、九四―五頁。
（45） Ibid., 478d7-e5. 全集第九巻、一〇一―二頁。
（46） Ibid., 478d1-3. 全集第九巻、一〇一頁。
（47） 形而上学的背景としての「あの世の物語」については、第九章「死と希望」において主題的に論ずる。

(1) Ap., 21a-23b. 全集第一巻、六〇―六六頁。

(2) Ibid., 21b5-6. 全集第一巻、六一頁。

(3) Ibid., 21d3-7. 全集第一巻、六二頁。 Cf. Meno, 84a4-c6. 全集第九巻、二八六―七頁。「最初この子は知らなかった。……ちょうど、いまもまだ知らないでいるように。しかし、あの時には、それを知っていると思いこんでいたのだ。そして、知っているかのように元気よく答え、すこしもアポリアを自覚してはいなかった。ところが、いまではすでにアポリアを自覚し、事実、知らない通りに、知っているとは思っていない。だから、この子はもともと知ってはいなかった事柄について、いまはより良い状態にあるのではないか。……君はどう思うかね。この子は自分の無知を自覚してアポリアに陥り、知りたいと希求する以前には、知らないのに知っていると思っていた事柄を探究したり学んだりしようと試みるだろうか」。『メノン』篇のこの一文は、無知の自覚が真実の知への前進の前提条件であることを、よく語っている。二人の無知な人間のうちで、自分の無知を自覚している人間の方がより優れている。なぜなら、この自覚がいつかかれを真実の知へと導く可能性があるからである。ソクラテスがエレンコスによって人々を無知の自覚へと促すのは、このためである。後期の『ソフィステス』篇においては、エレンコスは悪質な物質を体外へ排除する医学的な浄化作用に譬えられている。この譬えは、エレンコスがそれ自身知識の授与ではなく、それへ到達するための障害の除去であったことを示している。その障害とは、言うまでもなく、知っているという自負に他ならない。 Cf. Plato, Sophistes, 229e-230e.

(4) Ibid., 30d9. 全集第一巻、八六頁。

（5）Ibid., 30e3-5. 全集第一巻、八六頁。
（6）Ibid., 28e-29a. 全集第一巻、八一―二頁。
（7）Ibid., 37e3-38a6. 全集第一巻、一〇四―五頁。
（8）Crito, 48b5. 全集第一巻、一三三頁。
（9）本章は、一九八四年に、ケンブリッジ大学において、グレゴリー・ヴラストスにより、"'Socrates" versus "Socrates" in the Platonic Corpus' という表題のもとに行われた講義から多くの示唆を受けている。この講義においては、ヴラストスは、エレンコスが単に対話相手の中にある不整合を指摘しうるのみで、対話相手の主張の偽（自分の主張の真理）を立証しえない、と考えていた。筆者は、その点で、ヴラストスと理解を異にしていたが（拙稿「ソクラテスの問い――原点への還帰――」『哲学』第四三号、一九九三年、一―一七頁参照）、最近公刊された遺著において、ヴラストスはその解釈を変更し、ソクラテスは対話相手の立場の偽であることを立証している、という理解をとっている（Socratic Studies, Cambridge UP. 1994, Ch. 1, Socratic Elenchus, p. 1-28.）。この立場の変更は、クラウト（R. Kraut, "Comments on G. Vlastos", Oxford Studies in Ancient Philosophy, I, 59-70.）やポランスキー（R. M. Polansky, "Prof. Vlastos' Analysis of Socratic Elenchus", op. cit. vol. III, p. 247-59.）の批判を機縁とする再考の結果であろうが、いずれにしても、筆者はもともとこの新しい立場に非常に近い理解をもつ者であり、ヴラストスの鋭い分析に多くを学んだ者として、理解の接近を甚だ心強く思う次第である。
（10）「万能選手」（pagkratiastês）とは「パンクラティオン」（pagkration）という格闘技を行なう選手である。これは、ボクシングとレスリングを結合したような競技で、蹴ること、首を絞めること、手足を捩じることも許容された、極めて危険なスポーツであった。噛むことと目に指を突っ込むことが禁じられていただけで、相手の手足を外しても指を折ってもよかった。ソクラテスはここでこの言葉を「言論において万（pan）能（kratos）な人」という意味で使っている。エウテュデーモスとディオニュソドーロスという二人の兄弟のソフィストは、事柄の真偽などには一顧も与えず、詭弁に詭弁を重ねて相手を打ち倒す、論争の大家だが、その乱暴な戦い振りはまさにパンクラティアステースと呼ばれるに相応しい。

(11) その他、以下の箇所を参照。

Respublica, 346a3. 全集第一一巻、七四頁。

「さあ、幸せな人よ、君自身の信念（ドクサ）から外れたことを答えないようにしてくれ。」

Gorgias, 495a7-9. 全集第九巻、一四六頁。

「カリクレスよ、もし君が君自身の信ずることとはべつのことを言うならば、君はもはや僕と一緒に真実（実在、タ・オンタ）を充分に吟味してはいないことになるだろう」。カリクレスが、「快楽が善である」という最初の自説をもはや維持できなくなったと内心では感じながら、言説の整合性を維持するために、なお自説を固持し続けようとしたとき、ソクラテスによってこう言われる。

(12) Plato, Apologia, 29d7-e3. 全集第一巻、八三—四頁。

(13) Cf. Hippias Major, 284a-b; Gorgias, 497c-98e; Respublica, 349d-50c, etc. Cf. R. Robinson, Plato's Earlier Dialectic, 1953, Oxford UP. Part I, 4 Epagoge.

(14) Gorgias, 482d-83a. 全集第九巻、一一二—三頁。

(15) Aristoteles, Topica, 100a25-b21. アリストテレス全集第二巻、岩波書店、一九七〇年、三—四頁。

(16) G. Vlastos, Socratic Studies, p. 13-14.

(17) Gorgias, 473e4-5. 全集第九巻、八三—四頁。

(18) Ibid., 474a4-b5. 全集第九巻、八四頁。

(19) ソクラテスは『クリトン』篇において「復讐の禁止」を主張しているが、これは当時の倫理的常識に激突する革新であった。ソクラテス自身がこう言っている。「ソ——ではどうだ。害悪を蒙って、仕返しに害悪を加えることは、多くの人々が言っているように、正しいことなのか、それとも、正しくないことなのか。ク——けして正しくはない。」(『クリトン』四九C四—六。この問題については、以下第七章「正義」を参照)。それ故、ソクラテスは明らかに、ここでは、「多くの人々の是認する伝統的倫理」を否定しているのであり、このような倫理の変革者が伝統的倫理を反映するエンドクサに思索の基礎を置きうるわけがない、とヴラストスは言っている(Socratic Studies, p. 16)。確かに、「悪には悪を報いよ」、「目には目を、歯には歯を」という原則は、何千年にもわたる人類の常識であっただろう。しかし、ここで一言ソクラテス解釈にとっては間接的な傍白を入れれば、この常識が人類を破滅に導くものであることが今ようやく見えてきている。米ソ二大勢力による力の均衡という冷戦構造の崩壊とは、この常識の崩壊に他ならない。ボスニア・ヘルツェゴヴィナ、カンボジア、ソマリア、ルワンダ等で戦われている地獄の内戦は、もはやどちらに正義があるかという問題を超えて、当事者同士が憎悪を棄て去ることが出来なければ救いがないことを、示している。この意味で、報復の原理がかりにこれまで人類のエンドクサであったとしても、それは今や妥当性を失いつつあるエンドクサ、つまり、エンドクサの資格を失いつつあるエンドクサである、と言えるだろう。

ところで、ソクラテスはこの「報復の原則」に何を原理にして立ち向かったのか。それは極めて単純な原理である。すなわち、「不正はいかなる意味においてもけして意図的に為してはならない」(『クリトン』四九A四)、あるいは、「不正行為は不正行為者にとってあらゆる意味において悪であり醜である」(同、四九B五)、というものである。この原理を徹底すれば、害悪を加えられても害悪を加え返すことが出来なくなるのだから、復讐の原則が成り立たないことは、以下第七章で論ずるようにほとんど論理的な帰結である。そして、この原理自体も誰にとってもほとんど自明的なのではなかろうか。この同じ原理は、

『ゴルギアス』（四七五D一―三）では、ポーロスの「弱肉強食正義論」を反駁する際に、「不正を犯すことは不正を蒙ることよりもより醜い」という形で再びソクラテスによって語られるが、その際、ソクラテスは「このことは、君によってばかりではなく、世の多くの人々によっても同意されているのではないか」と言い、ポーロスから「その通りです」という答えを引き出している。それ故、ソクラテスは或るエンドクサに拠りつつ、他のエンドクサを打破しているのだ、と言えるだろう。先に、本文で述べた通り、エンドクサには曖昧な二面性があるのであり、したがって、エンドクサであるということだけでは、倫理の原則となる充分条件には足りないのである。そうではなくて、エンドクサは「人々の生き方を反映する人々の思いの結晶」として倫理的原理が成立することの必要条件なのであり、その最終結審は反駁的対話という法廷におけるエンドクサとエンドクサとの戦いできまるのであり、その戦いの勝利は、どちらのエンドクサが問題とされた人間行為の領域でその整合性を貫徹できたかによって、決着される、と言ってよいであろう。

(20) Vlastos, Socratic Studies, p. 25.

(21) Gorgias, 482a3-b6. 全集第九巻一一〇―一一頁。

(22) Vlastos, op. cit., p. 27.

第五章

(1) Gorgias, 508e6-9a7. 全集第九巻、一九一頁。

(2) プラトンの初期対話篇において、「ソクラテスは無知を装っている」と非難している唯一の人物は実はトラシュマコスである。「かれは、僕がこう言うのを聞いて、とげとげしい高笑いをして言った。そらそら、これが例のソクラテスの空とぼけ（eirōneia）というやつさ。わたしは、ここにいる人々に、このことを予言しておいたのだ。君は答えるのを嫌がるだろう。そして、誰かに質問されると、空とぼけて答えないためにあらゆる手段を尽くすだろう、と」（Respublica, 337a3-7.）。

（3）Ap., 21a5-b6. 全集第一巻、六一頁。

（4）Ibid., 21d4. 同上、六二頁。

（5）Gorgias, 486e5-6. 全集第九巻、一一三頁。

（6）以下に述べる例は、ヴラストスの遺著に述べられている例の変形借用である。Cf. G. Vlastos, Socratic Studies, p. 51-2. 但し、知と無知に関する全体的な理解では、筆者のそれはヴラストスの理解とは異なっている。ヴラストスは「エレンコス的な知識」に対して「確実な知識」を対立させ、ソクラテスの「無知」とは後者の非所有を言うものである、と解釈するが——そして、この点までは、筆者はまったくヴラストスの理解に同意する者であるが——、かれの意味する「確実な知識」というものの内容が不明なので、この解釈はまったくの形式的、抽象的な整理に止まっているのである。

（7）ただし、「人間的知恵」という言葉は、プラトンのテキストでは「善美のことがらについての無知の自覚」を意味するから（『弁明』二〇D七—八）本文での用法はそれからは少しズレている。しかし、さらにより深く考えれば、「無知の自覚」と「エレンコスによる知の所有」はソクラテスという一個の人格においては深く結びついた楯の両面であるから、「人間的知恵」を「エレンコスによる知」に適用することは、全体的な意味では正当であろう。

「徳は知なり」というパラドクスは、「エレンコスによる知」を「知」として認めることによって理解可能となるであろう。もし、この知が、ソクラテスが「無知」を語るときの「知」であるとすれば、ソクラテスは徳をもたないことになり、ましてや、われわれ凡俗は決して徳をもちえないことになるだろう。だが、この知が「エレンコスによって基礎付けられた知」を意味するならば、ソクラテスはそれを所有しているのであり、われわれもまたそれを所有しうるのである。この「エレンコスによって基礎付けられた知」はわれわれを有徳な行為へと促す起動力であり、その意味で有徳な行為の「始源（archê）」に他ならない。「徳は知なり」というパラドクスは、すべての有徳な行為の根底には、それを産み出す信念のエレンコスによる錬磨がなければならないことを、言うものなのである。

（8）不可謬な知識について、アリストテレスは以下のように理論化している。「これらについては、誤るということはありえない。われわれはそれらを考えるか考えないかである。……それらを考えることが真理である」（Met. 1051b31-52a1）。「なぜなら、論証はより信ずるに足るもの、より先なるものから成立するからである。……さて、あるものは本性上それ自身によって知られうるもの（自明的なもの）であり、他のものは（それ自身以外の）他のものによって知られうるものである。そして、原理（archê）はそれ自身によって知られうるものであり、原理から帰結するものは他のものによって知られうるものなのである」（An. Pr., 64b32-6.）。すなわち、不可謬な知識とはそれ以上に根拠を遡れない「己自身によって明らかな知識」のことである。

（9）Ap., 29b6-7. 全集第一巻、八二頁。

（10）Ibid., 29b7-9. 同上、八二頁。

（11）G. Vlastos, Socratic Studies, 2 Socrates' disavowal of knowledge, p. 39-66. Cambridge UP. 1994.

（12）Gorgias, 508e6-9a5. 全集第九巻、一九一頁。

（13）Vlastos, op. cit., p. 59.

（14）Gorgias, 509a5-7. 全集第九巻、一九一―二頁。

（15）Crito, 49a4-5. 全集第一巻、一三五頁。

(16) Ap., 29b6-7. 全集第一巻、八二頁。
(17) Ibid., 29d2-4. 同上、八三頁。
(18) Ibid., 30b8-c1. 同上、八五頁。
(19) C. D. C. Reeve, Socrates in the Apology, Chap. 1 The False Socrates, Hackett Publishing Company, Indianapolis, 1989.
(20) Respublica, 10, 596b6-10. Cf. Cratylus, 389a6-b6.
(21) Reeve, op. cit., p. 39-41.
(22) Ibid., p. 37-8. リーヴの挙げている諸点は以下の如くである。一、専門的知識は技術知と同一視されている。なぜなら、知者の吟味において、ソクラテスが感心した唯一の知識は、職人たちのもっている技術知であった(二二C九―D四)。二、徳についての専門的知識は人に徳を教えることが出来る。これが徳の教師を標榜しているソフィストたちの主張している点であり、カリアスが自分の息子たちの教育をソフィスト、エウエノスに委託した件に関して、ソクラテスもまた「もしも、私がそういう知恵をもっていたならば、さぞかし私は自分を讃えたことであろうに」と皮肉を言っている点である(『弁明』二〇C二―、『ゴルギアス』五一九C三―D一)。三、専門的知識は理由を説明できる。ソクラテスが詩人たちに失望した点は、かれらが知恵の言葉を語りながら、それを説明出来ない点にあった。四、徳についての専門的知識は、恐らくは、神のみが所有している知識、「なにか人間以上の知識」(二〇E一)、とソクラテスが見ているような知識である。リーヴのこれらの説明は、徳の専門的知識を「現実には存在しえない知識」として理解することに帰着するであろうが、ソクラテスの無知をこのような知識との連関のもとに理解してよいものだろうか。
(23) Ap. 30c6-d1. 全集第一巻、八六頁。

(24) Aristoteles, Ethica Nicomachea, B, 6, 1106b8-16.「徳は、自然と同様に、すべての技術よりもより正確であり、より優れている。」(一一〇六B一四)。この問題については、下記を参照。拙著『アリストテレスの倫理思想』二二〇—二二一頁、岩波書店、一九八五年。

(25) この点については、下記の論文が問題点を見事に整理して論じている。清水哲郎「ソクラテスのオデュッセイア——『ヒッピアス(小)』の複層構造——」北海道大学哲学会『哲学』二四号、一九八八年。

(26) Thomas C. Brickhouse & Nicholas D. Smith, Plato's Socrates, Oxford UP. 1994, Ch. 2, Socratic Epistemology, p. 30-44.

(27) Aristoteles, Metaphysica, A, 1, 981a24-30. アリストテレス全集第十二巻(岩波書店)五頁。

(28) Brickhouse & Smith, op. cit., p. 40.

(29) R. Kraut, Socrates and the State, Princeton UP. 1984, Ch. 8, Definition, Knowledge and Teaching pp. 267-285.

(30) Ap., 30c8-d1, 41c8-d2, 20d6-9. Gorgias, 521b4-6.

(31) Ap., 29b6-7. 全集第一巻、八二頁。

(32) クラウトは次のようなことを言っている(Kraut, op. cit., p. 272.)。神託の意味を理解した時、神託に対する自分の最初の反応は間違いであった、とソクラテスは了解した。神託への最初の反応を自己矛盾の形に仕立てることにより、ソクラテスは、自分が知識や知恵を全面的に否認することは誤りであったということを最初から自覚すべきであった、と聴衆に告げているのである、と。なお、『メノン』篇(Meno, 71b1-8.)では、徳の定義を知らない限り徳を知ることは些かも出来ない、という非常に強い制約が課せられているが、これはすでにプラトンの思想であって、『弁明』篇でのソクラテスの像とは調和しない。

(33) Ap., 20d6-8. 全集第一巻、五九頁。

(34) Ibid., 23a5-b3. 同上六六頁。
(35) Kraut, op. cit., p. 282.
(36) Respublica, A, 354c1-3. 全集第一一巻、一〇一頁。

第六章

(1) S. Kierkegaard, Über den Begriff der Ironie (Suhrkamp Taschenbuch Wissenschaft 127) S. 238. キルケゴール全集第二一巻(飯島宗享、福島保夫、鈴木正明訳、白水社、一九六七年)一四七頁。
(2) この問題については、拙著『神の痕跡』(岩波書店、一九九〇年)第一章「自由と運命」を参照されたい。
(3) Kierkegaard, op. cit., S. 245. 全集第二一巻、一五八頁。
(4) Kierkegaard, op. cit., S. 255. 全集第二一巻、一七五頁。
(5) Kierkegaard, op. cit., S. 266-7. 全集第二一巻、一九五—六頁。
(6) Ap., 30e1. 全集第一巻、八六頁。
(7) Quintilianus, Institutio Oratorica, 9, 22, 44, "Contrarium ei quod dicitur intelligendum est."「語られていることとは反対のことを理解しなければならない」。G. Vlastos, Socrates Ironist and Moral Philosopher, Cambridge UP. 1991, p. 21. 猶、本第二節はこの書物の第一章「ソクラテスのアイロニー」から多くの素材を得ている。
(8) Plato, Leges, 908b4-e3. 全集第一三巻、六四八—九頁。
(9) Plato, Sophistes, 267e10-68a8. 全集第三巻、一六七頁。

(10) Plato, Respublica, 336e2-37a7. 全集第一一巻、五〇―一頁。
(11) Cicero, De Oratore, II, 269-70.
(12) Plato, Symposium, 214e-19d. なお、『饗宴』篇のアルキビアデスのくだりに現れるソクラテスのイロニーの重層的構造については、フリードレンダーもヴラストスも同様の理解を示している。P. Friedländer, Platon (Walter de Gryter, 1954), Band 1, S. 146-50; G. Vlastos, Socrates Ironist and Moral Philosopher (Cambridge UP. 1991), p. 34-42. 以下の叙述はヴラストスの整理に従っている。
(13) Plato, Symposium, 216d7-e5. 全集第五巻、一一〇頁。
(14) Ibid., 198d1-2. 全集第五巻、六六頁。
(15) Ibid., 216d2-3. 全集第五巻、一〇九頁。
(16) K. Dover, Plato : Symposium, Cambridge UP. 1980, Introduction, 2 Homosexuality.
(17) Plato, Symposium, 218d7-19a2. 全集第五巻、一一四―五頁。
(18) Ibid., 216d4-17a1. 全集第五巻、一〇九―一一〇頁。
(19) Scriptores physiognomici, ed. Foerster, I pag. VII sqq. (Friedländer, op. cit., S. 325.)
(20) Plato, Symposium, 215a6-b3. 全集第五巻、一〇六頁。この内部と外部の矛盾、しかも、この矛盾が単なる仮象と真実の矛盾ではなくて、ある意味では真実と真実との矛盾であるところに、ソクラテスが避けようもなく自己矛盾の人であり、すなわち、イロニー的人間であることの真の根源があるのである。
(21) Xenophon, Symposium, IV, 20-21 ; 27 (Xenophontis Opera Omnia, tomus II, Oxford Classical Text) ; Plato, Charmides, 155c. 全集第七巻、四四頁。
(22) Ap., 20b9-c1. 全集第一巻、五八頁。
(23) Ibid., 31d5-e1. 全集第一巻、八八頁。

(24) Gorgias, 485b-e. 全集第九巻、一一九―二〇頁。
(25) Ibid., 515a4-7. 全集第九巻、二〇七頁。
(26) Ibid., 515b8-c3. 全集第九巻、二〇八頁。
(27) Ibid., 521d6-8. 全集第九巻、二二七頁。
(28) Ap., 20d4-e2. 全集第一巻、五九頁。
(29) Ibid., 21b4-5. 全集第一巻、六一頁。
(30) Ibid., 23a5-7. 全集第一巻、六六頁。ヘラクレイトスの断片八三には、次のような言葉がある。「人間のうちでもっとも賢き者も、神に比べれば、猿と見えるであろう。その知恵において、その美しさにおいて、その他のあらゆる点において」。
(31) Ibid., 20e1. 全集第一巻五九頁。

第七章

(1) シミアスとケベスは、『パイドン』篇において処刑の当日ソクラテスと霊魂不滅について最後の対話を交わした人物たちの中に入っている。かれらは、霊魂不滅を信じて死んでゆこうとするソクラテスに対して、そのような信仰に危惧の念を表明した懐疑的な人々であったのだから、ソクラテスに対する敬慕の念がいかに深く哲学者の間に滲みわたっていたかが、この金を携えて駆けつける二人の振舞いのうちに逆説的に示されているであろう。
(2) ソクラテスの哲学においては、しばしば、多くの人々の思惑を顧慮する必要はなく、ただ知者(sophos)もしくは一者(heis)の判断のみを畏れなければならないことが、説かれている。Cf. Crito,

47c8-d2 : 47a13-48b2 ; Ap. 23a3-7, etc. 本文の場合もその一例であるが、この知者もしくは一者が誰を指すかは俄に断定しがたいとしても、それが真理の基準となる者を指すことは確実である。

(3) Crito, 44d6-10. 全集第一巻、一二二頁。

(4) Ibid., 45c5. 同上、一二四頁。

(5) Ibid., 45d6-8. 同上、一二五頁。

(6) Respublica, I, 332d5-6. 全集第一一巻、三六—七頁。

(7) Crito, 46b4-8. 全集第一巻、一二七頁。

(8) 下記の拙稿を参照。「ソクラテスの問い——原点への還帰——」『哲学』第四三号、一—一七頁、一九九三年五月、法政大学出版局。

(9) ただし、『クリトン』篇のこの箇所でも、「もし、われわれが今より良いロゴスを語ることが出来ないならば」(四六C二、全集第一巻、一二七頁)と言われているように、ソクラテスの原則は常に改訂へと開かれており、このドグマ化の否定、換言すれば、無限の自己開放性がソクラテス哲学の一つの根本的特徴なのである。

(10) Crito, 46d9-e1. 全集第一巻、一二八頁。

(11) Ibid., 47a7-10. 同上、一二八—九頁。

(12) Ibid., 47d4. 同上、一三〇頁。

(13) Ibid., 48b4. 同上、一三三頁。

(14) アリストテレスは『ニコマコス倫理学』の第一巻第七章(一〇九八A一六—七、岩波アリストテレス全集第一三巻、一九—二〇頁)で、人間の善を「人間のアレテー(徳、優秀性)という点における魂の活動である」と定義しているが、この結論に導いてゆく論理が本文で述べたものである。人間の善(優秀性の活動）を倫理的活動のうちに見るソクラテスの洞察をアリストテレスは存在論的に基礎付けた、と言える。

（15）Gorgias, 500c1-4. 全集第九巻、一六六頁。

（16）Crito, 49a4-c11. 全集第一巻、一三五—七頁。

（17）この整理はヴラストスの整理と同じものではないが、それを参考にしている。なお、本節はかれの透徹した分析に多くのものを負っている。Cf. G. Gregory Vlastos, Socrates, Cambridge UP. 1991, Ch. 7 Socrates' Rejection of Retaliation, p. 194.

（18）Meno, 71e1-5. 全集第九巻、二五一頁。

（19）たとえば、次のような諸例が挙げられるであろう。

一「どなたもわたくしのことを、取るに足らぬか弱い女、おとなしい者だなどと、どうぞお考え遊ばしますな、その逆です、敵に厳しく友に優しいのがこのわたくし、これこそ世間でいちばん善いとされる生き方にほかなりません」（Euripides, Mêdeia 807-10.『ギリシア悲劇全集』第五巻、岩波書店、一四八頁）。

二「害悪を加えるという点で（kakopoiiā）敵に凌駕されること、と、善を為すという点で（euergesiā）友に凌駕されることとは、同じ程度に醜悪である」（Isokrates, To Demonicus 26, Loeb C. L. Isokrates, I, p. 18.）。

三「土から生まれた人間たちの恐れ、青銅で出来た広大な天、それが私の上に落ちかかれ、もしも私が私を愛する人々を助けることなく、私の敵に対してはかれらの悲しみと大いなる災難にならないならば」（Théognis, poèmes élégiaques, 869-72. Les belles lettres, p. 106.）。

四「友を愛することが出来ますように。だが、敵に対しては、敵なのだから、私は狼のように密かに襲いかかるだろう」(Pindare, Pythiques II, 83-5. Les belles lettres, p. 46.)。

(20) 加害に対する償いという場面においてではあるが、旧約聖書の中でさえ同じ原理に基づく正義観が語られている。「命には命、目には目、歯には歯、手には手、足には足、火傷には火傷、生傷には生傷、打ち傷には打ち傷をもって償わねばならない」(『出エジプト記』二一、二三―二五)。

(21) EN, V, 1132b21-2. 岩波版アリストテレス全集第一三巻、一五七頁。

(22) Topica, II, 7, 113a2-4. 同全集第二巻、五四頁。

(23) Rhetorica, I, 9, 1367a20-3. 同全集第一六巻、五五頁。

(24) Anaximandros, Fr. 1 (Diels).『初期ギリシア哲学者断片集』山本光雄訳(岩波書店)八―九頁。

(25) Respublica, I, 335a-c. 全集第一一巻、四四―六頁。

(26) Ibid., 335c14-d2. 同上、四六頁。

(27) Cf. J. Annas, An Introduction to Plato's Republic, p. 32-3.

(28) Respublica, 335d3. 全集第一一巻、四六頁。

(29) ここから、ソクラテスはさらに一歩を進めギリシア人の神観念の純化にまで到達した。すなわち、神が真に善き者であるならば、善き者はいかなる害を為すことも出来ず、害を為さぬ者はいかなる悪を作ることも出来ないのだから、神はいかなる悪の原因でもない筈だ。また、善き者はただ善き行為のみの原因(aition eupragias)であるから、この世に存在する多くの悪の原因は、人々が語るように、神にあるのではなくて、悪を作ることを生業としている人間のみにある。したがって、ホメロスやヘシオドスなどの描く神々、すなわち、戦争、瞞着、嫉妬、姦通などに没頭する神々は、実は神ではない。さらに、人間に悪しき運命を送るゼウスという表象も神の本質に矛盾した表象である、と言わなければならないだろう

(Respublica, 379a-d.)。こうして、ソクラテスはギリシア人の擬人的神観をクセノファネスに続いて倫理的側面から純化した。

ところで、『国家』篇の第一巻がもともとは独立した巻であり、初期ソクラテス対話篇に属することは、多くの研究者が一致して言うように、そこでの議論が正真正銘のエレンコスであるのに対し、第二巻以降が内容的にはソクラテスのモノローグであるところから立証されている。したがって、第一巻でのソクラテスの発言をわれわれは安んじてソクラテスの思想と受け取ってよい。然らば、第二巻のここでの議論はどうかと言えば、ここでプラトンは神々について歌う詩人たちが従うべき神観念の原則を語っているのだが、この原則(善の観念)そのものは純粋にソクラテス的なものであり、そこに初期対話篇の思想に異質なものは何もない。プラトンは師のこの観念を論理的に展開して神学を建設している、と言えるであろう。

Cf. G. Vlastos, Socrates, p. 163, note 27.

(30) Crito, 51a8-c1. 全集第一巻、一四一—二頁。『クリトン』篇では、国家の命令(権威)と国法の命令(権威)とがほとんど同義で用いられていることは、いろいろの文脈から明らかであるが、たとえば、国法がソクラテスに語りかけている次の文章にそれがよく表れている。「ソクラテスよ、お前はラケダイモンやクレタを、それらの国々は良く治められていると常々言っているにもかかわらず、アテナイの代わりに選びはしなかった。また、ギリシアや外国の他のいかなるポリスをも選びはしなかった。かえって、アテナイから外遊するというようなことは、足の利かない人や目の見えない人や体の不自由な人よりも、もっとしなかったのだ。それほど、お前が他のアテナイ人たちとは比較にならないほどアテナイというポリスとその法律を好いていたことは、明らかだ。なぜなら、いったい誰がその法律を抜きにして国家を好くことがありえようか」(Ibid. 52e5-53a5. 同上、一四六頁)。

(31)「『クリトン』篇以外のところでは、国家の命令には時には服従してはならない、とソクラテスは言っている。それ故、（かれと対話する擬人化された）「法律」の言論を読む時にわれわれが見るべきことは、その政治哲学が正当な法律違反への余地を許容するか否か、という点である」（R. Kraut, Socrates and the State, 1984, Princeton UP. p. 57.）。

（32）R. Kraut, op. cit., p. 71-3.

（33）三嶋輝夫「対話と規範」、『ペディラヴィウム』第二五号、一三頁参照。

（34）Crito, 50e2-5. 全集第一巻、一四〇頁。

（35）Ibid., 51a7-9. 同上、一四一頁。

（36）ギリシア人は、周辺のペルシア人やリュディア人たちから自分たちを区別して、自分たちだけが人間らしい生き方をしていることを誇りにしていたが、それは、ギリシア人が法治体制による国家組織を持つのに対し、周辺の異邦人たちは専制君主の独裁権力によって支配されていたからであった。この自負の根拠は、法という客観的理性に支配原理を委ねることにより、人間の自由、平等、独立が確立されえた、という認識に他ならない。ヘロドトス『歴史』第七巻一〇二―四、アリストテレス『政治学』第三巻第一六章（岩波版アリストテレス全集第一五巻、一三四―八頁）を参照。

国家の法治体制が確立していない時人間がどれほど悲惨な状態に陥るかは、二〇世紀末の歴史的状況を見れば誰の目にも明らかである。アフガニスタン、ユーゴスラヴィア、カンボジア、ソマリア、ルワンダなどでうち続く絶望的な内戦と殺戮は、それらの国々の無政府状態と直結している。

（37）Apologia, 32b5-c3. 全集第一巻、九〇頁。

（38）Ibid., 32c8-d3. 同上、同頁。

（39）Ibid., 29d4-30a7. 同上、八三―四頁。

（40）Ibid., 29d2-3. 同上、八三頁。

(41) この点については、ブリックハウス・スミスの下記の著書と論文から多くのことを学んだ。Brickhouse, T. C. and Smith, N. D., Socrates on Trial, Princeton UP. 1989, p. 25.; The Socratic Doctrine of "Persuade or Obey" (The Philosophy of Socrates, edited by K. J. Boudouris, Athens 1991, p. 50).

(42) Cf. R. E. Allen, Socrates and Legal Obligation, University of Minnesota Press, p. 30.

(43) Crito, 49e6-8. 全集第一巻、一三八頁。同意された事柄の内容上の正しさは、こと倫理的原理に関しては、問題提起が為される度に反駁的対話によってその是非を検討し基礎付け直さねばならぬ性質のものであるから、予めその正さが一〇〇パーセント明らかになっている、とは言えないであろう。したがって、正義は先ず「手続き的正義」として成立していなければならないのである。その意味で、正義とは、その最低限の基盤において、「人間同士が自由意志によって合意したことがらを遵守すること」なのである。

(44) Crito, 52e1-3. 同上、一四六頁。

(45) Ibid., 50a8-b5. 同上、一三八―九頁。

(46) W. K. C. Guthrie, A History of Greek Philosophy, vol. IV, Cambridge UP. p.101; Cf. Kraut, op. cit. p. 128-37.

(47) Kant, Kritik der praktischen Vernunft (PhB), S. 36.

(48) Crito, 51c8-e1. 全集第一巻、一四二―三頁。

(49) Ibid., 51e1-4. 同上、一四三頁。

(50) 反駁的対話に従事することは人間の倫理的生活の理性的側面であり、それだからこそ、そこにおいては自分自身の本心を語ること、帰結がどこへ行こうとも同意された前提に忠実であり続けることが、繰り返し要請されているのである。

(51) Crito, 52b1-c2. 同上、一四四頁。

(52)『国家』篇あるいは、おしなべて、後期対話篇に見られる民主主義体制への激しい敵意はソクラテスのものではなく、プラトンのものである。勿論、ソクラテスもまた民主主義体制に批判的な姿勢を示しはするが、それはこの体制の不充分な点を指摘しているのであって、これを全面的に否定しているということには必ずしもならないだろう。どのような政治体制であっても、人間が作るものである以上、そこに不完全な点があることは当然だからである。

(53) Crito, 51e6-52a3. 同上、一四三頁。

(54) Ibid., 54c6-7. 同上、一五〇頁。

(55) Ibid., 51c1. 同上、一四二頁。

(56) Ibid., 54b8-c1. 同上、一五〇頁。

第八章

(1) Plato, Apologia, 31c7-d4. 全集第一巻、八八頁。

(2) M. Heidegger, Sein und Zeit (Niemeyer), S. 273, 276.『存在と時間』(細谷貞雄訳、ちくま学芸文庫)(下)一〇七頁、一一三―四頁。

(3) Plato, Phaedrus, 242c1. 全集第五巻、一六八頁。

(4) Ap., 23a7. 全集第一巻、六六頁。

(5) Xenophon, Memorabilia, I, 1, 3-5.『ソークラテースの思い出』佐々木理訳、岩波文庫、一一三―四頁。

(6) 本書第七章「正義」第三節「復讐の禁止」注(29)を参照。

(7) Ap., 40a5-6. Respublica, II, 378b-9d. 全集第一巻、一〇九頁。全集第一一巻、一五八―一六二頁。

(8) E. R. Dodds, The Greeks and the Irrational, p. 10-4, California UP. 1951. 岩田靖夫・水野一訳『ギリシア人と非理性』、一三―一八頁、みすず書房、一九七二年。

(9) Sophocles, Rex Oedipus, 828-9, 1258.『ギリシア悲劇全集』(岩波書店) 第三巻、五四頁、八三頁。

(10) Ilias, 19, 86ff. 松平千秋訳『イリアス』(岩波文庫)(下)一三一頁。

(11) Ibid., 9, 21. 松平千秋訳『イリアス』(同)(上)二六五頁。

(12) Dodds, op. cit., p. 39-41. 邦訳、四七―五〇頁。

(13) Hesiodos, Erga kai Hêmerai, 314.

(14) Theognis, Elegeion, 161-4 (Théognis, Poèmes élégiaques, Les belles lettres, 1975, p. 66-7.

(15) Heraclitus, Fr. 119 (DK).

(16) Kirk and Raven, The Presocratic Philosophers, Cambridge UP. 1983, p. 210-12.「個人は己の為すことにしばしば責任をとれない、という見方がホメロスでは普通だが、断片一一九はこの見方の否定である。ダイモンはこの断片では端的に個人の運命を意味している。運命は、かれ自身が自ら制御しうる自分自身の性格によって決定されているのであって、いわゆる「運命」や「偶然」によって個々人に働きかける外的な、しばしば気まぐれな力によって決定されるのではない」。

(17) Phaedrus, 242b8-c7. 全集第五巻、一六八―九頁。

(18) Apologia, 31d5-e1. 全集第一巻、八八頁。

(19) Theaetetus, 150e-1a; Alcibiades I, 103a-b, 105e6-7. 全集第二巻、二〇三―四頁、第六巻四頁、九頁。

(20) Phaedrus, 242d1. 全集第五巻、一六九頁。

(21) Herakleitos, Fr. 93 (DK). この断片で用いられている sêmainein という動詞とソクラテスがダイモニオンの「しるし」と言う時に用いる sêmeion という語は同根の言葉である。

(22) Parke and Wormell, The Delphic Oracle, vol. I The History, p. 38-40, Basil Blackwell, 1956. Dodds, op. cit., p. 71-4. 邦訳、八八―九一頁。

(23) F. M. Cornford, Principium Sapientiae, Ch. 8 Seer, Poet, Philosopher, p. 62-87, Cambridge UP. 1952.

(24) Herakleitos, Fr. 1 (DK).

(25) ヘラクレイトスのロゴス、ハイデガーの存在、ヤスパースの超越者などは、すべて顕現（明るみ）であると同時に隠蔽（暗闇）である。これらの究極根拠は、もしもそれが全面的な肯定に転じたとすれば、人間の自己主張の単なる変装にすぎなくなり、尤もらしい嘘話へと退化する。究極根拠はどこまでも否定を本質としていなければならない。

(26) Apologia, 21b-c. 全集第一巻、六一頁。

(27) Ibid., 23c1. 同上、六六頁。

(28) Ibid., 29c-30a. 同上、八三―四頁。

(29) Ibid., 30c1. 同上、八五頁。

(30) Plato, Phaedo, 85b4-5. 全集第一巻、二四六頁。周知のように、初めて明確な形でイデア論が登場する『パイドン』篇は中期対話篇の冒頭に位置していて、もはやソクラテスについて歴史的事実を伝えるものではない。しかし、それは、この対話篇で展開される霊魂不滅の四つの証明がプラトン自身の思索による成果だ、ということを意味するのであって、霊魂不滅の信念それ自体までをもプラトンにのみ帰すべきだ、ということではない。むしろ、プラトンは自分の哲学を師ソクラテスの思索の再生的延長として理解していたのであるから――それだから、プラトンはほとんどすべての対話篇の主人公をソクラテスとし、自分自身の名前を抹消したのである――この信念こそはソクラテス自身のものであった、と言わなければならない。師の信念を弟子が自分自身の思索によって肉付け、甦らせること、それが哲学を継承するということとである。

第九章

（1）Apologia, 28d10-29b2. 全集第一巻、八一—二頁。
（2）「哲学活動は神の命令である」という言明は、デルフォイの神託についてのソクラテスの解釈であるから、この信念もまたやはり根本的にはドクサである、と言わなければならないだろう。だから、ソクラテスが「知っている」と言うことがらについても一抹のドクサ性がいつでもついて回っている、と言うべきかもしれない。
（3）Ibid., 40c4-5. 同上、一一〇頁。
（4）Ibid., 40a2-c3. 同上、一〇九—一〇頁。
（5）Xenophon, Memorabilia, IV, 8, 1.『ソークラテースの思い出』佐々木理訳、岩波文庫、二四三—四頁。
（6）Apologia, 40d2. 全集第一巻、一一〇頁。
（7）Gorgias, 507c-8e. 全集第九巻、一八七—九一頁。
（8）Ibid., 525b-c. 同上、二三六頁。
（9）Ibid., 523a1-3, Phaedo, 114d6. 同上、二三〇頁、全集第一巻、三四〇頁。
（10）Apologia, 40e6. 全集第一巻、一一一頁。
（11）Io, 533e6. 全集第一〇巻、一二八頁。
（12）Ibid., 534c8. 同上、一三〇頁。
（13）Ibid., 534a2. 同上、一二八頁。

(14) Ibid., 534d1. 同上、一三〇頁。

(15) Ibid., 534e2. 同上、一三一頁。

(16) Phaedrus, 244d3-5, 244a-5a. 全集第五巻、一七六頁、一七五頁。

(17) Ibid., 245a5-8. 同上、一七六頁。

(18) M. Heidegger, Holzwege, Vittorio Klostermann, 1950, S. 61.

(19) M. Heidegger, Über den Humanismus (Wegmarken, S. 156-8), Vittorio Klostermann, 1967. Vorträge und Aufsätze, Günther Neske, 1954, S. 189.

(20) Apologia, 22b5-c3. 全集第一巻、六四頁。

(21) Phaedo, 60d-61b. 同上、一六四―六頁。

(22) Ibid., 40e4-41a5. 同上、一一一頁。

(23) Ibid., 41b3. 同上、一一二頁。

(24) Gorgias, 523c2-3. 全集第九巻、二三二頁。

(25) Ibid., 523e1-3. 同上、二三一―三頁。

(26) Ibid., 523d6. 同上、二三二頁。

(27) Ibid., 524e4-25a6. 同上、二三五頁。

(28) Ibid., 525b7-c1. 同上、二三六頁。

(29) Ibid., 480c-d. 同上、一〇六頁。

(30) Ibid., 525c1-8. 同上、二三六頁。

(31) Ibid., 525d3-5. 同上、二三七頁。

(32) Ibid., 526a1, b3-4. 同上、二三八頁。

(33) Ibid., 526d3-4. 同上、二四〇頁。
(34) Respublica, X, 610d5-7. 全集第一一巻、七三二頁。
(35) Ibid., 608d-10a. 同上、七二六―三一頁。
(36) Ibid., 610e2-3. 同上、七三二頁。
(37) Ibid., 614c7-d1. 同上、七四二頁。
(38) Ibid., 615b1-2. 同上、七四三頁。
(39) Phaedo, 114d1-6. 全集第一巻、三三九―四〇頁。Respublica, II, 377a4-6.「これは全体として言えば作り話（pseudos）なのであるが、しかし、その中に真理が内在している作り話なのである」。

第十章

(1) Meno, 77d5-7; Gorgias, 468b1-8. 全集第九巻、二六七頁、六七頁。
(2) Ibid., 77c5-78b2. 同上、二六七―八頁。
(3) Aristoteles, Ethica Nicomachea, III, 1, 1110b18-23. 岩波版アリストテレス全集第一三巻、六七頁。
(4) Gorgias, 467e1-68b4. 全集第九巻、六五―六頁。
(5) EN, I, 7, 1097a15-23. 岩波版アリストテレス全集第一三巻、一六―七頁。
(6) Ibid., 1097a25-9. 同上頁。
(7) Ibid., 1097a30-4. 同上頁。
(8) Plato, Symposium, 204e5-205a4. 全集第五巻、八三頁。
(9) Diogenes Laertios, X, 129. ディオゲネス・ラエルティオス著『ギリシア哲学者列伝』（下）加来彰俊訳

(岩波文庫)、三〇四頁。

(10) Ibid., X, 128. 同上、三〇三頁。

(11) Ibid., X, 140 (Maxim, 5). 同上、三一三頁。

(12) Ibid., X, 144 (Maxim, 17). 同上、三一五頁。

(13) Gorgias, 491e8-492a3. 全集第九巻、一三七頁。

(14) Ibid., 494a6-b2. 同上、一四三頁。

(15) Ibid., 492b1-5. 同上、一三八頁。

(16) Ibid., 494c4-8. 同上、一四四頁。

(17) Ibid., 494e3-6. 同上、一四五頁。この時、カリクレスは「そんなところへ話をもっていって恥ずかしくはないのか、ソクラテス」(一四六頁)と言うが、この言葉はカリクレスもまたソクラテスのこの判断に心ならずも同意していることを示している。

(18) Ibid., 498a3-5. 同上、一五七頁。

(19) Ibid., 499a7-b1. 同上、一六一頁。

(20) Ibid., 499c6-7, e1-2. 同上、一六二頁、一六四頁。

(21) Ibid., 491b1-4, c6-d3. 同上、一三五―六頁。

(22) Ibid., 491e8-492a3. 同上、一三七頁。

(23) Ibid., 504a-d, 506c-e. 同上、一七六―八頁、一八三―五頁。

(24) Respublica, 9, 582a-c. 全集第一一巻、六五八―九頁。

(25) エピクロスの語る測定術とは、実は、『プロタゴラス』篇でソクラテス自身が語った考えであり、だから、この点ではエピクロスはソクラテスの後裔であり、更に、ソクラテスは快楽主義者ではなかったのか、という疑惑が生ずるであろう。これが、ソクラテスと快楽主義との関連における最後の難問である。先ず、明確にしておかなければならない点は、『プロタゴラス』篇以外の諸対話篇において、ソクラテスが快楽主義めいた思想を語った場合は一度もない、ということである。却って、『ゴルギアス』篇、『パイドン』篇、『国家』篇などにおいて明らかなように、ソクラテスは基本的に厳しい反快楽主義者であった。では、『プロタゴラス』篇をどのように理解すればよいか。この対話篇にはもともと一義的な主張はなく、ソクラテスの側から言えばいわば一種の遊びとしてプロタゴラスに対するエレンコスが遂行されている、という理解が一般的にあり、これは正しいだろう。この対話篇のもともとの争点は、「徳が教えられるか否か」という問題であり、その際、プロタゴラスの立場は「教えられる」であり、ソクラテスの立場は「教えられない」であった。しかるに、エレンコスの結果「徳はある種の知識である」という結論が引き出されたのである。しかし、もしも徳が知識であるならば、それは当然教えられることになる筈だ。徳は知識であるが、教えられない、と主張しているソクラテスはここでジレンマに陥っているのである——因みに、ソクラテスは死に至るまで常にこのジレンマのうちにいた——。ところで、仮に、多くの人々が言うように、善とは快楽であり、悪とは苦痛であり、さらに、快楽も苦痛もすべて等質であるとするならば、善悪の判別は快楽と苦痛の量的比較によって可能となり、そのような比較判定の能力としての測定術が徳ということになるだろう。このような徳ならば、勿論、教えられるに決まっている。そのような知識が徳であるならば、それはいとも簡単に教えられうるばかりではなく、善悪の判別もいとも簡単な仕事となるに違いない。このソクラテスの議論はいったい何か。それは「徳が知識である」という思想の、そして、「徳が教えられうる」という思想の、カリカチュアなのだ。それは、プロタゴラスに対するイロニーであるとともに、自分自身に対するイロニーでもあるだろう。この議論は、対話篇の最後においてプロタゴラスの顔を立てるという意味合いも持っているであろうが、それよりも、「徳は知識である」というソクラテス自身の思想がまかり間違えばこのように安易な功利主義に転落する可能性をもつことを、恐らくは自嘲的に展開してみせているのである。

なお、『プロタゴラス』篇で主張される快楽主義がソクラテス自身の本当の立場を表していない、という点については、ガリーも理由は異なるが筆者と同意見である。Norman Gulley, The Philosophy of Socrates, Macmillan, 1968, p. 109–117.

(26) Aristoteles, Rhetorica, 1360b14–23. アリストテレス全集第一六巻、二八―九頁。Cf. Magna Moralia, 1184a26–9.

(27) Aristoteles, Ethica Nicomachea, I, 7, 1097b24–8. 全集第一三巻、一八頁。

(28) Aristoteles, De Anima, II, 4, 415b13. 岩波版アリストテレス全集第六巻、五〇頁。

(29) 拙著『アリストテレスの倫理思想』岩波書店、一九八五年、第十章「観想」四一五―七頁を参照。

(30) EN, I, 8, 1099a33–b3. アリストテレス全集第一六巻二四頁。

(31) Diogenes Laertios, VII, 88. 邦訳（岩波文庫　中）二七四頁。

(32) Ibid., 89. Cf. 127. 邦訳（岩波文庫　中）二七五頁、三〇四頁。

(33) Ibid., VII, 102. 邦訳（岩波文庫　中）二八五頁。

(34) Epiktetos, The Discourses, Book I, 5–12 (Leob Classical Library 131).

(35) Ap., 28b5–9. 全集第一巻、七九―八〇頁。

(36) Ibid., 28d6–9. 同上、八〇頁。

(37) Crito, 48c6–d5. 同上、一三四頁。

(38) Plato, Euthydemus, 279a1–c2. 全集第八巻、二三―四頁。

(39) Gorgias, 451e3. 全集第九巻、二〇頁。

(40) この問題については、下記の二論文が見事な分析を展開している。T. C. Brickhouse & N. D. Smith, 'Socrates and the Unity of Virtues' (Handout for a Conference held in Japan); T. Mishima, 'Courage and the Unity of the Virtues in Plato's Laches,' 青山学院大学文学部紀要第三一号（一九八九年）。

(41) Crito, 49c10-d5. 全集第一巻、一三七頁。

(42) Ibid., 49a4. 同上、一三五頁。

(43) Ibid., 48b4-10. 同上、一三二―三頁。

(44) ブリックハウス・スミスは最近著（T. C. Brickhouse & N. D. Smith, Plato's Socrates, Oxford University Press, 1994.）で、ソクラテスの幸福は徳とは関係がない、という耳目を驚かす説を展開しているので、ここでその論点を検討することは、本書の主張からして、是非とも為しておかなければならないことであろう。かれらの主張は、大きく言って次の二点から成り立っている。一つは、幸福は有徳であることによってではなく、善き行為を行うことによって実現される、という理解である。もう一つは、ソクラテスの場合、かれは有徳ではなかったが、善き行いを実践し、そのことを確信しえていたから、幸福であった、という理解である。この主張のためにかれらが展開する論証は厖大であるが、以下、出来るだけ簡潔にその要点をまとめ、問題点を指摘することにしよう。

　先ず、ソクラテスが徳のみを自体的な善と見なし、その他の外的な善は徳に依存してのみ善である、と考えていた、という点については、ブリックハウス・スミスの理解もまた筆者のそれと同様である。それ故、徳の至高性という点については、かれらにも異論はないであろう。ところが、かれらは「有徳であること」と「有徳な活動をすること」とを区別し、後者のみが幸福の必要充分条件である、と理解したのである。なぜなら、すでに度々引用した「善く生きることがもっとも重要である」という『クリトン』篇の言葉は、幸福が単なる「魂の状態」ではなく、むしろ「人の活動」であることを語っている、とかれらは考えるのである（上掲書、一一二―三頁）。ところが、人は有徳な活動を為しうるためには、そのための機会とか能力とか健康とか、場合によっては資力などの、外的な要素を必要とする。有徳な行為が一定程度の成果を挙げうるためには、たとえば、身体が少なくともその行為の妨害にならない程度には健康でなければならない。それ故、徳の所有だけでは正しく生きるためには充分ではないことになるだろう。魂は人を支配する究極の原理ではあるが、人は運命の影響を受ける有限的な存在者であるから、魂が統御できない条件に襲われることもある。そのような時、魂の状態としての有徳性は自体的な価値をもちながら、人に幸福を確保できないのだ。徳は常に善き行為を要求している。それだからこそ、ソクラテスは身体の善に関心をもたざるをえない。なぜなら、病に冒された身体をもつことは、それが幸福な生のために要求される善き行為を妨げるが故に、人生を生きるに値しないものとするからである（かれらは、『ゴルギアス』篇五一二Aをこういう意味に理解する）。ブリックハウス・スミスは、更に、ソクラテスが、有罪と宣告された後に、様々の罰の反対提案（本書第七章第4節「国法の遵守」一八七―九頁参照）を拒否する理由もこの点にある、と言う（上掲書一一七頁）。すなわち、もしも、監禁を申し出て、それが承認されたとするならば（『弁明』篇三七C）、それはソクラテスの哲学活動を終止せしめるであろうから、かれの人生は無意味と化すだろう。国外追放では、他の国々にはアテナイにおけるほどの言論の自由がないであろうから、哲学活動の余地はないだろう。だから、ソクラテスが毎日アテナイの街を歩きまわって、老若を問わずあらゆる人々をつかまえて、徳について議論していることそのことが、ソクラテスの生を生きるに値するものとしているのであり、つまり、ソクラテスの幸福なのである、と理解しなければならない。

さて、このブリックハウス・スミスの理解に対しては、次のように言わなければならない。そもそも、「魂の有徳な状態」と「有徳な行為」とを切り離すことが問題である。なぜなら、魂の有徳な状態は必然的に有徳な行為を生み出すのであって、有徳な行為を生み出さないような「有徳さ」などというものはありえないからである。それが、有名な「徳は知である」というソクラテスのパラドクスの意味である。すなわち、この「徳の知」は、いわゆる科学的知識あるいは日常的知識のように、当人の人格とは関わりなしに、品物のように手渡しできる知識ではなく、その所有者をして必然的に有徳な行為を為さしめる実践的な知識なのであり、したがって、有徳性と有徳な行為とが切断不可能であることを語る思想に他ならない。だから、ブリックハウス・スミスが言うように、ソクラテスが有徳な行為の実践により幸福であったのならば、かれは必然的にある程度は徳の知識をもっていた（魂が有徳な状態にあった）ことにならねばならぬ。

だが、身体があまりに虚弱であったり、あまりに貧困であったりすれば、有徳な行為を実践できないであろうから、魂の有徳な状態だけでは幸福にとって不充分だ、という論点についてはどうか。この理解に対しては、次のように言わなければならない。ブリックハウス・スミスは、幸福をこの世における善なる行為の実現として理解することにより、ソクラテスの幸福をこの世的な視野の下に理解しすぎている。しかし、ソクラテスの視野はもっと広いであろう。ソクラテスは、究極的には、この世において何の実りも生まなかったとしても、「魂の正しさ」そのものが絶対的な価値をもつ、と考えていた、と言ってよいだろう。この点については、『ゴルギアス』篇全体がその証明である。そこでは、ソクラテスは人間をかれの魂と同一視しており、「正しい魂として生きること」が絶対的な善であり、「不正な魂として生きることが絶対的な悪である」（『ゴルギアス』四七七E）、と主張しているのである。この場合、その「魂の正しさ」がこの世で本人に利益をもたらすとか、他人に認められて賞賛を受けるなどということはまったく問題にならない。そういうことは「魂の善さ」にとっては偶然的付帯的なことであり、むしろ、他人に誤解されて死にいたるまで最悪の不正行為者だと思われ続けても、その「魂の正しさ」自体が本人に幸福をもたらすのでなければ、その「魂の正しさ」は本物ではない、とさえ言われているのである（『国家』第二巻三六一B—D)。更に、『弁明』篇では、ソクラテスは「善き人には生きているときにも死んでからもどんな悪も来ない」(四一D一)と言い、また、「メレトスもアニュトスも私を害することはできないだろう。なぜなら、善き人が悪人に害されることは許されないことだから」(三〇C八—D一)と言うが、もしも、ここで言われている害悪を身体的もしくはこの世的な害悪ととるならば、そんなことがありえないことは自明のことだ。悪人が善人の財産を奪い取り、名誉を汚し、果ては生命までも無きものにすることは、われわれが常に見ていることである。ソクラテスはアニュトスとメレトスによって殺されたのである。では、なぜソクラテスは自分は少しも害されていない、と言うのか。それは、ソクラテスの自己が魂であるからである。誰も善き人の善き魂を害することはできないのであり、そこにソクラテスの幸福の核があるということを、かれはこの極限的状況において語っているのである。

ブリックハウス・スミスの解釈の第二点は、ソクラテスは有徳ではなかったが幸福であった、という論点である。かれらは何故、ソクラテスは有徳ではなかった、と言うのか。それは、ソクラテスが「徳は知」である、と言いながら、同時に、「自分自身はその知を欠いている」と言うからである。確かに、初期のソクラテス対話篇の多くの箇所で(Laches, 194d1–2; Protagoras, 361b1–2; Ap., 21b1–d7; Euthyphro, 5a3–c7; 15c11–16a4; Laches, 186b8–c5.)、ソクラテスはこの両方の主張をしている。それ故、ソクラテスは、徳について無知であったが故に倫理徳を所有してはいなかったが、しかし、自分は善き行いを実践しているが故に幸福である、と信じていた、とブリックハウス・スミスは主張する。

では、ソクラテスは、なぜ自分は善き行いを実践している、と信じえたのか。それは、かれが神から与えられた使命の遂行として反駁的対話活動に従事しているからである。この活動は神からの命令であり、神は善き者であるのだから、この活動もまた善きものでなければならない。それ故、かれは、「徳が何であるか」の認識には到達していなかったが、終生この問いをめぐって自分自身と他人とを吟味しつづけ、この吟味活動によってかれは幸福なのである、と。更に、ソクラテスは、自分が善き行いに従事していることを確信するための、特別の理由を持っていた。それはダイモニオンの声である。ソクラテスはこう言っている。「私によく起こる例のダイモニオンのお告げは、これまでの全生涯を通じて、いつも大変頻繁に現れて、ごく些細なことについても、私がなにか正しくないことを為そうとしていれば、私に反対したのです。」(『弁明』四〇A四―六)。それ故、ダイモニオンの声に従って生きたソクラテスは、確信をもって、生涯不正を為さなかった、と言えるのであり、そこにかれの幸福の土台があるのである、と(上掲書一三二頁)。

さて、ブリックハウス・スミスのこの第二の論点に対しては、次のように言わなければならない。すでに、第五章「無知」において論じたように、ソクラテスは徳について全く無知であったわけではない。エレンコスによる吟味の結果、ソクラテスは徳についてかなりの程度信頼しうる蓋然的な知識を獲得していたのであり、その意味で「徳の知」を所有していたのであり、したがって、「徳」を所有していた、と言うべきであろう。それにもかかわらず、ソクラテスが無知を語るのは、第五章で論じたように、かれの知が究極根拠にまで到達していないからであり、そのことは「ソクラテスが徳について何の知ももってはいない」ということを意味しはしないのである。ここにブリックハウス・スミスの理解の不充分な点がある。これに加えて、第二に、かれらの解釈はダイモニオンにあまりに大きな比重をかけ過ぎている、という点を指摘しなければならない。かれらの理解によれば、ソクラテスが自己の正しさを確信しうる根拠はひたすらダイモニオンの警告のうちにあるが、この理解はソクラテスの哲学をあまりに非理性化することになるだろう。ソクラテスは神を信ずることの厚い人間であったから、デルフォイの神託やダイモニオンの警告は確かにかれの人生の導きの糸であったであろう。しかし、それだけではない。ソクラテスには、自分自身の理性に基礎を置く反駁的対話活動があったのであり、この活動の成果としての倫理的信念は、たとえ蓋然的であったにしても、かれに自己の正しさへの確信を与えているのであり、この活動と確信によってソクラテスは幸福なのである。むしろ、この反駁的対話活動のうちにこそ理性主義者ソクラテスの真髄がある、と理解しなければならないのである。

(45) G. Vlastos, Socrates Ironist and Moral Philosopher, Cambridge UP. 1991, p. 214.

(46) 徳と健康との関係については、少し難しい問題がある。というのは、もしも人の健康が一定のレヴェルより下降すれば、たとえば、精神薄弱とか植物状態とかになれば、かれの精神活動は挫折し、これが徳の活動にとって致命傷になりうるからである。なぜなら、ソクラテスは「徳は知なり」と言っていたからである。したがって、知の活動にとって必要な最低限の健康が、有徳な人間であるためには条件となるであろう。健康がその最低線を下回れば、ソクラテスの語る意味で、生きるに値する生が成り立たなくなるだろう。それ故、健康の善は徳に支えられてはいるが、同時に、徳の成立を支えてもいる、という相互依存の関係に両者はある、と考えねばならないだろう。この点については、ヴラストスもブリックハウス・スミスも類似の意見を述べている。Vlastos, op. cit. p. 216, note 64 ; p. 218, note 69 ; Brickhouse & Smith, Plato's Socrates, p. 119, note 30. 但し、ソクラテス解釈を離れて言えば、この問題については、単純に上述のように言えるかどうかには疑問がある、と筆者は考えている。というのは、人生には苦しみの逆説的あるいは積極的意味というものもあるからである。人生は不思議なもので、貧しいが故に思いやりの心に富むとか、病気がちであるが故に忍耐強いとか、才能がないから謙虚であるとか、人間の徳性が人間の優秀性と必ずしも結合しないという事実がある。精神薄弱の人が、健康人が保ちえないような魂の美しさを保持していて、周囲の人々に生きる喜びを与えてくれることもある。このような逆説の深みを、ソクラテスの哲学は真正面から主題としてはいないかもしれない。

（47）Ap., 30d1-5. 全集第一巻、八六頁。

（48）Ibid., 30a7-b4. 同上、八四―五頁。

（49）Vlastos, op. cit., p. 219-20, note 73.

（50）「すべての善きものも悪しきものも、肉体にとってにせよ人間全体にとってにせよ、魂からやって来る。……それ故に、もしも、頭にせよその他の体の部分にせよ、これらを良い状態に保とうと欲するならば、かの魂を第一にそして最高度に配慮しなければならないのである」（Plato, Charmides, 156e6-7a3.）全集第七巻、四七頁。「君が肉体よりも価値ありと尊重しているもの、それが善くなるか悪くなるかに従って、その中に君のすべての幸福と不幸が内在しているもの、すなわち、君の魂」（Plato, Protagoras, 313a6-9.）全集第八巻、一二〇頁。

（51）Gorgias, 467e1-8b4. 全集第九巻、六五―六頁。

（52）Ibid., 469b12-c2. 同上、七〇頁。

学芸文庫版へのエピローグ

（1）第八回ギリシア哲学セミナー（二〇〇四年九月十二日、於慶応大学）。当日の討論の全体は下記に掲載されている。『ギリシア哲学セミナー論集』第二巻（二〇〇五年四月）、五六―八四頁。以下、原典からの引用訳文は拙訳。

（2）Plato, Apologia. 21b6. 全集第一巻、六一頁。プラトン『ソクラテスの弁明・クリトン』三嶋輝夫・田中享英訳（講談社学術文庫）、プラトン『ソクラテスの弁明』納富信留訳（光文社文庫）も参観。

(3) Ap., 21c1-2. 全集第一巻、六一頁。
(4) Ibid., 21d4. 同上、六二頁。
(5) Gorgias, 500c2-4. 全集第九巻、一六六頁。
(6) Phaedrus, 229e4-230a1. 全集第五巻、一三八頁。
(7) Ap., 21b5-7. 第一巻、六一頁。
(8) Aristotelis Topica, 100a29-30. 岩波版アリストテレス全集第二巻、三頁。
(9) Ibid., 100b21-22. 同全集第二巻、四頁。
(10) Gorgias, 449d1. 全集第九巻、一二頁。
(11) Ibid., 459d1-e2. 同上、四二頁。
(12) Ibid., 460a3-4. 同上、四三頁。
(13) Ibid., 460c5-6. 同上、四四頁。
(14) Ibid., 460b6-8. 同上、四四頁。
(15) Ibid., 466b11-c2. 同上、六一頁。
(16) Ibid., 468b7-8. 同上、六七頁。
(17) Ibid., 474c6-7. 同上、八六頁。
(18) Ibid., 475e3-6. 同上、九一頁。
(19) Ibid., 477e4-6. 同上、九八頁。
(20) Ap., 29b6-7. 全集第一巻、八二頁。
(21) Ibid., 21b7-9. 同上、六一頁。
(22) 本書、一四〇—一頁。

（23）Plato, Phaedo, 99e4-100a7.『パイドン』岩田靖夫訳（岩波文庫）、一二九頁。
（24）Ibid., 101d6-e1. 同書、一三四頁。
（25）Plato, Politeia, 533b6-c3. 全集第十一巻、五三九頁。
（26）Ibid., 533c6-7. 同上、五四〇頁。
（27）Plato, Epistola, 7, 341c3-d2. 全集第一四巻、一四七―一四八頁。
（28）Levinas, Autrement qu'être, Phaenomenologica, 54, p. 179 ff.
（29）Ibid., p. 194.
（30）Ap., 26b4-5. 全集第一巻、七四頁。
（31）Ap., 40a4-6. 同上、一〇九頁。
（32）Kriton, 46b4-8. 同上、一一七頁。
（33）Ap., 40b4-6. 同上、一〇九頁。

ちくま学芸文庫

増補《ぞうほ》 ソクラテス

二〇一四年 二月 十 日 第一刷発行
二〇二三年十二月二十五日 第二刷発行

著 者 岩田靖夫（いわた・やすお）
発行者 喜入冬子
発行所 株式会社 筑摩書房
東京都台東区蔵前二―五―三 〒一一一―八七五五
電話番号 〇三―五六八七―二六〇一（代表）
装幀者 安野光雅
印刷所 星野精版印刷株式会社
製本所 株式会社積信堂

ISBN978-4-480-09595-4 C0110

メルロ＝ポンティ・コレクション
M・メルロ＝ポンティ
中山元編訳

意識の本性を探究し、生活世界の現象学的記述を実存主義的に企てたメルロ＝ポンティ。その思想の粋を厳選して編んだ入門のためのアンソロジー。

心身の合一
モーリス・メルロ＝ポンティ
滝浦静雄／中村文郎／砂原陽一訳

近代哲学において最大の関心が払われてきた問題系、心身問題。三つの時代を代表する対照的な哲学者の思想を再検討し、新しい心身観を拓く。

知覚の哲学
モーリス・メルロ＝ポンティ
菅野盾樹訳

時代の動きと同時に、哲学自体も大きく転身した。それまでの存在論の転回を促したメルロ＝ポンティ哲学と現代哲学の核心を自ら語る。

空飛ぶ円盤
C・G・ユング
松代洋一訳

UFO現象を象徴比較や夢解釈を駆使して読み解き、近代合理主義が切り捨てた心的全体性を回復しようとする試み。生前に刊行された最後の著書。

哲学入門
バートランド・ラッセル
高村夏輝訳

誰にも疑えない確かな知識など、この世にあるのだろうか。近代哲学が問い続けてきた諸問題を、これ以上なく明確に説く哲学入門書の最高傑作。

論理的原子論の哲学
バートランド・ラッセル
高村夏輝訳

世界は原子的事実で構成され論理的分析で解明しうる——急速な科学進歩の中で展開する分析哲学。現代哲学史上あまりに名高い講演録、本邦初訳。

存在の大いなる連鎖
アーサー・O・ラヴジョイ
内藤健二訳

西洋人が無意識裡に抱き続けてきた「存在の大いなる連鎖」という観念。その痕跡をあらゆる学問分野に探り「観念史」研究を確立した名著。（高山宏）

自発的隷従論
エティエンヌ・ド・ラ・ボエシ
山上浩嗣訳
西谷修監修

圧制は、支配される側の自発的な隷従によって永続する——支配・被支配構造の本質を喝破した古典的名著。20世紀の代表的な関連論考を併録。（西谷修）

レヴィナス・コレクション
エマニュエル・レヴィナス
合田正人編訳

人間存在と暴力について、独創的な倫理にもとづく存在論哲学を展開し、現代思想に大きな影響を与えているレヴィナス思想の歩みを集大成。

自然権と歴史
レオ・シュトラウス
塚崎智／石崎嘉彦訳
自然権の否定こそが現代の深刻なニヒリズムをもたらした。古代ギリシアから近代に至る思想史を大胆に読み直し、自然権論の復権をはかる20世紀の名著。

悲劇の死
ジョージ・スタイナー
喜志哲雄／蜂谷昭雄訳
現実の「悲劇」性が世界をおおい尽くしたとき、劇形式としての悲劇は死を迎えた。二〇世紀の悲惨を目のあたりにして描く、壮大な文明批評。

哲学ファンタジー
レイモンド・スマリヤン
高橋昌一郎訳
論理学の鬼才が、軽妙な語り口ながら、切れ味抜群の思考法で哲学から倫理学まで広く論じた対話篇。哲学することの魅力を堪能しつつ、思考を鍛える！

反解釈
スーザン・ソンタグ
高橋康也他訳
《解釈》を偏重する在来の批評に対し、《形式》を感受する官能美学の必要性をとき、理性や合理主義に対する感性の復権を唱えたマニフェスト。

言葉にのって
ジャック・デリダ
林好雄／森本和夫／本間邦雄訳
自らの生涯をたどり直しながら、現象学やマルクスとの関係、嘘、赦し、歓待などのテーマについて肉声で語った、デリダ思想の到達点。本邦初訳。

死を与える
ジャック・デリダ
廣瀬浩司／林好雄訳
キルケゴール『おそれとおののき』、パトチュカ『異教的試論』などの詳細な読解を手がかりに、デリダがおそるべき密度で展開する宗教論。

声と現象
ジャック・デリダ
林好雄訳
フッサール『論理学研究』の綿密な読解を通して、「脱構築」「痕跡」「差延」「代補」「エクリチュール」など、デリダ思想の中心的〝操作子〟を生み出す。

省察
ルネ・デカルト
山田弘明訳
徹底した懐疑の積み重ねから、確実な知識を探り世界を証明づける。哲学入門者が最初に読むべき、近代哲学の源泉たる一冊。詳細な解説付新訳。

哲学原理
ルネ・デカルト
山田弘明／吉田健太郎／久保田進一／岩佐宣明訳・注解
『省察』刊行後、その知のすべてが記された本書は、デカルト形而上学の最終形態といえる。第一部の新訳と解題・詳細な解説を付す決定版。

哲学について　ルイ・アルチュセール　今村仁司訳

カトリシズムの救済の理念とマルクス主義の解放の思想との統合をめざしフランス現代思想を領導した孤高の哲学者。その到達点を示す歴史的文献。

スタンツェ　ジョルジョ・アガンベン　岡田温司訳

西洋文化の豊饒なイメージの宝庫を自在に横切り、愛・言葉そして喪失の想像力が表象に与えた役割をたどる。21世紀を牽引する哲学者の博覧強記。

プラトンに関する十一章　アラン　森進一訳

『幸福論』が広く静かに読み継がれているモラリスト、アラン。卓越した哲学教師でもあった彼が平易かつ明快にプラトン哲学の精髄を説いた名著。

重力と恩寵　シモーヌ・ヴェイユ　田辺保訳

「重力」に似たものから、どのようにして免れればよいのか……ただ「恩寵」によって。苛烈な自己無化への意志に貫れた、独自の思索の断想集。ティボン編。

ヴェーユの哲学講義　シモーヌ・ヴェーユ　渡辺一民/川村孝則訳

心理学にはじまり意識・国家・身体を考察するリセ最高学年哲学学級で一年にわたり行われた独創的かつ自由な講義の記録。ヴェーユの思想の原点。

有閑階級の理論　ソースティン・ヴェブレン　高哲男訳

ファッション、ギャンブル、スポーツに通底する古代略奪文化の痕跡を「顕示的消費」として剔抉した、経済人類学・消費社会論的思索の嚆矢。

論理哲学論考　L・ウィトゲンシュタイン　中平浩司訳

世界を思考の限界にまで分析し、伝統的な哲学問題すべてを解消する——二〇世紀哲学を決定づけた著者の野心作。生前刊行した唯一の哲学書。新訳。

青色本　L・ウィトゲンシュタイン　大森荘蔵訳

「語の意味とは何か」。端的な問いかけで始まるこのコンパクトな書は、初めて読むウィトゲンシュタインとして最適な一冊。（野矢茂樹）

大衆の反逆　オルテガ・イ・ガセット　神吉敬三訳

二〇世紀の初頭、《大衆》という現象の出現とその功罪を論じながら、自ら進んで困難に立ち向かう《真の貴族》という概念を対置した警世の書。

本書は一九九五年七月に刊行された『ソクラテス』（勁草書房）を
加筆訂正し、増補した。

†索引

●人名（架空の人物名は事項索引に掲載した。また、‘ソクラテス’は索引に掲載しなかった。）

あ 行

アイスキュロス（Aeschylus, 525–456 B. C.） 207
アナクサゴラス（Anaxagoras, *c.* 500–*c.* 428 B. C.） 32
アナクシマンドロス（Anaximandros, *c.* 610–540 B. C.） 177
アナクシメネス（Anaximenes, fl. *c.* 546 B. C.） 25
アニュトス（Anytos） 13, 21–2, 47, 49, 94, 134, 346
アリスティッポス（Aristippos, *c.* 435–350 B. C.） 13
アリストテレス（Aristoteles, 384–322 B. C.） 11, 32–5, 107–8, 135–6, 140, 162, 177, 240, 242–3, 245, 254, 256–9, 271, 284–5, 293, 310, 322, 328–30
アリストファネス（Aristophanes, *c.* 445–*c.* 385 B. C.） 11, 13, 20–3, 25–6, 30–1, 33, 35, 163
アルキビアデス（Alkibiades, *c.* 450–404 B. C.） 43, 46, 48, 153–8, 326
アルケラオス（Arkelaos, 在位413–339 B. C.） 74, 85, 230, 289
アレン（Allen, R. E.） 333
アンティステネス（Antisthenes, *c.* 455–*c.* 360 B. C.） 13
イソクラテス（Isokrates, 436–338 B. C.） 329
ヴラストス（Vlastos, G.） 81, 109–14, 128–30, 269, 317, 319, 321, 326, 329, 348
エウエノス（Euenos） 159, 323
エウクレイデス（Eukleides of Megara, *c.* 450–*c.* 380 B. C.） 13
エウテュデーモス（Euthydemos, 5th *c.* B. C.） 97, 318

エウテュフロン（Euthyphron） 47, 97, 300
エウリピデス（Euripides, *c*. 485–*c*. 406 B. C.） 329
エピクテートス（Epiktetos, 55–135 A. D.） 261
エピクロス（Epikuros, 342（41）–271（70）B. C.） 246, 252, 341
エルプゼ（Erbse, H.） 304
エンペドクレス（Empedokles, *c*. 493–*c*. 433 B. C.） 226

か 行

カーン（Kahn, C. H.） 308, 310, 315
カイレフォン（Chairephon） 89, 120, 282
ガスリー（Guthrie, W. K. C.） 193, 304
カリアス（Kallias, *c*. 450–370 B. C.） 159
ガリー（Gulley, N.） 342
カリクレス（Kallikles, 5th–4th *c*. B. C.） 28, 58, 63, 65, 77, 100, 104–6, 113–5, 118–9, 123, 160–2, 174, 248–52, 286, 314, 318, 340
カルミデス（Charmides） 45
カント（Kant, I. 1724–1804） 137, 140–1, 193, 312–3
キケロ（Cicero, 106–43 B. C.） 152
ギゴン（Gigon, O.） 303
キルケゴール（Kierkegaard, S. A. 1813–1855） 20, 48, 148
クインティリアヌス（Quintilianus, M. F., *c*. 30–*c*. 100 A. D.） 325
クセノファネス（Xenophanes, *c*. 570–*c*. 475 B. C.） 95, 331
クセノフォン（Xenophon, *c*. 430–*c*. 354 B. C.） 11, 13, 15–20, 35, 204–5, 220–1
クラウト（Kraut, R.） 138–40, 183–4, 317, 324
クラテュロス（Kratylos） 34
クリティアス（Kritias, *c*. 460–403 B. C.） 45–6, 48
クリトン（Kriton） 49–50, 167–71, 173, 267–8, 301
クレイニアス（Kleinias） 113, 265
ケベス（Kebes, fl. 399–66 B. C.） 168, 327

コーンフォード（Cornford, F. M.） 336
ゴルギアス（Gorgias, *c.* 483-376 B. C.） 23, 30, 58-69, 76, 78, 105-6, 285-8, 308-9, 311

さ 行

シミアス（Simmias） 168, 327
清水哲郎 324
シレノス（Silenos） 156
ストーン（Stone, I. F.） 306
ストレプシアデス（Strepsiades） 23-6, 28-9
ソーフロニスコス（Sophroniskos） 41-2
ゾピュロス（Zopyros） 156-7

た 行

田中伸司 311, 315
ツェラー（Zeller, E.） 304
ディオゲネス（アポロニアの）(Diogenes of Apollonia, fl. *c.* 440 or 430 B. C.） 25
ディオゲネス・ラエルティオス（Diogenes Laertios, 3rd *c.* A. D.） 339, 342
ディオニュシオス２世（Dionysios II, *c.* 395-*c.* 343 B. C.） 36-7
ディオニュソドーロス（Dionysodoros） 318
テオグニス（Théognis. fl. *c.* 544-41 B. C.） 208, 329
ドーヴァー（Dover, K.） 154
ドッズ（Dodds, E. R.） 314, 335
トラシュマコス（Thrasymachos, fl. *c.* 430-400 B. C.） 151-2, 320
トリプトレモス（Triptolemos） 228

な 行

ニーチェ（Nietzsche, F. W. 1844-1900） 164

は 行

バーネット（Burnet, J.） 305
ハイデガー（Heidegger, M. 1889–1976） 164, 202, 225–7, 336
パイナレテー（Phainarete） 41–2
パウサニアス（Pausanias, fl. *c.* 150 A. D.） 42
パルメニデス（Parmenides, *c.* 500（475）–? B. C.） 95
ピタゴラス（Pythagoras, *c.* 531 B. C.） 226
ヒッピアス（Hippias, 5th *c.* B. C.） 30, 135
ピンダロス（Pindaros, 518–438 B. C.） 330
フェイディピデス（Pheidippides） 23–4, 26–7, 29
プラトン（Plato, 427–347 B. C.） 11, 13, 16–7, 33–40, 45, 47, 87, 135, 209, 237, 260, 295–7, 324, 331, 334, 349
フリードレンダー（Friedländer, P.） 326
ブリックハウス・スミス（Brickhouse, T. C. and Smith, N. D.） 135–7, 333, 343–8
プルートン（Plouton） 229
プロタゴラス（Protagoras, *c.* 500–400 B. C.） 23, 30, 100, 309, 341
プロディコス（Prodikos, 5th *c.* B. C.） 30
ヘシオドス（Hesiodos） 208, 330
ヘラクレイトス（Herakleitos, fl. *c.* 500 B. C.） 95, 208, 212–4, 327, 336
ヘルダーリン（Hölderlin, J. C. F. 1770–1843） 225, 227
ヘルモゲネス（Hermogenes） 15
ヘロディコス（Herodikos） 61
ヘロドトス（Herodotos, *c.* 484–*c.* 425 B. C.） 332
ポーロス（Polos） 58, 64–5, 69–79, 82–5, 104–6, 109–10, 118, 137, 285, 288–92, 309–11, 313–4, 320
ホメロス（Homeros, *c.* 800 B. C.） 206–8, 224, 330, 335
ポランスキー（Polansky, R. M.） 317
ポレマルコス（Polemarchos） 151

ま　行

三嶋輝夫　332, 343, 350
メレトス（Meletos）　13, 18, 22, 47-9, 134, 199, 271, 346

や　行

ヤスパース（Jaspers, K. 1883-1969）　336

ら　行

ラケス（Laches, ?-418 B. C.）　44
リーヴ（Reeve, C. D. C.）　132-5, 323
リュコン（Lykon）　48
レオン（Leon）　45-6, 186
レヴィナス（Lévinas, E. 1906-95）　298-9

●事項（→は参照項目）

あ　行

か　行

さ 行

た　行

な　行

は 行

ま　行

や　行

わ 行

†文献表

Ⅰ　ソクラテスに関する原典、注釈、翻訳

Adam, J., The Republic of Plato, edited with Critical Notes, Commentary and Appendices, 2 vols., 1920, Cambridge UP.

Adam, J., Plato Crito, edited with Notes, 1988, Bristol Classical Press.

Aristophanes, 'The Acharnians, the Knights, the Clouds, the Wasps' edited and translated by Rogers, B. B. (Loeb Classical Library 178).

Aristotelis Opera, ex recensione I. Bekkeri, 5 Bde, 1831-70. Berlin.

Aristotelis Ethica Nicomachea, recognovit I. Bywater, 1933, Oxford UP.

アリストテレス全集、全17巻、1968-73年、出隆他訳、岩波書店。

Burnet, J., Platonis Opera, tomus I-V, 1976, Oxford UP.

Burnet, J., Plato's Euthyphro, Apology of Socrates and Crito, edited with Notes, 1954, Oxford UP.

Burnet, J., Plato's Phaedo, edited with Introduction and Notes, 1953, Oxford UP.

Diogenes Laertios, Lives of Eminent Philosophers in Two Volumes, edited and translated by Hicks, R. D. (Loeb Classical Library 184-5).

ディオゲネス・ラエルティオス『ギリシア哲学者列伝』(加来彰俊訳)、全3冊、岩波文庫

Dodds, E. R., Plato Gorgias, A Revised Text with Introduction and Commentary, 1959, Oxford UP.

Dover, K., Plato Symposium, edited with Commentary, 1980, Cambridge UP.

クセノフォーン『ソークラテースの思い出』(佐々木理訳)、岩波文庫。
Hubbard, B. A. F. & Karnofsky, E. S., Plato's Protagoras—a Socratic Commentary, 1982, Duckworth.
Jowett, B. and Campbell, L., Plato's Republic, The Greek Text edited with Notes and Essays, 1894 (Reprint, 1987), Garland Publishing Inc.
Klein, J., A Commentary on Plato's Meno, 1989, The University of Chicago Press.
プラトン全集、全16巻、1976-78年、田中美知太郎、他訳、岩波書店。
プラトン『ゴルギアス』(加来彰俊訳)、岩波文庫。
プラトン『プロタゴラス』(藤沢令夫訳)、岩波文庫。
プラトン『メノン』(藤沢令夫訳)、岩波文庫。
プラトン『国家』(藤沢令夫訳)、上下2冊、岩波文庫。
プラトーン『ソークラテースの弁明・クリトーン・パイドーン』(田中美知太郎、池田美恵訳)、新潮文庫。
Rowe, C. J., Plato Phaedo, edited with Introduction and Notes, 1993, Cambridge UP.
Schrastetter, R., Platon, Laches—Griechisch-deutsch, Ph. B. 270.
Xenophon, 'Memorabilia, Oeconomicus, Symposium, Apology', edited by Marchant, E. C. & Todd, O. J. (Loeb Classical Library 168).
Xenophon, Erinnerungen an Sokrates—Griechisch-deutsch (Herausgegeben von Jaerisch, P.) 1980, Heimeran Verlag.

II　ソクラテスに関する研究文献(研究書、論文)

Allen, R. E., Socrates and Legal Obligation, 1980, University of Minnesota Press.
Bernadete, S., Socrates' Second Sailing, 1984, The University of Chicago Press.
Brickhouse, T. C. & Smith, N. D., Plato's Socrates, 1994, Oxford UP.
Brickhouse, T. C. & Smith, N. D., Socrates on Trial, 1989, Princeton

UP.
ブリックハウス・スミス『裁かれたソクラテス』（米澤茂、三嶋輝夫訳）、1994年、東海大学出版会。
Brickhouse, T. C. & Smith, N. D., Socrates and the Unity of the Virtues (Typeprint)
Brickhouse, T. C. & Smith, N. D., A Matter of Life and Death in Socratic Philosophy, Ancient Philosophy 9, Mathesis Publications Inc.
Brickhouse, T. C. & Smith, N. D., Socrates' Elenctic Mission, 1991, Oxford Studies XI.
Burnyeat, M. F., Cracking the Socrates Case, The New York Review of Books, vol. XXXV, Nr. 5, 31 March 1988.
ブラン『ソクラテス』（有田潤訳）、文庫クセジュ314、白水社。
Croust, A. H., Socrates Man and Myth—The Two Socratic Apologies of Xenophon, 1957, Routledge & Kegan Paul.
Dannhauser, W. J., Nietzsche's View of Socrates, 1975, Cornell UP.
Der historische Sokrates (Herausgegeben von Patzer A.), Wege der Forschung Bd. 585, 1987, Wissenschaftliche Buchgesellschaft Darmstadt.
Gigon, O., Sokrates—Sein Bild in Dichtung und Geschichte, 1947, A. Francke AG. Verlag Bern
Erbse, H., Sokrates im Schatten der aristophanischen Wolken, 1954, Hermes 82.
Essays on the Philosophy of Socrates (edited by Hugh H. Benson), 1992, Oxford UP.
Friedländer, P., Platon, 3 Bde., 1954, Walter de Gruyter & Co.
Gully, N., The Philosophy of Socrates, 1968, Macmillan and Co. Ltd.
Irwin, T., Plato's Moral Theory—The Early and Middle Dialogues, 1997, Oxford UP.
Kahn, C. H., 'Drama and Dialectic in Plato's Gorgias', 1983, Oxford

Studies in Ancient Philosophy I.
Kato, S., The Apology: The Beginning of Plato's Own Philosophy, 1991, The Classical Quarterly Nr. 2.
Kato, S., Plato on Knowing Oneself—An Interpretation of the Charmides (Typeprint)
加藤信朗『初期プラトン哲学』、1988年、東京大学出版会。
Kierkegaard, S., Über den Begriff der Ironie mit ständiger Rücksicht anf Sokrates, Suhrkamp Taschenbuch Wissenschaft 127.
キルケゴール『イロニーの概念』上下２冊、1966-7年（飯島宗享、福島保夫、鈴木正明訳）、白水社。
Kraut, R., Socrates and the State, 1984, Princeton UP.
Kraut, R., Comments on G. Vlastos, 'The Socratic Elenchus', 1983, Oxford Studies in Ancient Philosophy I.
Livingstone, R. W., Portrait of Socrates, 1966, Oxford UP.
McPherran, M. L., Socratic Reason and Socratic Revelation, 1991, Journal of the History of Philosophy 29.
松永雄二『知と不知――プラトン哲学研究序説――』、1993年、東京大学出版会。
Mishima, T., Courage and Unity of the Virtues in Plato's Laches, 1989,『青山学院大学文学部紀要』第31号。
三嶋輝夫「ソクラテスと神――ギリシア思想における信と知への一視角――」、1993年、『信と知』日本倫理学会論集28、慶應通信。
三嶋輝夫「対話と規範」、1987年、『ペディラヴィウム』第25号。
三嶋輝夫「理性と理性を超えるもの」、『理想』648号。
Morgan, M. L., Platonic Piety, 1990, Yale UP.
Polansky, R. M., Professor Vlastos's Analysis of Socratic Elenchus, 1985, Oxford Studies in Ancient Philosophy, vol. III.
Prior W. J., Virtue and Knowledge—An Intoduction to Ancient Greek Ethics, 1991, Routledge.
Roberts, J. W., City of Socrates—An Introduction to Classical

Athens, 1984, Routledge & Kegan Paul.
Robinson, R., Plato's Earlier Dialectic, 1953, Oxford UP.
Reeve, C. D. C., Socrates in the Apology, 1989, Hackett Publishing Company.
Sandvoss, E., Sokrates und Nietzsche, 1966, E. J. Brill, Leiden.
Santas, G. X., Socrates—Philosophy in Plato's Early Dialogues, 1979, Routledge & Kegan Paul.
清水哲郎「ソクラテスのオデュッセイア——『ヒッピアス（小）』の複層構造——」、1988年、北海道大学哲学会「哲学」24号。
Stone, I. F., The Trial of Socrates, 1988, Little, Brown and Company.
Taylor, A. E., Varia Socratica First Series, 1987, Garland Publishing Inc.
Taylor, A. E., Socrates, 1932, Peter Davies Ltd., Edinburgh.
Taylor, A. E., Plato: The Man and his Work, 1926, Methuen & Co. Ltd.
テイラー『ソクラテス』（林竹二訳）、1946年、桜井書店。
田中享英「ソクラテスの個人的対話について」、1986年、『理想』632号。
田中伸司「ソクラテスの対話による論駁法と生き方の原理」、1987年、北海道哲学会編『哲学』第23号。
田中美知太郎『ソクラテス』、岩波新書263。
The Philosophy of Socrates (edited by Boudouris, K. J.), 1991, Athens.
The Philosophy of Socrates—A Collection of Critical Essays (edited by G. Vlastos), 1971 Anchor Books.
Vlastos, G., Socrates—Ironist and Moral Philosopher, 1991, Cambridge UP.
Vlastos, G. (edited by Burnyeat, M.), Socratic Studies, 1994, Cambridge UP.
Vlastos, G., The Socratic Elenchus, 1983, Oxford Studies in Ancient

Philosophy I.
Vlastos, G., Afterthoughts on Socratic Elenchus, Ibid.
Vlastos, G., "Socrates" versus "Socrates" in the Platonic Corpus (Lecture).

Ⅲ その他

Adkins, A. W. H., Merit and Responsibility, 1960, Oxford UP.
アリストテレス『ニコマコス倫理学』(高田三郎訳)、上下、岩波文庫。
Diels, H., Die Fragmente der Vorsokratiker, 3 Bde., 1951, Weidmannsche Verlagsbuchhandlung.
Dodds, E. R., The Greeks and the Irrational, 1951, U. of California Press.
ドッズ『ギリシァ人と非理性』(岩田靖夫・水野一訳)、1972年、みすず書房。
Dover, K., The Greeks, 1982, Oxford UP.
ドーバー『わたしたちのギリシア人』(久保正彰訳)、1982年、青土社。
Epictetus, The Discourses as Reported by Arrian, the Manual, and Fragments (translated by Oldfather, W. A.), 2 vols. Loeb Classical Library 131-2.
Finley, M. I., The Ancient Greeks, 1963, Penguin Books.
フィンレー『古代ギリシア人』(山形和美訳)、1989年、法政大学出版局。
『ギリシア悲劇全集』全13巻、1990-2年、岩波書店。
『ギリシア喜劇全集』全2巻、1961年、人文書院。
Guthrie, W. K. C., A History of Greek Philosophy, 6 vols., 1962-75, Cambridge UP.
岩田靖夫『アリストテレスの倫理思想』、1985年、岩波書店。
Kitto, H. D. F., The Greeks, 1957, Penguin Books.
キトー『ギリシア人』(向坂寛訳)、1966年、勁草書房。
斎藤忍随『プラトン以前の哲学者たち』、1987年、岩波書店。

廣川洋一『ソクラテス以前の哲学者』、1987年、講談社。

ボナール『ギリシア文明史』全三巻（岡道男他訳）、1973年、人文書院。

ロイド・ジョーンズ編『ギリシア人——その歴史と文化——』（三浦一郎訳）、1981年、岩波書店。

山本光雄編訳『初期ギリシア哲学者断片集』、1958年、岩波書店。

Ⅳ　補遺

天野正幸『正義と幸福　プラトンの倫理思想』、2006年、東京大学出版会。
内山勝利『プラトン『国家』—逆説のユートピア』、2013年、岩波書店。
甲斐博見『ソクラテスの哲学』、2011年、知泉書館。
栗原祐次『イデアと幸福—プラトンを学ぶ』2013年、知泉書館。
高橋雅人『プラトン『国家』における正義と自由』、2010、知泉書館。
納富信留『哲学者の誕生—ソクラテスをめぐる人々』、2005年、ちくま新書549
眞方忠道『プラトンと共に』、2009年、南窓社。